Dans la même collection :

Mille ans de chansons traditionnelles

Mille ans de contes – tome 1

Mille ans de contes – tome 2

Mille ans de contes – animaux

Mille ans de contes arabes

Mille ans de contes – frissons

Mille ans de contes – histoires drôles

Mille ans de contes – Indiens d'Amérique du Nord

Mille ans de contes – mer

Mille ans de contes – mythologie

Mille ans de contes – nature

Mille ans de poésie

Mille ans de contes pour rire

Mille ans de contes – Québec

Mille ans de contes – sur les sentiers

Mille ans de contes – théâtre tome 1

Mille ans de contes – théâtre tome 2

Mille ans de contes – Tsiganes

Dépôt légal : 3e trimestre 2004

ISBN : 2.7459.0134.6

Imprimé en Italie par Rotolito

Mille ans de CONTES CLASSIQUES

Charles Perrault
Jacob et Wilhelm Grimm
Hans Christian Andersen

Illustrations couverture et intérieur :
Isabel Pin

Sommaire

Avant tout

« Dis, tu me racontes une histoire ? »

Une histoire à raconter tous les soirs pendant des années, cela fait beaucoup d'histoires. Une histoire gaie pour les jours de pluie, une histoire de loup pour le plaisir d'avoir peur bien au chaud dans son lit, une histoire courte quand les parents sont pressés, une histoire longue parce qu'on a été très sage... cela fait beaucoup d'histoires différentes.
Pour répondre à la demande des enfants quels que soient leur âge, leur goût ou leur humeur, nous avons composé deux recueils de contes généralistes (*Mille ans de contes* tomes 1 et 2), extrêmement variés, ainsi que toute une série de recueils thématiques sur la nature, les Indiens d'Amérique, la mer, la mythologie, etc.

Mille ans de contes classiques présente une large sélection parmi les plus beaux contes de Perrault, de Grimm et d'Andersen, dans un gros volume de 480 pages.
Dix ans après la parution du premier ouvrage de la collection « Mille ans de contes », c'est un véritable retour aux sources avec, bien sûr, tous les textes les plus connus de ces trois « monstres sacrés » de la littérature jeunesse, et bien d'autres encore qui étonneront par leur qualité, leur originalité et leur modernité.
L'ensemble de ce recueil a été mené dans un grand souci de respect du texte original, afin de conserver aux contes toute leur force narrative et leur richesse en symboles et autres enseignements initiatiques.
Mille ans de contes classiques inaugure une nouvelle maquette qui, tout en respectant l'esprit de la collection, l'enrichit et la redynamise, avec une couverture tout en couleurs et des illustrations intérieures en bichromie.

Pourquoi conter ?

Ce n'est pas un hasard si l'enfant est tellement avide d'histoires. Pour lui, l'heure du conte est un moment de tendresse, de plaisir et de connaissance : il s'en passe des choses dans les contes ! Parfois, on a même l'impression qu'ils contiennent trop de violence ou d'absurdités. Mais c'est là une opinion très contemporaine. Depuis toujours, on considère au contraire que les contes sont la base de l'éducation morale.

De nos jours, les psychologues affirment que les contes aident l'enfant à résoudre les conflits affectifs : s'il se sent mal aimé comme le Vilain Petit Canard, le conte le consolera en lui montrant que, finalement, il rencontrera quelqu'un qui l'aimera. Il prendra confiance en lui-même en voyant que Hänsel et Gretel ou la petite chèvre, malgré leur faiblesse, arrivent à vaincre la sorcière ou le loup. Certains parents voudraient bannir les personnages qui, selon eux, font peur aux enfants. En fait, ces personnages sont très utiles. Ils permettent de donner un visage à l'angoisse qui étreint parfois les jeunes enfants. Comment dire la peur d'être abandonné, la peur de ne pas être aimé ? Une peur qu'on ne peut pas exprimer, c'est de l'angoisse. Le loup arrive à point pour permettre d'extérioriser cette angoisse. C'est de lui qu'on a peur, bien sûr ! Alors on va le tuer de cent façons, le brûler, le noyer, le faire cuire dans une marmite, lui ouvrir le ventre et le recoudre, rempli de pierres. Et quand tout est fini, on a le cœur soulagé. Parce que le loup est mort ? Non, parce que toutes ces grandes manœuvres prouvent à l'enfant que l'adulte tient à lui, qu'il le protège de tous les dangers, en un mot qu'il l'aime.

Les histoires sont aussi, pour l'enfant, un moyen d'exercer son intelligence. En les écoutant, il développe sa mémoire auditive et s'entraîne à retenir la structure d'un récit, premier pas vers la lecture intelligente, celle qui consiste à déchiffrer non seulement des signes mais surtout le sens d'une histoire.

Quel conte choisir ?

La présentation du recueil est également conçue pour aider l'adulte dans son rôle de conteur. Chaque texte est précédé de renseignements pratiques symbolisés par un dessin :

Âge minimum conseillé pour écouter cette histoire.
Il n'y a pas d'âge maximum !

Durée moyenne en lecture continue, c'est-à-dire sans s'interrompre pour donner éventuellement des explications. Libre à l'adulte de jouer avec l'histoire, de la rallonger, de la mimer, d'expliquer...

Lieux où se déroule l'histoire.

Personnages principaux.

Ainsi, d'un coup d'œil, l'adulte peut visualiser si ce conte est adapté à l'âge de l'enfant et si sa durée correspond au temps dont il dispose. Il peut proposer à l'enfant : « Veux-tu une histoire qui se passe dans la mer, avec une sirène ? » ou bien « Veux-tu une histoire qui se passe dans une forêt, avec une jeune fille et une sorcière ? » En fin de livre, différents index lui faciliteront le choix. Les illustrations aideront l'enfant, et quelquefois l'adulte, à comprendre certains passages en lui montrant ce que sont un fuseau ou un rouet, ou d'autres objets étrangers à notre époque ; elles lui suggéreront certaines situations (Raiponce qui laisse pendre sa longue tresse par la fenêtre de la tour) mais nous avons voulu qu'elles restent discrètes, pour ne pas bloquer l'imagination créatrice de l'enfant : les mots, laissés libres de parler à son cœur, lui inspireront ses images à lui, correspondant à son humeur, à sa personnalité.

Comment conter ?

L'heure du conte, ce n'est pas seulement une histoire que l'on raconte. C'est aussi toute une ambiance que le conteur va créer autour d'une histoire en particulier. Les enfants adorent les rituels et sont toujours ravis par un peu de mise en scène. Pourquoi s'en priver ?

Les éducateurs peuvent par exemple installer un coin spécial avec des coussins et une lumière atténuée. À la maison, aussi, pensez à l'éclairage : un feu de cheminée ou des bougies créent immédiatement une ambiance magique. Pour jouer le jeu jusqu'au bout, le conteur ou la conteuse peut porter un vêtement particulier, un accessoire (châle, chapeau), et s'installer dans un siège réservé à ce moment. « Tric, trac, un conte dans mon sac ! » Vous pouvez utiliser des formulettes de ce genre qui marquent l'entrée dans l'histoire. À partir de cet instant, l'auditeur et le conteur sont complices dans le monde du conte, dans une parole à la fois simple (par la structure des phrases, par le vocabulaire) et solennelle. Le ton sera différent selon qu'il s'agit d'une histoire d'animaux, d'une légende, d'un conte merveilleux, mais la façon de dire est toujours importante : il faut veiller à parler lentement et clairement, en ménageant des temps de repos, de silence, qui permettent à l'enfant de « digérer » les événements qu'il vient d'apprendre. Pour l'enfant, ce ne sont pas des moments de vide mais d'activité mentale : il réfléchit à ce qu'il vient d'entendre, imagine la suite, savoure telle ou telle situation qui l'intéresse particulièrement.

Le bonheur de conter nous a guidés tout au long de notre travail. Nous souhaitons qu'au fil des années, adultes et enfants ne cessent de partager ce plaisir.

Contes de
PERRAULT

C*harles Perrault (1628-1703)*
Homme de lettres du XVII*e siècle, il participe, au sein de l'Académie française, à la célèbre « querelle des Anciens et des Modernes ». C'est, avant tout, un écrivain spécialisé dans la parodie et la littérature galante. Il rédige cependant des contes, recueillis pour divertir les enfants, et les rassemble dans un recueil intitulé* Histoires ou Contes du temps passé *ou encore* Contes de ma mère l'oye, *qu'il publie sous le nom de son fils. C'est grâce à ses contes pour enfants, auxquels il ne semble pas, lui-même, attacher beaucoup d'importance, qu'il fut et demeure, 300 ans plus tard, célèbre dans le monde entier.*

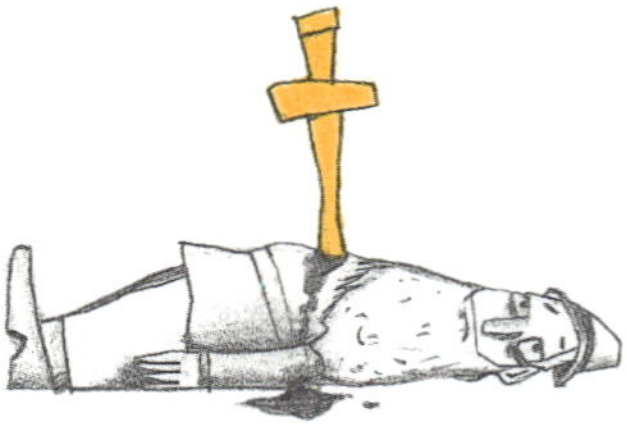

Barbe-Bleue

À partir de 7 ans

8 min

Château

Frères
Jeune mariée
Seigneur
Sœur

Il était une fois un homme qui avait de belles maisons à la ville et à la campagne, de la vaisselle d'or et d'argent, des meubles en broderie[1], et des carrosses tout dorés ; mais par malheur cet homme avait la barbe bleue : cela le rendait si laid et si terrible, qu'il n'était ni femme ni fille qui ne s'enfuît de devant lui.

Une de ses voisines, dame de qualité, avait deux filles parfaitement belles. Il lui en demanda une en mariage, en lui laissant le choix de celle qu'elle voudrait lui donner. Elles n'en voulaient point toutes deux, et se le renvoyaient l'une à l'autre, ne pouvant se résoudre à prendre un homme qui eût la barbe bleue. Ce qui les dégoûtait encore, c'est qu'il avait déjà épousé plusieurs femmes, et qu'on ne savait ce que ces femmes étaient devenues.

Barbe-Bleue, pour faire connaissance, les mena avec leur mère, et trois ou quatre de leurs meilleures amies, et quelques jeunes gens du voisinage, à une de ses maisons de campagne, où on demeura huit jours entiers. Ce n'était que promenades, que parties de chasse et de pêche, que danses et festins, que collations : on ne dormait point, et on passait toute la nuit à se faire des malices[2] les uns aux autres ; enfin tout alla si bien, que la cadette commença à trouver que le maître du logis n'avait plus la barbe si bleue, et que c'était un

1. Meubles recouverts de garniture en broderie.
2. Se faire des farces.

fort honnête homme. Dès qu'on fut de retour à la ville, le mariage se conclut.

Au bout d'un mois Barbe-Bleue dit à sa femme qu'il était obligé de faire un voyage en province, de six semaines au moins, pour une affaire de conséquence ; qu'il la priait de se bien divertir pendant son absence, qu'elle fit venir ses bonnes amies, qu'elle les menât à la campagne si elle voulait, que partout elle fit bonne chère.

– Voilà, lui dit-il, les clefs des deux grands garde-meubles, voilà celles de la vaisselle d'or et d'argent qui ne sert pas tous les jours, voilà celles de mes coffres-forts, où est mon or et mon argent, celles des cassettes où sont mes pierreries, et voilà le passe-partout de tous les appartements. Pour cette petite clef-ci, c'est la clef du cabinet au bout de la grande galerie de l'appartement bas : ouvrez tout, allez partout, mais pour ce petit cabinet, je vous défends d'y entrer, et je vous le défends de telle sorte, que s'il vous arrive de l'ouvrir, il n'y a rien que vous ne deviez attendre de ma colère.

Elle promit d'observer exactement tout ce qui lui venait d'être ordonné : et lui, après l'avoir embrassée, il monte dans son carrosse, et part pour son voyage.

Les voisines et les bonnes amies n'attendirent pas qu'on les envoyât quérir pour aller chez la jeune mariée, tant elles avaient d'impatience de voir toutes les richesses de sa maison, n'ayant osé y venir pendant que le mari y était, à cause de sa barbe bleue qui leur faisait peur. Les voilà aussitôt à parcourir les chambres, les cabinets, les garde-robes, toutes plus belles et plus riches les unes que les autres. Elles montèrent ensuite aux garde-meubles, où elles ne pouvaient assez admirer le nombre et la beauté des tapisseries, des lits, des sofas, des cabinets, des guéridons, des tables et des miroirs, où l'on se voyait depuis les pieds jusqu'à la tête, et dont les bordures, les unes de glace, les autres d'argent et de vermeil doré, étaient les plus belles et les plus magnifiques qu'on eût jamais vues. Elles ne cessaient d'exagérer et d'envier le bonheur de leur amie, qui cependant ne se divertissait point à voir toutes ces richesses, à cause de l'impatience qu'elle avait d'aller ouvrir le cabinet de l'appartement bas.

Elle fut si pressée de sa curiosité, que sans considérer qu'il était malhonnête de quitter sa compagnie, elle y descendit par un petit escalier dérobé, et avec tant de précipitation, qu'elle pensa se rompre le cou deux ou trois fois. Étant arrivée à la porte du cabinet, elle s'y arrêta quelque temps, songeant à la défense que son mari lui avait faite, et considérant qu'il pourrait lui arriver malheur d'avoir été désobéissante ; mais la tentation était si forte qu'elle ne put la surmonter : elle prit donc la petite clef, et ouvrit en tremblant la porte du cabinet.

D'abord elle ne vit rien, parce que les fenêtres étaient fermées ; après quelques moments elle commença à voir que le plancher était tout couvert de sang caillé, dans lequel se miraient les corps de plusieurs femmes mortes, et attachées le long des murs. (C'était toutes les femmes que Barbe-Bleue avait épousées et qu'il avait égorgées l'une après l'autre.) Elle pensa mourir de peur, et la clef du cabinet, qu'elle venait de retirer de la serrure, lui tomba de la main. Après avoir un peu repris ses esprits, elle ramassa la clef, referma la porte, et monta à sa chambre pour se remettre un peu, mais elle n'en pouvait venir à bout, tant elle était émue.

Ayant remarqué que la clef du cabinet était tachée de sang, elle l'essuya deux ou trois fois, mais le sang ne s'en allait point ; elle eut beau la laver, et même la frotter avec du sablon et avec du grès, il y demeura toujours du sang, car la clef était fée, et il n'y avait pas moyen de la nettoyer tout à fait : quand on ôtait le sang d'un côté, il revenait de l'autre.
Barbe-Bleue revint de son voyage dès le soir même, et dit qu'il avait reçu des lettres dans le chemin, qui lui avaient appris que l'affaire pour laquelle il était parti venait d'être terminée à son avantage. Sa femme fit tout ce qu'elle put pour lui témoigner qu'elle était ravie de son prompt retour.
Le lendemain il lui redemanda les clefs, et elle les lui donna, mais d'une main si tremblante, qu'il devina sans peine tout ce qui s'était passé.

– D'où vient, lui dit-il, que la clef du cabinet n'est point avec les autres ?

– Il faut, dit-elle, que je l'aie laissée là-haut sur ma table.

– Ne manquez pas, dit Barbe-Bleue, de me la donner tantôt.

Après plusieurs remises[3], il fallut apporter la clef. Barbe-Bleue, l'ayant considérée, dit à sa femme :

– Pourquoi y a-t-il du sang sur cette clef ?

– Je n'en sais rien, répondit la pauvre femme, plus pâle que la mort.

– Vous n'en savez rien, reprit Barbe-Bleue, je le sais bien, moi ; vous avez voulu entrer dans le cabinet ! Hé bien, madame, vous y entrerez, et irez prendre votre place auprès des dames que vous y avez vues.

Elle se jeta aux pieds de son mari, en pleurant et en lui demandant pardon, avec toutes les marques d'un vrai repentir de n'avoir pas été obéissante. Elle aurait attendri un

3. Après avoir repoussé plusieurs fois ce moment.

rocher, belle et affligée comme elle était ; mais Barbe-Bleue avait un cœur plus dur qu'un rocher.
– Il faut mourir, madame, lui dit-il, et tout à l'heure[4].
– Puisqu'il faut mourir, répondit-elle, en le regardant les yeux baignés de larmes, donnez-moi un peu de temps pour prier Dieu.
– Je vous donne un demi-quart d'heure, reprit Barbe-Bleue, mais pas un moment davantage.
Lorsqu'elle fut seule, elle appela sa sœur, et lui dit :
– Ma sœur Anne, car elle s'appelait ainsi, monte, je te prie, sur le haut de la tour, pour voir si mes frères ne viennent point ; ils m'ont promis qu'ils me viendraient voir aujourd'hui, et si tu les vois, fais-leur signe de se hâter.
La sœur Anne monta sur le haut de la tour, et la pauvre affligée lui criait de temps en temps :
– Anne, ma sœur Anne, ne vois-tu rien venir ?
Et la sœur Anne lui répondait :
– Je ne vois rien que le soleil qui poudroie,
et l'herbe qui verdoie.
Cependant Barbe-Bleue, tenant un grand coutelas à la main, criait de toute sa force à sa femme :
– Descends vite, ou je monterai là-haut.
– Encore un moment, s'il vous plaît, lui répondit sa femme ; et aussitôt elle criait tout bas :
– Anne, ma sœur Anne, ne vois-tu rien venir ?
Et la sœur Anne répondait :
– Je ne vois rien que le soleil qui poudroie, et l'herbe qui verdoie.

4. Maintenant.

– Descends donc vite, criait Barbe-Bleue, ou je monterai là-haut.
– Je m'en vais, répondit sa femme ; et puis elle criait :
– Anne, ma sœur Anne, ne vois-tu rien venir ?
– Je vois, répondit la sœur Anne, une grosse poussière qui vient de ce côté-ci.
– Sont-ce mes frères ?
– Hélas, non, ma sœur, c'est un troupeau de moutons.
– Ne veux-tu pas descendre ? criait Barbe-Bleue.
– Encore un moment, répondait sa femme ; et puis elle criait :
– Anne, ma sœur Anne, ne vois-tu rien venir ?
– Je vois, répondit-elle, deux cavaliers qui viennent de ce côté-ci, mais ils sont bien loin encore… Dieu soit loué ! s'écria-t-elle un moment après, ce sont mes frères ; je leur fais signe tant que je puis de se hâter.
Barbe-Bleue se mit à crier si fort que toute la maison en trembla. La pauvre femme descendit, et alla se jeter à ses pieds toute éplorée et toute échevelée.
– Cela ne sert de rien, dit Barbe-Bleue, il faut mourir.

Puis la prenant d'une main par les cheveux, et de l'autre levant le coutelas en l'air, il allait lui abattre la tête. La pauvre femme se tournant vers lui, et le regardant avec des yeux mourants, le pria de lui donner un petit moment pour se recueillir.
– Non, non, dit-il, et recommande-toi bien à Dieu.
Et levant son bras… Dans ce moment on heurta si fort à la porte, que Barbe-Bleue s'arrêta tout court. On ouvrit, et aussitôt on vit entrer deux cavaliers, qui mettant l'épée à la main, coururent droit à Barbe-Bleue.

Il reconnut que c'était les frères de sa femme, l'un dragon et l'autre mousquetaire, de sorte qu'il s'enfuit aussitôt pour se sauver[5] ; mais les deux frères le poursuivirent de si près, qu'ils l'attrapèrent avant qu'il pût gagner le perron. Ils lui passèrent leur épée au travers du corps, et le laissèrent mort. La pauvre femme était presque aussi morte que son mari, et n'avait pas la force de se lever pour embrasser ses frères. Il se trouva que Barbe-Bleue n'avait point d'héritiers, et qu'ainsi sa femme demeura maîtresse de tous ses biens. Elle en employa une partie à marier sa sœur Anne avec un jeune gentilhomme, dont elle était aimée depuis longtemps ; une autre partie à acheter des charges de capitaine à ses deux frères ; et le reste à se marier elle-même à un fort honnête homme, qui lui fit oublier le mauvais temps qu'elle avait passé avec Barbe-Bleue.

5. Sauver sa peau.

Cendrillon

À partir
de 5 ans

10 min

Maison
Palais

Fée
Jeune fille
Marâtre
Prince
Sœurs

Il était une fois un gentilhomme qui épousa en secondes noces une femme, la plus hautaine et la plus fière qu'on eût jamais vue. Elle avait deux filles de son humeur, et qui lui ressemblaient en toutes choses. Le mari avait de son côté une jeune fille, mais d'une douceur et d'une bonté sans exemple : elle tenait cela de sa mère, qui était la meilleure personne du monde.

Les noces ne furent pas plutôt faites que la belle-mère fit éclater sa mauvaise humeur ; elle ne put souffrir les bonnes qualités de cette jeune enfant, qui rendaient ses filles encore plus haïssables. Elle la chargea des plus viles occupations de la maison ; c'était elle qui nettoyait la vaisselle et les montées[1], qui frottait la chambre de Madame, et celles de Mesdemoiselles ses filles ; elle couchait tout au haut de la maison, dans un grenier, sur une méchante paillasse, pendant que ses sœurs étaient dans des chambres parquetées, où elles avaient des lits des plus à la mode, et des miroirs où elles se voyaient depuis les pieds jusqu'à la tête ; la pauvre fille souffrait tout avec patience, et n'osait s'en plaindre à son père qui l'aurait grondée, parce que sa femme le gouvernait entièrement.

Lorsqu'elle avait fait son ouvrage, elle s'allait mettre au coin de la cheminée, et s'asseoir dans les cendres, ce qui faisait

1. Escaliers.

qu'on l'appelait communément dans le logis Cucendron ; la cadette, qui n'était pas si malhonnête que son aînée, l'appelait Cendrillon ; cependant Cendrillon, avec ses méchants habits, ne laissait pas d'être cent fois plus belle que ses sœurs, quoique vêtues très magnifiquement.

Il arriva que le fils du roi donna un bal, et qu'il en pria toutes les personnes de qualité : nos deux demoiselles en furent aussi priées, car elles faisaient grande figure[2] dans le pays. Les voilà bien aises et bien occupées à choisir les habits et les coiffures qui leur siéraient le mieux ; nouvelle peine pour Cendrillon, car c'était elle qui repassait le linge de ses sœurs et qui godronnait[3] leurs manchettes. On ne parlait que de la manière dont on s'habillerait.

– Moi, dit l'aînée, je mettrai mon habit de velours rouge et ma garniture d'Angleterre.

– Moi, dit la cadette, je n'aurai que ma jupe ordinaire ; mais en récompense je mettrai mon manteau à fleurs d'or, et ma barrière de diamants, qui n'est pas des plus indifférentes.

On envoya quérir la bonne coiffeuse, pour dresser les cornettes[4] à deux rangs, et on fit acheter des mouches[5] de la bonne faiseuse : elles appelèrent Cendrillon pour lui demander son avis, car elle avait le goût bon. Cendrillon les conseilla le mieux du monde, et s'offrit même à les coiffer ; ce qu'elles voulurent bien. En les coiffant, elles lui disaient :

– Cendrillon, serais-tu bien aise d'aller au bal ?

– Hélas, Mesdemoiselles, vous vous moquez de moi, ce n'est pas là ce qu'il me faut.

– Tu as raison ; on rirait bien si on voyait un Cucendron aller au bal.

2. Elles étaient très célèbres dans la pays.
3. Technique pour donner des plis ronds aux manchettes.
4. Coiffure.
5. Maquillage.

Une autre que Cendrillon les aurait coiffées de travers ; mais elle était bonne, et elle les coiffa parfaitement bien. Elles furent près de deux jours sans manger, tant elles étaient transportées de joie. On rompit plus de douze lacets à force de les serrer pour leur rendre la taille plus menue, et elles étaient toujours devant leur miroir.

Enfin l'heureux jour arriva ; on partit, et Cendrillon les suivit des yeux le plus longtemps qu'elle put ; lorsqu'elle ne les vit plus, elle se mit à pleurer. Sa marraine qui la vit toute en pleurs, lui demanda ce qu'elle avait.

– Je voudrais bien... je voudrais bien...

Elle pleurait si fort qu'elle ne put achever. Sa marraine, qui était fée, lui dit :

– Tu voudrais bien aller au bal, n'est-ce pas ?

– Hélas oui, dit Cendrillon en soupirant.

– Hé bien, seras-tu bonne fille ? dit sa marraine ; je t'y ferai aller.

Elle la mena dans sa chambre, et lui dit :

– Va dans le jardin et apporte-moi une citrouille.

Cendrillon alla aussitôt cueillir la plus belle qu'elle put trouver, et la porta à sa marraine, ne pouvant deviner comment cette citrouille la pourrait faire aller au bal. Sa marraine la creusa et n'ayant laissé que l'écorce, la frappa de sa baguette, et la citrouille fut aussitôt changée en un beau carrosse tout doré. Ensuite elle alla regarder dans sa souricière, où elle trouva six souris toutes en vie ; elle dit à Cendrillon de lever un peu la trappe de la souricière, et à chaque souris qui sortait, elle lui donnait un coup de sa baguette, et la souris était aussitôt changée en un beau cheval ; ce qui fit un bel attelage de six chevaux, d'un beau gris de souris pommelé.

Comme elle était en peine de[6] quoi elle ferait un cocher :
– Je vais voir, dit Cendrillon, s'il n'y a point quelque rat dans la ratière, nous en ferons un cocher.
– Tu as raison, dit sa marraine, va voir.
Cendrillon lui apporta la ratière, où il y avait trois gros rats. La fée en prit un d'entre les trois, à cause de sa maîtresse barbe, et l'ayant touché, il fut changé en un gros cocher, qui avait une des plus belles moustaches qu'on ait jamais vues.
Ensuite elle lui dit :
– Va dans le jardin, tu y trouveras six lézards derrière l'arrosoir, apporte-les moi.
Elle ne les eut pas plus tôt apportés, que la marraine les changea en six laquais, qui montèrent aussitôt derrière le carrosse avec leurs habits chamarrés, et qui s'y tenaient attachés, comme s'ils n'eussent fait autre chose toute leur vie.
La fée dit alors à Cendrillon :
– Hé bien, voilà de quoi aller au bal, n'es-tu pas bien aise ?
– Oui, mais est-ce que j'irai comme cela avec mes vilains habits ?
Sa marraine ne fit que la toucher avec sa baguette, et en même temps ses habits furent changés en des habits de drap d'or et d'argent tout chamarrés de pierreries ; elle lui donna ensuite une paire de pantoufles de verre, les plus jolies du monde. Quand elle fut ainsi parée, elle monta en carrosse ; mais sa marraine lui recommanda sur toutes choses de ne pas passer minuit, l'avertissant que si elle demeurait au bal un moment davantage, son carrosse redeviendrait citrouille, ses chevaux des souris, ses laquais des lézards, et que ses vieux habits reprendraient leur première forme.

6. Elle ne savait pas avec quoi faire un cochet.

Elle promit à sa marraine qu'elle ne manquerait pas de sortir du bal avant minuit. Elle part, ne se sentant pas de joie. Le fils du roi qu'on alla avertir qu'il venait d'arriver une grande princesse qu'on ne connaissait point, courut la recevoir ; il lui donna la main à la descente du carrosse, et la mena dans la salle où était la compagnie : il se fit alors un grand silence ; on cessa de danser, et les violons ne jouèrent plus, tant on était attentif à contempler les grandes beautés de cette inconnue. On n'entendait qu'un bruit confus : « Ha, qu'elle est belle ! » Le roi même, tout vieux qu'il était, ne laissait pas de la regarder, et de dire tout bas à la reine, qu'il y avait longtemps qu'il n'avait vu une si belle et si aimable personne. Toutes les dames étaient attentives à considérer sa coiffure et ses habits, pour en avoir dès le lendemain de semblables, pourvu qu'il se trouvât des étoffes assez belles, et des ouvriers assez habiles.

Le fils du roi la mit à la place la plus honorable, et ensuite la prit pour la mener danser : elle dansa avec tant de grâce, qu'on l'admira encore davantage. On apporta une fort belle collation, dont le jeune prince ne mangea point, tant il était

occupé à la considérer. Elle alla s'asseoir auprès de ses sœurs, et leur fit mille honnêtetés : elle leur fit part[7] des oranges et des citrons que le prince lui avait donnés ; ce qui les étonna fort, car elles ne la connaissaient point.

Lorsqu'elles causaient ainsi, Cendrillon entendit sonner onze heures trois quarts : elle fit aussitôt une grande révérence à la compagnie, et s'en alla le plus vite qu'elle put. Dès qu'elle fut arrivée, elle alla trouver sa marraine, et après l'avoir remerciée, elle lui dit qu'elle souhaiterait bien aller encore le lendemain au bal, parce que le fils du roi l'en avait priée. Comme elle était occupée à raconter à sa marraine tout ce qui s'était passé au bal, les deux sœurs heurtèrent à la porte ; Cendrillon leur alla ouvrir.

– Que vous êtes longtemps à revenir ! leur dit-elle en bâillant, en se frottant les yeux, et en s'étendant comme si elle n'eut fait que de se réveiller : elle n'avait cependant pas eu envie de dormir depuis qu'elles s'étaient quittées.

– Si tu étais venue au bal, lui dit une de ses sœurs, tu ne t'y serais pas ennuyée : il y est venu la plus belle princesse, la plus belle qu'on puisse jamais voir ; elle nous a fait mille civilités, elle nous a donné des oranges et des citrons.

Cendrillon ne se sentait pas de joie : elle leur demanda le nom de cette princesse ; mais elles lui répondirent qu'on ne la connaissait pas, que le fils du roi en était fort en peine, et qu'il donnerait toutes choses au monde pour savoir qui elle était. Cendrillon sourit et leur dit :

– Elle était donc bien belle ? Mon Dieu, que vous êtes heureuses, ne pourrais-je point la voir ? Hélas, mademoiselle Javotte, prêtez-moi votre habit jaune que vous mettez tous les jours.

7. Elle partagea avec elles les oranges et les citrons.

– Vraiment, dit mademoiselle Javotte, je suis de cet avis ! prêtez votre habit à un vilain Cucendron comme cela, il faudrait que je fusse bien folle.

Cendrillon s'attendait bien à ce refus, et elle en fut bien aise, car elle aurait été grandement embarrassée si sa sœur eût bien voulu lui prêter son habit.

Le lendemain les deux sœurs furent au bal, et Cendrillon aussi, mais encore plus parée que la première fois. Le fils du roi fut toujours auprès d'elle, et ne cessa de lui conter des douceurs ; la jeune demoiselle ne s'ennuyait point, et oublia ce que sa marraine lui avait recommandé ; de sorte qu'elle entendit sonner le premier coup de minuit, lorsqu'elle ne croyait pas qu'il fût encore onze heures : elle se leva et s'enfuit aussi légèrement qu'aurait fait une biche. Le prince la suivit, mais il ne put l'attraper ; elle laissa tomber une de ses pantoufles de verre, que le prince ramassa bien soigneusement. Cendrillon arriva chez elle bien essoufflée, sans carrosse, sans laquais, et avec ses méchants habits, rien ne lui étant resté de toute sa magnificence, qu'une de ses petites pantoufles, la pareille de celle qu'elle avait laissée tomber. On demanda aux gardes de la porte du palais s'ils n'avaient point vu sortir une princesse ; ils dirent qu'ils n'avaient vu sortir personne, qu'une jeune fille fort mal vêtue, et qui avait plus l'air d'une paysanne que d'une demoiselle.

Quand ses deux sœurs revinrent du bal, Cendrillon leur demanda si elles s'étaient encore bien diverties, et si la belle dame y avait été : elles lui dirent que oui, mais qu'elle s'était enfuie lorsque minuit avait sonné, et si promptement qu'elle avait laissé tomber une de ses pantoufles de verre, la plus jolie du monde ; que le fils du roi l'avait ramassée, et qu'il n'avait fait que la regarder pendant tout le reste du bal, et qu'assurément il était fort amoureux de la belle personne à qui appartenait la petite pantoufle.

Elles dirent vrai, car peu de jours après, le fils du roi fit publier à son de trompe, qu'il épouserait celle dont le pied serait bien juste à la pantoufle. On commença à l'essayer aux princesses, ensuite aux duchesses, et à toute la cour, mais inutilement. On l'apporta chez les deux sœurs, qui firent tout leur possible pour faire entrer leur pied dans la pantoufle, mais elles ne purent en venir à bout. Cendrillon qui les regardait, et qui reconnut sa pantoufle, dit en riant :

– Que je voie si elle ne me serait pas bonne[8] !

Ses sœurs se mirent à rire et à se moquer d'elle. Le gentilhomme qui faisait l'essai de la pantoufle, ayant regardé attentivement Cendrillon, et la trouvant fort belle, dit que cela était juste, et qu'il avait l'ordre de l'essayer à toutes les filles. Il fit asseoir Cendrillon, et approchant la pantoufle de son petit pied, il vit qu'elle y entrait sans peine, et qu'elle y était juste comme de cire[9]. L'étonnement des deux sœurs fut grand, mais plus grand encore quand Cendrillon tira de sa poche l'autre petite pantoufle qu'elle mit à son pied. Là-dessus arriva la marraine, qui ayant donné un coup de sa baguette sur les habits de Cendrillon, les fit devenir encore plus magnifiques que tous les autres.

8. Que je voie si elle n'irait pas à mon pied.
9. Et qu'elle lui allait parfaitement.

Alors ses deux sœurs la reconnurent pour la belle personne qu'elles avaient vue au bal. Elles se jetèrent à ses pieds pour lui demander pardon de tous les mauvais traitements qu'elles lui avaient fait souffrir. Cendrillon les releva, et leur dit en les embrassant, qu'elle leur pardonnait de bon cœur, et qu'elle les priait de l'aimer bien toujours. On la mena chez le jeune prince, parée comme elle était. Il la trouva encore plus belle que jamais, et peu de jours après, il l'épousa. Cendrillon, qui était aussi bonne que belle, fit loger ses deux sœurs au palais, et les maria dès le jour même à deux grands seigneurs de la cour.

La Belle au bois dormant

À partir de 5 ans

15 min

Château

Fées
Ogresse
Prince
Princesse

Il était une fois un roi et une reine, qui étaient si fâchés de n'avoir pas d'enfants, si fâchés qu'on ne saurait dire. Ils allèrent à toutes les eaux[1] du monde, vœux, pèlerinages, menues dévotions, tout fut mis en œuvre, et rien n'y faisait. Enfin pourtant la reine devint grosse, et accoucha d'une fille : on fit un beau baptême ; on donna pour marraines à la petite princesse toutes les fées qu'on put trouver dans le pays (il s'en trouva sept), afin que chacune d'elles lui faisant un don, comme c'était la coutume des fées en ce temps-là, la princesse eût par ce moyen toutes les perfections imaginables. Après les cérémonies du baptême toute la compagnie revint au palais du roi, où il y avait un grand festin pour les fées. On mit devant chacune d'elles un couvert magnifique, avec un étui d'or massif, où il y avait une cuiller, une fourchette, et un couteau de fin or, garnis de diamants et de rubis. Mais comme chacun prenait sa place à table, on vit entrer une vieille fée qu'on n'avait point priée[2], parce qu'il y avait plus de cinquante ans qu'elle n'était sortie d'une tour, et qu'on la croyait morte, ou enchantée[3].

Le roi lui fit donner un couvert, mais il n'y eut pas moyen de lui donner un étui d'or massif, comme aux autres, parce que l'on n'en avait fait faire que sept pour les sept fées. La vieille crut qu'on la méprisait, et grommela quelques menaces

1. Certaines sources « miraculeuses » étaient connues pour guérir la stérilité.
2. Qui n'avait pas été invitée.
3. Ensorcelée.

entre ses dents. Une des jeunes fées, qui se trouva auprès d'elle, l'entendit, et jugeant qu'elle pourrait donner quelque fâcheux don à la petite princesse, alla dès qu'on fut sorti de table, se cacher derrière la tapisserie, afin de parler la dernière, et de pouvoir réparer autant qu'il lui serait possible le mal que la vieille aurait fait.

Cependant les fées commencèrent à faire leurs dons à la princesse. La plus jeune lui donna pour don qu'elle serait la plus belle personne du monde, celle d'après qu'elle aurait de l'esprit comme un ange, la troisième qu'elle aurait une grâce admirable à tout ce qu'elle ferait, la quatrième qu'elle danserait parfaitement bien, la cinquième qu'elle chanterait comme un rossignol, et la sixième qu'elle jouerait de toutes sortes d'instruments dans la dernière perfection. Le rang [4] de la vieille fée étant venu, elle dit en branlant la tête, encore plus de dépit que de vieillesse, que la princesse se percerait la main d'un fuseau, et qu'elle en mourrait.

Ce terrible don fit frémir toute la compagnie, et il n'y eut personne qui ne pleurât. Dans ce moment la jeune fée sortit de derrière la tapisserie, et dit tout haut ces paroles :

– Rassurez-vous, roi et reine, votre fille n'en mourra pas ; il est vrai que je n'ai pas assez de puissance pour défaire entièrement ce que mon ancienne a fait. La princesse se percera la main d'un fuseau, mais au lieu d'en mourir, elle tombera seulement dans un profond sommeil qui durera cent ans, au bout desquels le fils d'un roi viendra la réveiller.

Le roi, pour tâcher d'éviter le malheur annoncé par la vieille, fit publier aussitôt un édit, par lequel il défendait à toutes personnes de filer au fuseau, ni d'avoir des fuseaux chez soi sur peine de[5] la vie.

4. Tour.
5. Sous peine de perdre.

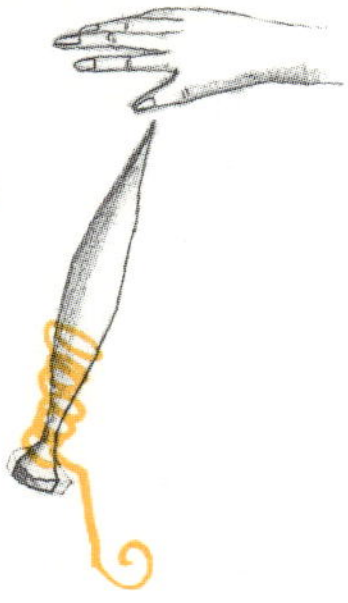

Au bout de quinze ou seize ans, le roi et la reine étant allés à une de leurs maisons de plaisance, il arriva que la jeune princesse, courant un jour dans le château, et montant de chambre en chambre, alla jusqu'au haut d'un donjon, dans un petit galetas[6], où une bonne vieille était seule à filer sa quenouille. Cette bonne femme n'avait point ouï parler des défenses que le roi avait faites de filer au fuseau.

– Que faites-vous là, ma bonne femme ? dit la princesse.

– Je file, ma belle enfant, lui répondit la vieille qui ne la connaissait pas.

– Ha ! que cela est joli, reprit la princesse, comment faites-vous ? Donnez-moi que je voie si j'en ferais bien autant.

Elle n'eut pas plutôt pris le fuseau, que comme elle était fort vive, un peu étourdie, et que d'ailleurs l'arrêt des fées l'ordonnait ainsi, elle s'en perça la main, et tomba évanouie. La bonne vieille, bien embarrassée, crie au secours : on vient de tous côtés, on jette de l'eau au visage de la princesse, on la délace, on lui frappe dans les mains, on lui frotte les tempes avec de l'eau de la reine de Hongrie ; mais rien ne la faisait revenir.

Alors le roi, qui était monté au bruit, se souvint de la prédiction des fées, et jugeant bien qu'il fallait que cela arrivât, puisque les fées l'avaient dit, fit mettre la princesse dans le plus bel appartement du palais, sur un lit en broderie d'or et d'argent ; on eût dit d'un ange, tant elle était belle ; car son évanouissement n'avait pas ôté les couleurs vives de son teint : ses joues étaient incarnates, et ses lèvres comme du corail ; elle avait seulement les yeux fermés, mais on l'entendait respirer doucement, ce qui faisait voir qu'elle n'était pas morte.

6. Mansarde.

Le roi ordonna qu'on la laissât dormir en repos, jusqu'à ce que son heure de se réveiller fût venue. La bonne fée qui lui avait sauvé la vie, en la condamnant à dormir cent ans, était dans le royaume de Mataquin, à douze mille lieues de là, lorsque l'accident arriva à la princesse ; mais elle en fut avertie en un instant par un petit nain, qui avait des bottes de sept lieues (c'était des bottes avec lesquelles on faisait sept lieues d'une seule enjambée). La fée partit aussitôt, et on la vit au bout d'une heure arriver dans un chariot tout de feu, traîné par des dragons. Le roi lui alla présenter la main à la descente du chariot. Elle approuva tout ce qu'il avait fait, mais comme elle était grandement prévoyante, elle pensa que, quand la princesse viendrait à se réveiller, elle serait bien embarrassée toute seule dans ce vieux château : voici ce qu'elle fit.

Elle toucha de sa baguette tout ce qui était dans ce château (hors le roi et la reine), gouvernantes, filles d'honneur, femmes de chambre, gentilshommes, officiers, maîtres d'hôtel, cuisiniers, marmitons, galopins, gardes, suisses, pages, valets de pied ; elle toucha aussi tous les chevaux qui étaient dans les écuries avec les palefreniers, les gros mâtins de basse-cour, et la petite Pouffe, petite chienne de la princesse, qui était auprès d'elle sur son lit. Dès qu'elle les eut touchés, ils s'endormirent tous, pour ne se réveiller qu'en même temps que leur maîtresse, afin d'être tous prêts à la servir quand elle en aurait besoin : les broches mêmes qui étaient au feu, toutes pleines de perdrix et de faisans, s'endormirent, et le feu aussi. Tout cela se fit en un moment ; les fées n'étaient pas longues à leur besogne.

Alors le roi et la reine, après avoir baisé leur cher enfant sans qu'elle s'éveillât, sortirent du château, et firent publier des défenses à qui que ce soit d'en approcher. Ces défenses n'étaient pas nécessaires, car il crût dans un quart d'heure, tout autour du parc, une si grande quantité de grands arbres et de petits, de ronces, et d'épines entrelacées les unes dans les autres, que bête ni homme n'y aurait pu passer : en sorte qu'on ne voyait plus que le haut des tours du château, encore n'était-ce que de bien loin. On ne douta point que la fée n'eût encore fait là un tour de son métier, afin que la princesse, pendant qu'elle dormirait, n'eût rien à craindre des curieux.

Au bout de cent ans, le fils du roi qui régnait alors, et qui était d'une autre famille que la princesse endormie, étant allé à la chasse de ce côté-là, demanda ce que c'était que les tours qu'il voyait au-dessus d'un grand bois fort épais ; chacun lui répondit selon qu'il en avait ouï parler. Les uns disaient que c'était un vieux château où il revenait des esprits ; les autres que tous les sorciers de la contrée y faisaient leur sabbat. La plus commune opinion était qu'un ogre y demeurait, et que là il emportait tous les enfants qu'il pouvait attraper, pour les pouvoir manger à son aise, et sans qu'on le pût suivre, ayant seul le pouvoir de se faire un passage au travers du bois.

Le prince ne savait qu'en croire, lorsqu'un vieux paysan prit la parole, et lui dit :

– Mon prince, il y a plus de cinquante ans que j'ai ouï dire à mon père, qu'il y avait dans ce château une princesse, la plus belle qu'on eût su voir ; qu'elle y devait dormir cent ans, et qu'elle serait réveillée par le fils d'un roi, à qui elle était réservée.

Le jeune prince à ce discours se sentit tout de feu ; il crut sans balancer[7] qu'il mettrait fin à une si belle aventure ; et poussé par l'amour et par la gloire, il résolut de voir sur-le-champ ce qui en était. À peine s'avança-t-il vers les bois, que tous ces grands arbres, ces ronces, et ces épines s'écartèrent d'elles-mêmes pour le laisser passer : il marche vers le château qu'il voyait au bout d'une grande avenue où il entra, et ce qui le surprit un peu, il vit que personne de ses gens ne l'avait pu suivre, parce que les arbres s'étaient rapprochés dès qu'il avait été passé. Il ne laissa pas de continuer son chemin : un prince jeune et amoureux est toujours vaillant. Il entra dans une grande avant-cour où tout ce qu'il vit d'abord était capable de le glacer de crainte : c'était un silence affreux, l'image de la mort s'y présentait partout, et ce n'était que des corps étendus d'hommes et d'animaux, qui paraissaient morts. Il reconnut pourtant bien au nez bourgeonné, et à la face vermeille des suisses, qu'ils n'étaient qu'endormis, et leurs tasses, où il y avait encore quelques gouttes de vin, montraient assez qu'ils s'étaient endormis en buvant.

Il passe une grande cour pavée de marbre, il monte l'escalier, il entre dans la salle des gardes qui étaient rangés en haie, la carabine[8] sur l'épaule, et ronflant de leur mieux. Il traverse plusieurs chambres pleines de gentilshommes et de dames, dormant tous, les uns debout, les autres assis ; il entre dans une chambre toute dorée, et il vit sur un lit, dont les rideaux étaient ouverts de tous côtés, le plus beau spectacle qu'il eût jamais vu : une princesse qui paraissait avoir quinze ou seize

7. Hésiter.
8. Ancienne petite arquebuse à rouet.

ans, et dont l'éclat resplendissant avait quelque chose de lumineux et de divin. Il s'approcha en tremblant et en admirant, et se mit à genoux auprès d'elle.

Alors comme la fin de l'enchantement était venue, la princesse s'éveilla ; et le regardant avec des yeux plus tendres qu'une première vue ne semblait le permettre :

– Est-ce vous, mon prince ? lui dit-elle ; vous vous êtes bien fait attendre.

Le prince charmé de ces paroles, et plus encore de la manière dont elles étaient dites, ne savait comment lui témoigner sa joie et sa reconnaissance ; il l'assura qu'il l'aimait plus que lui-même. Ses discours furent mal rangés[9], ils en plurent davantage : peu d'éloquence, beaucoup d'amour. Il était plus embarrassé qu'elle, et l'on ne doit pas s'en étonner : elle avait eu le temps de songer à ce qu'elle aurait à lui dire ; car il y a apparence (l'histoire n'en dit pourtant rien) que la bonne fée, pendant un si long sommeil, lui avait procuré le plaisir des songes agréables. Enfin il y avait quatre heures qu'ils se parlaient, et ils ne s'étaient pas encore dit la moitié des choses qu'ils avaient à se dire.

Cependant tout le palais s'était réveillé avec la princesse : chacun songeait à faire[10] sa charge, et comme ils n'étaient pas tous amoureux, ils mouraient de faim ; la dame d'honneur, pressée comme les autres, s'impatienta, et dit tout haut à la princesse que la viande était servie. Le prince aida à la princesse à se lever ; elle était tout habillée et fort magnifiquement ; mais il se garda bien de lui dire qu'elle était habillée comme ma mère-grand, et qu'elle avait un collet monté ; elle n'en était pas moins belle.

9. Mal construits, mal tournés.
10. Remplir son rôle, occuper sa fonction.

Ils passèrent dans un salon de miroirs, et y soupèrent, servis par les officiers de la princesse ; les violons et les hautbois jouèrent de vieilles pièces, mais excellentes, quoiqu'il y eût près de cent ans qu'on ne les jouât plus ; et après soupé sans perdre de temps, le grand aumônier les maria dans la chapelle du château, et la dame d'honneur leur tira le rideau : ils dormirent peu, la princesse n'en avait pas grand besoin, et le prince la quitta dès le matin pour retourner à la ville, où son père devait être en peine de lui. Le prince lui dit qu'en chassant il s'était perdu dans la forêt, et qu'il avait couché dans la hutte d'un charbonnier, qui lui avait fait manger du pain noir et du fromage. Le roi son père, qui était bonhomme, le crut, mais sa mère n'en fut pas bien persuadée, et voyant qu'il allait presque tous les jours à la chasse, et qu'il avait toujours une raison en main pour s'excuser, quand il avait couché deux ou trois nuits dehors, elle ne douta plus qu'il eût quelque amourette : car il vécut avec la princesse plus de deux ans entiers, et en eut deux enfants, dont le premier qui fut une fille, fut nommée l'Aurore, et le second un fils, qu'on nomma le Jour, parce qu'il paraissait encore plus beau que sa sœur. La reine dit plusieurs fois à son fils, pour le faire expliquer, qu'il fallait se contenter[11] dans la vie ; mais il n'osa jamais se fier à elle de son secret ; il la craignait quoiqu'il l'aimât, car elle était de race ogresse, et le roi ne l'avait épousée qu'à cause de ses grands biens ; on disait même tout bas à la cour qu'elle avait les inclinations des ogres, et qu'en voyant passer de petits enfants, elle avait toutes les peines du monde à se retenir de se jeter sur eux ; ainsi le prince ne voulut jamais rien dire. Mais quand le roi fut mort, ce qui arriva au bout de deux ans, et qu'il se vit le maître, il déclara publiquement son mariage,

11. Faire ce dont on a envie.

et alla en grande cérémonie quérir la reine sa femme dans son château. On lui fit une entrée magnifique dans la ville capitale, où elle entra au milieu de ses deux enfants.

Quelque temps après, le roi alla faire la guerre à l'empereur Cantalabutte son voisin. Il laissa la régence du royaume à la reine sa mère, et lui recommanda fort sa femme et ses enfants : il devait être à la guerre tout l'été, et dès qu'il fut parti, la reine mère envoya sa bru et ses enfants à une maison de campagne dans les bois, pour pouvoir plus aisément assouvir son horrible envie. Elle y alla quelques jours après, et dit un soir à son maître d'hôtel :

– Je veux manger demain à mon dîner la petite Aurore.

– Ah ! madame, dit le maître d'hôtel…

– Je le veux, dit la reine (et elle le dit d'un ton d'ogresse, qui a envie de manger de la chair fraîche), et je la veux manger à la sauce Robert[12].

Ce pauvre homme, voyant bien qu'il ne fallait pas se jouer à[13] une ogresse, prit son grand couteau, et monta à la chambre de la petite Aurore : elle avait pour lors quatre ans, et vint en sautant et en riant se jeter à son col, et lui demander du bonbon. Il se mit à pleurer, le couteau lui tomba des mains, et il alla dans la basse-cour couper la gorge à un petit agneau, et lui fit une si bonne sauce, que sa maîtresse l'assura qu'elle n'avait jamais rien mangé de si bon. Il avait emporté en même temps la petite Aurore, et l'avait donnée à sa femme pour la cacher dans le logement qu'elle avait au fond de la basse-cour.

Huit jours après, la méchante reine dit à son maître d'hôtel :

– Je veux manger à mon souper le petit Jour.

Il ne répliqua pas, résolu de la tromper comme l'autre fois ; il alla chercher le petit Jour, et le trouva avec un petit fleuret à la main, dont il faisait des armes avec un gros singe : il n'avait pourtant que trois ans. Il le porta à sa femme qui le

12. À base d'oignons et de moutarde.
13. Se mesurer.

cacha avec la petite Aurore, et donna à la place du petit Jour, un petit chevreau fort tendre, que l'ogresse trouva admirablement bon.

Cela était fort bien allé jusque-là ; mais un soir, cette méchante reine dit au maître d'hôtel :

– Je veux manger la reine à la même sauce que ses enfants.

Ce fut alors que le pauvre maître d'hôtel désespéra de la pouvoir encore tromper. La jeune reine avait vingt ans passés, sans compter les cent ans qu'elle avait dormi : sa peau était un peu dure, quoique belle et blanche ; et le moyen de trouver dans la ménagerie une bête aussi dure que cela ? Il prit la résolution pour sauver sa vie, de couper la gorge à la reine, et monta dans sa chambre, dans l'intention de n'en pas faire à deux fois ; il s'excitait à la fureur, et entra, le poignard à la main, dans la chambre de la jeune reine. Il ne voulut pourtant point la surprendre, et il lui dit avec beaucoup de respect, l'ordre qu'il avait reçu de la reine mère.

– Faites, faites, lui dit-elle, en lui tendant le col ; exécutez l'ordre qu'on vous a donné ; j'irai revoir mes enfants, mes pauvres enfants que j'ai tant aimés.

Elle les croyait morts depuis qu'on les avait enlevés sans lui rien dire.

– Non, non, madame, lui répondit le pauvre maître d'hôtel tout attendri, vous ne mourrez point, et vous ne laisserez pas d'aller revoir vos chers enfants, mais ce sera chez moi où je les ai cachés, et je tromperai encore la reine, en lui faisant manger une jeune biche en votre place.

Il la mena aussitôt à sa chambre, où, la laissant embrasser ses enfants et pleurer avec eux, il alla accommoder une biche,

que la reine mangea à son souper, avec le même appétit que si c'eût été la jeune reine : elle était bien contente de sa cruauté, et elle se préparait à dire au roi à son retour, que les loups enragés avaient mangé la reine sa femme et ses deux enfants.

Un soir qu'elle rôdait à son ordinaire dans les cours et basses-cours du château, pour y halener[14] quelque viande fraîche, elle entendit dans une salle basse le petit Jour qui pleurait, parce que la reine sa mère le voulait faire fouetter, à cause qu'il avait été méchant, et elle entendit aussi la petite Aurore qui demandait pardon pour son frère. L'ogresse reconnut la voix de la reine et de ses enfants, et furieuse d'avoir été trompée, elle commanda dès le lendemain au matin, avec une voix épouvantable, qui faisait trembler tout le monde, qu'on apportât au milieu de la cour une grande cuve, qu'elle fit remplir de crapauds, de vipères, de couleuvres et de serpents, pour y faire jeter la reine et ses enfants, le maître d'hôtel, sa femme et sa servante : elle avait donné ordre de les amener les mains liées derrière le dos. Ils étaient là, et les bourreaux se préparaient à les jeter dans la cuve, lorsque le roi qu'on n'attendait pas si tôt, entra dans la cour à cheval : il était venu en poste[15], et demanda tout étonné ce que voulait dire cet horrible spectacle ; personne n'osait l'en instruire, quand l'ogresse, enragée de voir ce qu'elle voyait, se jeta elle-même la tête la première dans la cuve, et fut dévorée en un instant par les vilaines bêtes qu'elle y avait fait mettre. Le roi ne laissa pas d'en être fâché : elle était sa mère ; mais il s'en consola bientôt avec sa belle femme et ses enfants.

14. Flairer, rechercher.
15. À toute vitesse.

Le Chat botté

À partir de 3 ans	7 min	Campagne Château	Chat Jeune homme Princesse Roi

Un meunier ne laissa pour tous biens à trois enfants qu'il avait, que son moulin, son âne, et son chat. Les partages furent bientôt faits, ni le notaire, ni le procureur n'y furent point appelés. Ils auraient eu bientôt mangé tout le pauvre patrimoine. L'aîné eut le moulin, le second eut l'âne, et le plus jeune n'eut que le chat.

Ce dernier ne pouvait se consoler d'avoir un si pauvre lot :

– Mes frères, disait-il, pourront gagner leur vie honnêtement en se mettant ensemble ; pour moi, lorsque j'aurai mangé mon chat, et que je me serai fait un manchon de sa peau, il faudra que je meure de faim.

Le chat qui entendait ce discours, mais qui n'en fit pas semblant, lui dit d'un air posé et sérieux :

– Ne vous affligez point, mon maître ; vous n'avez qu'à me donner un sac, et me faire faire une paire de bottes pour aller dans les broussailles, et vous verrez que vous n'êtes pas si mal partagé que vous croyez.

Quoique le maître du chat ne fit pas grand fond[1] là-dessus, il lui avait vu faire tant de tours de souplesse, pour prendre des rats et des souris : comme quand il se pendait par les pieds, ou qu'il se cachait dans la farine pour faire le mort, qu'il ne désespéra pas d'en être secouru dans sa misère.

Lorsque le chat eut ce qu'il avait demandé, il se botta bravement, et mettant son sac à son cou, il en prit les cordons avec

1. N'accorda pas trop d'importance à ce que le chat venait de lui dire.

ses deux pattes de devant, et s'en alla dans une garenne où il y avait grand nombre de lapins. Il mit du son et des lacerons dans son sac, et s'étendant comme s'il eût été mort, il attendit que quelque jeune lapin, peu instruit encore des ruses de ce monde, vînt se fourrer dans son sac pour manger ce qu'il y avait mis.

À peine fut-il couché, qu'il eut contentement ; un jeune étourdi de lapin entra dans son sac, et le maître chat, tirant aussitôt les cordons, le prit et le tua sans miséricorde.

Tout glorieux de sa proie, il s'en alla chez le roi et demanda à lui parler. On le fit monter à l'appartement de Sa Majesté, où étant entré, il fit une grande révérence au roi, et lui dit :

– Voilà, Sire, un lapin de garenne que monsieur le marquis de Carabas (c'était le nom qu'il lui prit en gré[2] de donner à son maître) m'a chargé de vous présenter de sa part.

– Dis à ton maître, répondit le roi, que je le remercie, et qu'il me fait plaisir.

Une autre fois il alla se cacher dans un blé, tenant toujours son sac ouvert, et lorsque deux perdrix y furent entrées, il tira les cordons, et les prit toutes deux. Il alla ensuite les présenter au roi, comme il avait fait le lapin de garenne. Le roi reçut encore avec plaisir les deux perdrix, et lui fit donner pour boire.

Le chat continua ainsi pendant deux ou trois mois à porter de temps en temps au roi du gibier de la chasse de son maître. Un jour qu'il sut que le roi devait aller à la promenade sur le bord de la rivière avec sa fille, la plus belle princesse du monde, il dit à son maître :

– Si vous voulez suivre mon conseil, votre fortune est faite : vous n'avez qu'à vous baigner dans la rivière à l'endroit que je vous montrerai, et ensuite me laisser faire.

2. C'est le nom qu'il eût envie de donner à son maître.

Le marquis de Carabas fit ce que son chat lui conseillait, sans savoir à quoi cela serait bon. Dans le temps qu'il se baignait, le roi vint à passer, et le chat se mit à crier de toute sa force :

– Au secours, au secours, voilà monsieur le marquis de Carabas qui se noie !

À ce cri le roi mit la tête à la portière, et reconnaissant le chat qui lui avait apporté tant de fois du gibier, il ordonna à ses gardes qu'on allât vite au secours de monsieur le marquis de Carabas.

Pendant qu'on retirait le pauvre marquis de la rivière, le chat s'approcha du carrosse, et dit au roi que, dans le temps que son maître se baignait, il était venu des voleurs qui avaient emporté ses habits, quoiqu'il eût crié « au voleur ! » de toute sa force ; le drôle les avait cachés sous une grosse pierre.

Le roi ordonna aussitôt aux officiers de sa garde-robe d'aller quérir un de ses plus beaux habits pour monsieur le marquis de Carabas. Le roi lui fit mille caresses, et comme les beaux habits qu'on venait de lui donner relevaient sa bonne mine (car il était beau et bien fait de sa personne), la fille du roi le trouva fort à son gré, et le marquis de Carabas ne lui eut pas jeté deux ou trois regards fort respectueux, et un peu tendres, qu'elle en devint amoureuse à la folie.

Le roi voulut qu'il montât dans son carrosse, et qu'il fût de la promenade. Le chat, ravi de voir que son dessein commençait à réussir, prit les devants, et ayant rencontré des paysans qui fauchaient un pré, il leur dit :

– Bonnes gens qui fauchez, si vous ne dites au roi que le pré que vous fauchez appartient à monsieur le marquis de Carabas, vous serez tous hachés menu comme chair à pâté.

Le roi ne manqua pas à demander aux faucheux à qui était ce pré qu'ils fauchaient.

– C'est à monsieur le marquis de Carabas, dirent-ils tous ensemble, car la menace du chat leur avait fait peur.

– Vous avez là un bel héritage, dit le roi au marquis de Carabas.

– Vous voyez, Sire, répondit le marquis, c'est un pré qui ne manque point de rapporter abondamment toutes les années.

Le maître chat, qui allait toujours devant, rencontra des moissonneurs, et leur dit :

– Bonnes gens qui moissonnez, si vous ne dites que tous ces blés appartiennent à monsieur le marquis de Carabas, vous serez tous hachés menu comme chair à pâté.

Le roi, qui passa un moment après, voulut savoir à qui appartenaient tous les blés qu'il voyait.

– C'est à monsieur le marquis de Carabas, répondirent les moissonneurs, et le roi s'en réjouit encore avec le marquis.

Le chat, qui allait devant le carrosse, disait toujours la même chose à tous ceux qu'il rencontrait ; et le roi était étonné des grands biens de monsieur le marquis de Carabas.

Le maître chat arriva enfin dans un beau château dont le maître était un ogre, le plus riche qu'on ait jamais vu ; car toutes les terres par où le roi avait passé étaient de la dépendance de ce château. Le chat qui eut soin de s'informer qui était cet ogre, et ce qu'il savait faire, demanda à lui parler, disant qu'il n'avait pas voulu passer si près de son château, sans avoir l'honneur de lui faire la révérence.

L'ogre le reçut aussi civilement que le peut un ogre, et le fit reposer.

– On m'a assuré, dit le chat, que vous aviez le don de vous changer en toute sorte d'animaux ; que vous pouviez par exemple vous transformer en lion, en éléphant.

– Cela est vrai, répondit l'ogre brusquement, et pour vous le montrer, vous m'allez voir devenir lion.

Le chat fut si effrayé de voir un lion devant lui, qu'il gagna aussitôt les gouttières, non sans peine et sans péril, à cause de ses bottes qui ne valaient rien pour marcher sur les tuiles. Quelque temps après, le chat, ayant vu que l'ogre avait quitté sa première forme, descendit, et avoua qu'il avait eu bien peur.

– On m'a assuré encore, dit le chat, mais je ne saurais le croire, que vous aviez aussi le pouvoir de prendre la forme des plus petits animaux, par exemple, de vous changer en un rat, en une souris ; je vous avoue que je tiens cela tout à fait impossible.

– Impossible ? reprit l'ogre ; vous allez voir… Et en même temps il se changea en une souris, qui se mit à courir sur le plancher. Le chat ne l'eut pas plutôt aperçue, qu'il se jeta dessus et la mangea. Cependant le roi, qui vit en passant le beau château de l'ogre, voulut entrer dedans. Le chat, qui entendit le bruit du carrosse qui passait sur le pont-levis, courut au-devant, et dit au roi :

– Votre Majesté soit la bienvenue dans ce château de monsieur le marquis de Carabas.

– Comment, monsieur le marquis, s'écria le roi, ce château est encore à vous ! Il ne se peut rien de plus beau que cette cour et que tous ces bâtiments qui l'environnent ; voyons les dedans, s'il vous plaît.

Le marquis donna la main à la jeune princesse, et suivant le roi qui montait le premier, ils entrèrent dans une grande salle où ils trouvèrent une magnifique collation que l'ogre avait fait préparer pour ses amis qui le devaient venir voir ce même jour-là, mais qui n'avaient pas osé entrer, sachant que le roi y était. Le roi charmé des bonnes qualités de monsieur le marquis de Carabas, de même que sa fille qui en était folle, et voyant les grands biens qu'il possédait, lui dit, après avoir bu cinq ou six coups :

– Il ne tiendra qu'à vous, monsieur le marquis, que vous ne soyez mon gendre.

Le marquis, faisant de grandes révérences, accepta l'honneur que lui faisait le roi ; et dès le même jour épousa la princesse. Le chat devint grand seigneur, et ne courut plus après les souris, que pour se divertir.

Le Petit Chaperon rouge

À partir de 3 ans

3 min

Forêt

Fillette
Grand-mère
Loup

Il était une fois une petite fille de village, la plus jolie qu'on eût su voir ; sa mère en était folle, et sa mère-grand plus folle encore. Cette bonne femme lui fit faire un petit chaperon rouge, qui lui seyait si bien, que partout on l'appelait le Petit Chaperon rouge.

Un jour sa mère ayant cuit et fait des galettes, lui dit :

– Va voir comme se porte ta mère-grand, car on m'a dit qu'elle était malade, porte-lui une galette et ce petit pot de beurre. Le Petit Chaperon rouge partit aussitôt pour aller chez sa mère-grand, qui demeurait dans un autre village. En passant dans un bois elle rencontra compère le loup, qui eut bien envie de la manger ; mais il n'osa, à cause de quelques bûcherons qui étaient dans la forêt. Il lui demanda où elle allait ; la pauvre enfant qui ne savait pas qu'il est dangereux de s'arrêter à écouter un loup, lui dit :

– Je vais voir ma mère-grand, et lui porter une galette avec un petit pot de beurre que ma mère lui envoie.

– Demeure-t-elle bien loin ? lui dit le loup.

– Oh ! oui, dit le Petit Chaperon rouge, c'est par-delà le moulin que vous voyez tout là-bas, là-bas, à la première maison du village.

– Eh bien, dit le loup, je veux l'aller voir aussi ; je m'y en vais par ce chemin ici, et toi par ce chemin-là, et nous verrons à qui plus tôt y sera.

Le loup se mit à courir de toute sa force par le chemin qui était le plus court, et la petite fille s'en alla par le chemin le plus long, s'amusant à cueillir des noisettes, à courir après des papillons, et à faire des bouquets des petites fleurs qu'elle rencontrait. Le loup ne fut pas longtemps à arriver à la maison de la mère-grand ; il heurte : Toc, toc.

– Qui est là ?

– C'est votre fille, le Petit Chaperon rouge, dit le loup, en contrefaisant sa voix, qui vous apporte une galette, et un petit pot de beurre que ma mère vous envoie.

La bonne mère-grand qui était dans son lit à cause qu'elle se trouvait un peu mal, lui cria :

– Tire la chevillette, la bobinette cherra[1].

Le loup tira la chevillette, et la porte s'ouvrit. Il se jeta sur la bonne femme, et la dévora en moins de rien ; car il y avait plus de trois jours qu'il n'avait mangé. Ensuite il ferma la porte, et s'alla coucher dans le lit de la mère-grand, en attendant le Petit Chaperon rouge, qui quelque temps après, vint heurter à la porte. Toc, toc.

– Qui est là ?

Le Petit Chaperon rouge, qui entendit la grosse voix du loup, eut peur d'abord, mais croyant que sa mère-grand était enrhumée, répondit :

– C'est votre fille, le Petit Chaperon rouge, qui vous apporte une galette et un petit pot de beurre que ma mère vous envoie.

Le loup lui cria, en adoucissant un peu sa voix :

– Tire la chevillette, la bobinette cherra.

Le Petit Chaperon rouge tira la chevillette, et la porte s'ouvrit. Le loup, la voyant entrer, lui dit en se cachant dans le lit sous la couverture :

1. Verbe choir au futur : tombera.

– Mets la galette et le petit pot de beurre sur la huche, et viens te coucher avec moi.

Le Petit Chaperon rouge se déshabille, et va se mettre dans le lit, où elle fut bien étonnée de voir comment sa mère-grand était faite en son déshabillé ; elle lui dit :

– Ma mère-grand, que vous avez de grands bras !

– C'est pour mieux t'embrasser, ma fille.

– Ma mère-grand, que vous avez de grandes jambes !

– C'est pour mieux courir, mon enfant.

– Ma mère-grand, que vous avez de grandes oreilles !

– C'est pour mieux écouter, mon enfant.

– Ma mère-grand, que vous avez de grands yeux !

– C'est pour mieux voir, mon enfant.

– Ma mère-grand, que vous avez de grandes dents !

– C'est pour te manger.

Et, en disant ces mots, ce méchant loup se jeta sur le Petit Chaperon rouge, et la mangea.

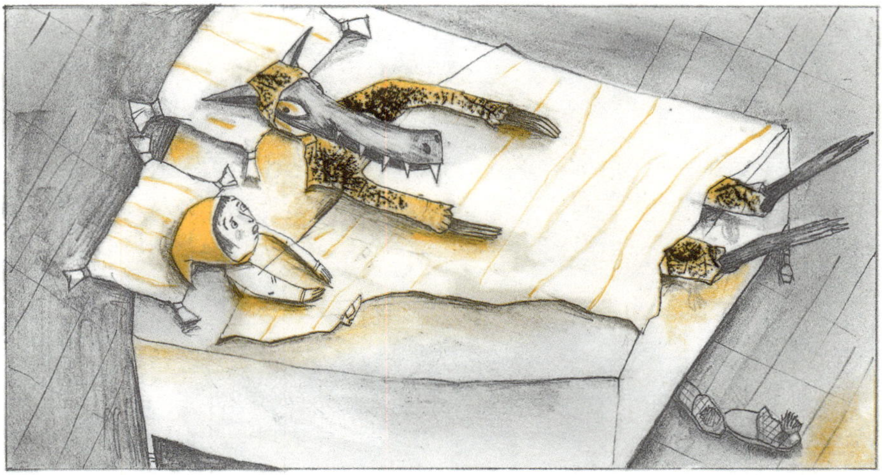

Le Petit Poucet

À partir de 4 ans

16 min

Forêt

Frères
Garçon
Mère
Ogre
Ogresse
Père

Il était une fois un bûcheron et une bûcheronne, qui avaient sept enfants, tous garçons. L'aîné n'avait que dix ans, et le plus jeune n'en avait que sept. On s'étonnera que le bûcheron ait eu tant d'enfants en si peu de temps ; mais c'est que sa femme allait vite en besogne, et n'en faisait pas moins que deux à la fois.

Ils étaient fort pauvres, et leurs sept enfants les incommodaient[1] beaucoup, parce qu'aucun d'eux ne pouvait encore gagner sa vie. Ce qui les chagrinait encore, c'est que le plus jeune était fort délicat, et ne disait mot : prenant pour bêtise ce qui était une marque de bonté dans son esprit. Il était fort petit, et quand il vint au monde, il n'était guère plus gros que le pouce, ce qui fit que l'on l'appela le Petit Poucet.

Ce pauvre enfant était le souffre-douleur de la maison, et on lui donnait toujours le tort. Cependant il était le plus fin, et le plus avisé de tous ses frères, et s'il parlait peu, il écoutait beaucoup.

Il vint une année très fâcheuse, et la famine fut si grande, que ces pauvres gens résolurent de se défaire de leurs enfants. Un soir que ces enfants étaient couchés, et que le bûcheron était auprès du feu avec sa femme, il lui dit, le cœur serré de douleur :

– Tu vois bien que nous ne pouvons plus nourrir nos enfants : je ne saurais les voir mourir de faim devant mes yeux, et je

1. Leurs enfants étaient une lourde charge pour eux.

suis résolu de les mener perdre demain au bois, ce qui sera bien aisé, car tandis qu'ils s'amuseront à fagoter, nous n'avons qu'à nous enfuir sans qu'ils nous voient.

– Ah ! s'écria la bûcheronne, pourrais-tu bien toi-même mener perdre tes enfants !

Son mari avait beau lui représenter leur grande pauvreté, elle ne pouvait y consentir ; elle était pauvre, mais elle était leur mère. Cependant ayant considéré quelle douleur ce lui serait de les voir mourir de faim, elle y consentit, et alla se coucher en pleurant.

Le Petit Poucet ouït tout ce qu'ils dirent, car ayant entendu de dedans son lit qu'ils parlaient d'affaires, il s'était levé doucement, et s'était glissé sous l'escabelle de son père pour les écouter sans être vu. Il alla se recoucher et ne dormit point le reste de la nuit, songeant à ce qu'il avait à faire. Il se leva de bon matin, et alla au bord d'un ruisseau où il emplit ses poches de petits cailloux blancs, et ensuite revint à la maison. On partit, et le Petit Poucet ne découvrit[2] rien de tout ce qu'il savait à ses frères.

Ils allèrent dans une forêt fort épaisse, où à dix pas de distance on ne se voyait pas l'un l'autre. Le bûcheron se mit à couper du bois et ses enfants ramasser les broutilles[3] pour faire des fagots. Le père et la mère, les voyant occupés à travailler s'éloignèrent d'eux insensiblement, et puis s'enfuirent tout à coup par un petit sentier détourné.

Lorsque ces enfants se virent seuls, ils se mirent à crier et à pleurer de toute leur force. Le Petit Poucet les laissait crier, sachant bien par où il reviendrait à la maison ; car en marchant il avait laissé tomber le long du chemin les petits cailloux blancs qu'il avait dans ses poches. Il leur dit donc :

2. Raconta.
3. Petit bois pour allumer le feu.

– Ne craignez point, mes frères, mon père et ma mère nous ont laissés ici, mais je vous remènerai bien au logis : suivez-moi seulement.

Ils le suivirent, et il les mena jusqu'à leur maison par le même chemin qu'ils étaient venus dans la forêt. Ils n'osèrent d'abord entrer, mais ils se mirent tous contre la porte pour écouter ce que disaient leur père et leur mère.

Dans le moment que le bûcheron et la bûcheronne arrivèrent chez eux, le seigneur du village leur envoya dix écus qu'il leur devait il y avait longtemps et dont ils n'espéraient plus rien. Cela leur redonna la vie, car les pauvres gens mouraient de faim. Le bûcheron envoya sur l'heure sa femme à la boucherie. Comme il y avait longtemps qu'elle n'avait mangé, elle acheta trois fois plus de viande qu'il n'en fallait pour le souper de deux personnes. Lorsqu'ils furent rassasiés, la bûcheronne dit :

– Hélas, où sont maintenant nos pauvres enfants ? Ils feraient bonne chère de ce qui nous reste là ! Mais aussi, Guillaume, c'est toi qui les as voulu perdre ; j'avais bien dit que nous nous en repentirions. Que font-ils maintenant dans cette forêt ? Hélas ! mon Dieu, les loups les ont peut-être déjà mangés ! Tu es bien inhumain d'avoir perdu ainsi tes enfants.

Le bûcheron s'impatienta à la fin, car elle redit plus de vingt fois qu'ils s'en repentiraient et qu'elle l'avait bien dit. Il la menaça de la battre si elle ne se taisait. Ce n'est pas que le bûcheron ne fût peut-être encore plus fâché que sa femme, mais c'est qu'elle lui rompait la tête, et qu'il était de l'humeur de beaucoup d'autres gens, qui

aiment fort les femmes qui disent bien, mais qui trouvent très importunes celles qui ont toujours bien dit. La bûcheronne était tout en pleurs :

– Hélas ! où sont maintenant mes enfants, mes pauvres enfants ?

Elle le dit une fois si haut que les enfants qui étaient à la porte, l'ayant entendu, se mirent à crier tous ensemble :

– Nous voilà, nous voilà !

Elle courut vite leur ouvrir la porte, et leur dit en les embrassant :

– Que je suis aise de vous revoir, mes chers enfants ! Vous êtes bien las, et vous avez bien faim ; et toi, Pierrot, comme te voilà crotté, viens que je te débarbouille.

Ce Pierrot était son fils aîné qu'elle aimait plus que tous les autres, parce qu'il était un peu rousseau, et qu'elle était un peu rousse.

Ils se mirent à table, et mangèrent d'un appétit qui faisait plaisir au père et à la mère, à qui ils racontaient la peur qu'ils avaient eue dans la forêt, en parlant presque toujours tous ensemble. Ces bonnes gens étaient ravis de revoir leurs enfants avec eux, et cette joie dura tant que les dix écus durèrent ; mais lorsque l'argent fut dépensé, ils retombèrent dans leur premier chagrin, et résolurent de les perdre encore ; et pour ne pas manquer leur coup, de les mener bien plus loin que la première fois.

Ils ne purent parler de cela si secrètement qu'ils ne fussent entendus par le Petit Poucet, qui fit son compte de sortir d'affaire comme il avait déjà fait ; mais quoiqu'il se fût levé de bon matin pour aller ramasser de petits cailloux, il ne put en venir à bout, car il trouva la porte de la maison fermée à double tour. Il ne savait que faire, lorsque la bûcheronne leur ayant donné à chacun un morceau de pain pour leur déjeuner, il songea qu'il pourrait se servir de son pain au lieu de cailloux, en le jetant par miettes le long des chemins où ils passeraient : il le serra[4] donc dans sa poche.

Le père et la mère les menèrent dans l'endroit de la forêt le plus épais et le plus obscur, et dès qu'ils y furent, ils gagnèrent un faux-fuyant[5] et les laissèrent là. Le Petit Poucet ne s'en chagrina pas beaucoup, parce qu'il croyait retrouver aisément son chemin par le moyen de son pain qu'il avait semé partout où il avait passé ; mais il fut bien surpris lorsqu'il ne put en retrouver une seule miette : les oiseaux étaient venus qui avaient tout mangé.

Les voilà donc bien affligés, car plus ils marchaient, plus ils s'égaraient, et s'enfonçaient dans la forêt. La nuit vint, et il s'éleva un grand vent qui leur faisait des peurs épouvantables. Ils croyaient n'entendre de tous côtés que les hurlements de loups qui venaient à eux pour les manger. Ils n'osaient presque se parler ni tourner la tête. Il survint une grosse pluie qui les perça jusqu'aux os ; ils glissaient à chaque

4. Rangea.
5. Sentier caché.

pas et tombaient dans la boue, d'où ils se relevaient tout crottés, ne sachant que faire de leurs mains.

Le Petit Poucet grimpa au haut d'un arbre pour voir s'il ne découvrirait rien ; ayant tourné la tête de tous côtés, il vit une petite lueur comme d'une chandelle, mais qui était bien loin par-delà la forêt. Il descendit de l'arbre ; et lorsqu'il fut à terre il ne vit plus rien ; cela le désola. Cependant ayant marché quelque temps avec ses frères, du côté qu'il avait vu la lumière, il la revit en sortant du bois.

Ils arrivèrent enfin à la maison où était cette chandelle, non sans bien des frayeurs, car souvent ils la perdaient de vue, ce qui leur arrivait toutes les fois qu'ils descendaient dans quelque fond. Ils heurtèrent à la porte, et une bonne femme vint leur ouvrir. Elle leur demanda ce qu'ils voulaient ; le Petit Poucet lui dit qu'ils étaient de pauvres enfants qui s'étaient perdus dans la forêt, et qui demandaient à coucher par charité. Cette femme, les voyant tous si jolis, se mit à pleurer, et leur dit :

– Hélas ! mes pauvres enfants, où êtes-vous venus ? Savez-vous bien que c'est ici la maison d'un ogre qui mange les petits enfants ?

– Hélas ! madame, lui répondit le Petit Poucet, qui tremblait de toute sa force aussi bien que ses frères, que ferons-nous ? Il est bien sûr que les loups de la forêt ne manqueront pas de nous manger cette nuit, si vous ne voulez pas nous retirer[6] chez vous. Et cela étant, nous aimons mieux que ce soit monsieur qui nous mange ; peut-être qu'il aura pitié de nous, si vous voulez bien l'en prier.

La femme de l'ogre, qui crut qu'elle pourrait les cacher à son mari jusqu'au lendemain matin, les laissa entrer et les mena se chauffer auprès d'un bon feu ; car il y avait un mouton

6. Accueillir.

tout entier à la broche pour le souper de l'ogre. Comme ils commençaient à se chauffer, ils entendirent heurter trois ou quatre grands coups à la porte : c'était l'ogre qui revenait. Aussitôt sa femme les fit cacher sous le lit et alla ouvrir la porte. L'ogre demanda d'abord si le souper était prêt et si on

avait tiré du vin, et aussitôt se mit à table. Le mouton était encore tout sanglant, mais il ne lui en sembla que meilleur. Il flairait à droite et à gauche, disant qu'il sentait la chair fraîche.

– Il faut, lui dit sa femme, que ce soit ce veau que je viens d'habiller[7], que vous sentez.

– Je sens la chair fraîche, te dis-je encore une fois, reprit l'ogre, en regardant sa femme de travers, et il y a ici quelque chose que je n'entends[8] pas. En disant ces mots il se leva de table, et alla droit au lit.

– Ah, dit-il, voilà donc comme tu veux me tromper, maudite femme ! Je ne sais à quoi il tient que je ne te mange aussi : bien t'en prend d'être une vieille bête. Voilà du gibier qui me vient bien à propos pour traiter trois ogres de mes amis qui doivent me venir voir ces jours-ci.

Il les tira de dessous le lit l'un après l'autre. Ces pauvres enfants se mirent à genoux en lui demandant pardon ; mais ils avaient affaire au plus cruel de tous les ogres, qui bien loin d'avoir de la pitié, les dévorait déjà des yeux, et disait à sa femme que ce serait là de friands morceaux lorsqu'elle leur aurait fait une bonne sauce.

Il alla prendre un grand couteau, et en approchant de ces pauvres enfants, il l'aiguisait sur une longue pierre qu'il tenait à sa main gauche. Il en avait déjà empoigné un, lorsque sa femme lui dit :

7. Préparer.
8. Comprends.

– Que voulez-vous faire à l'heure qu'il est ? n'aurez-vous pas assez de temps demain matin ?
– Tais-toi, reprit l'ogre, ils en seront plus mortifiés[9].
– Mais vous avez encore là tant de viande, reprit sa femme : voilà un veau, deux moutons et la moitié d'un cochon !
– Tu as raison, dit l'ogre ; donne-leur bien à souper afin qu'ils ne maigrissent pas, et va les mener coucher.

La bonne femme fut ravie de joie, et leur porta bien à souper, mais ils ne purent manger tant ils étaient saisis de peur. Pour l'ogre, il se remit à boire, ravi d'avoir de quoi si bien régaler ses amis. Il but une douzaine de coups plus qu'à l'ordinaire, ce qui lui donna un peu dans la tête[10], et l'obligea de s'aller coucher.

L'ogre avait sept filles qui n'étaient encore que des enfants. Ces petites ogresses avaient toutes le teint fort beau, parce qu'elles mangeaient de la chair fraîche comme leur père ; mais elles avaient de petits yeux gris et tout ronds, le nez crochu et une fort grande bouche avec de longues dents fort aiguës et fort éloignées l'une de l'autre. Elles n'étaient pas encore fort méchantes ; mais elles promettaient beaucoup, car elles mordaient déjà les petits enfants pour en sucer le sang.

On les avait fait coucher de bonne heure, et elles étaient toutes sept dans un grand lit, ayant chacune une couronne d'or sur la tête. Il y avait dans la même chambre un autre lit de la même grandeur : ce fut dans ce lit que la femme de l'ogre mit coucher les sept petits garçons ; après quoi, elle s'alla coucher auprès de son mari.

Le Petit Poucet qui avait remarqué que les filles de l'ogre avaient des couronnes d'or sur la tête, et qui craignait qu'il ne prît à l'ogre quelque remords de ne les avoir pas égorgés dès le soir même, se leva vers le milieu de la nuit, et prenant

9. Ils seront plus tendres demain si je les tue dès maintenant.
10. Lui tapa un peu sur la tête.

les bonnets de ses frères et le sien, il alla tout doucement les mettre sur la tête des sept filles de l'ogre, après leur avoir ôté leurs couronnes d'or qu'il mit sur la tête de ses frères et sur la sienne, afin que l'ogre les prît pour ses filles, et ses filles pour les garçons qu'il voulait égorger. La chose réussit comme il l'avait pensé ; car l'ogre, s'étant éveillé sur le minuit, eut regret d'avoir différé au lendemain ce qu'il pouvait exécuter la veille ; il se jeta donc brusquement hors du lit, et prenant son grand couteau :

– Allons voir, dit-il, comment se portent nos petits drôles ; n'en faisons pas à deux fois[11].

Il monta donc à tâtons à la chambre de ses filles et s'approcha du lit où étaient les petits garçons, qui dormaient tous excepté le Petit Poucet, qui eut bien peur lorsqu'il sentit la main de l'ogre qui lui tâtait la tête, comme il avait tâté celle de tous ses frères. L'ogre, qui sentit les couronnes d'or :

– Vraiment, dit-il, j'allais faire là un bel ouvrage ; je vois bien que je bus trop hier au soir.

Il alla ensuite au lit de ses filles, où ayant senti les petits bonnets des garçons :

– Ah, les voilà, dit-il, nos gaillards ! travaillons hardiment.

En disant ces mots, il coupa sans balancer la gorge à ses sept filles. Fort content de cette expédition, il alla se recoucher auprès de sa femme.

Aussitôt que le Petit Poucet entendit ronfler l'ogre, il réveilla ses frères, et leur dit de s'habiller promptement et de le suivre. Ils descendirent doucement dans le jardin, et sautèrent par-dessus les murailles. Ils coururent presque toute la nuit, toujours en tremblant et sans savoir où ils allaient.

11. Exécutons la chose une fois pour toutes.

L'ogre s'étant éveillé dit à sa femme :
– Va-t'en là-haut habiller ces petits drôles d'hier au soir.
L'ogresse fut fort étonnée de la bonté de son mari, ne se doutant point de la manière qu'il entendait qu'elle les habillât, et croyant qu'il lui ordonnait de les aller vêtir ; elle monta en haut où elle fut bien surprise lorsqu'elle aperçut ses sept filles égorgées et nageant dans leur sang.
Elle commença par s'évanouir et l'ogre, craignant que sa femme ne fût trop longtemps à faire la besogne dont il l'avait chargée, monta en haut pour lui[12] aider. Il ne fut pas moins étonné que sa femme lorsqu'il vit cet affreux spectacle.
– Ah, qu'ai-je fait là ? s'écria-t-il ; ils me le payeront, les malheureux et tout à l'heure.
Il jeta aussitôt une potée[13] d'eau dans le nez de sa femme, et l'ayant fait revenir :
– Donne-moi vite mes bottes de sept lieues, lui dit-il, afin que j'aille les attraper.
Il se mit en campagne, et, après avoir couru bien loin de tous côtés, enfin il entra dans le chemin où marchaient ces pauvres enfants qui n'étaient plus qu'à cent pas du logis de leur père. Ils virent l'ogre qui allait de montagne en montagne, et qui traversait des rivières aussi aisément qu'il aurait fait le moindre ruisseau. Le Petit Poucet, qui vit un rocher creux proche le[14] lieu où ils étaient, y fit cacher ses six frères, et s'y fourra aussi, regardant toujours ce que l'ogre deviendrait. L'ogre, qui se trouvait fort las du long chemin qu'il avait fait inutilement (car les bottes de sept lieues fatiguent fort leur homme), voulut se reposer, et par hasard il alla s'asseoir sur la roche où les petits garçons s'étaient cachés. Comme il n'en pouvait plus de fatigue, il s'endormit après

12. L'aider.
13. Ce que contient un pot.
14. Proche du lieu où…

s'être reposé quelque temps, et vint à ronfler si effroyablement que les pauvres enfants en eurent pas moins de peur que quand il tenait son grand couteau pour leur couper la gorge. Le Petit Poucet en eut moins de peur, et dit à ses frères de s'enfuir promptement à la maison pendant que l'ogre dormait bien fort, et qu'ils ne se missent point en peine de lui. Ils crurent son conseil et gagnèrent vite la maison.

Le Petit Poucet, s'étant approché de l'ogre, lui tira doucement ses bottes, et les mit aussitôt. Les bottes étaient fort grandes et fort larges ; mais comme elles étaient fées, elles avaient le don de s'agrandir et de s'apetisser selon la jambe de celui qui les chaussait, de sorte qu'elles se trouvèrent aussi justes à ses pieds et à ses jambes que si elles avaient été faites pour lui.

Il alla droit à la maison de l'ogre, où il trouva sa femme qui pleurait auprès de ses filles égorgées.

– Votre mari, lui dit le Petit Poucet, est en grand danger, car il a été pris par une troupe de voleurs qui ont juré de le tuer s'il ne leur donne tout son or et tout son argent. Dans le moment qu'ils lui tenaient le poignard sur la gorge, il m'a aperçu et m'a prié de vous venir avertir de l'état où il est, et de vous dire de me donner tout ce qu'il a vaillant[15] sans en rien retenir, parce qu'autrement ils le tueront sans miséricorde : comme la chose presse beaucoup, il a voulu que je prisse ses bottes de sept lieues que voilà, pour faire diligence, et aussi afin que vous ne croyiez pas que je sois un affronteur[16].

La bonne femme fort effrayée lui donna aussitôt tout ce qu'elle avait : car cet ogre ne laissait pas d'être fort bon mari

15. Tout ce qui a une valeur quelconque.
16. Menteur, escroc.

quoiqu'il mangeât les petits enfants. Le Petit Poucet, étant donc chargé de toutes les richesses de l'ogre, s'en revint au logis de son père, où il fut reçu avec bien de la joie.

Il y a bien des gens qui ne demeurent pas d'accord[17] de cette dernière circonstance, et qui prétendent que le Petit Poucet n'a jamais fait ce vol à l'ogre ; qu'à la vérité, il n'avait pas fait conscience[18] de lui prendre ses bottes de sept lieues, parce qu'il ne s'en servait que pour courir après les petits enfants. Ces gens-là assurent le savoir de bonne part, et même pour avoir bu et mangé dans la maison du bûcheron. Ils assurent que, lorsque le Petit Poucet eut chaussé les bottes de l'ogre, il s'en alla à la cour, où il savait qu'on était fort en peine[19] d'une armée qui était à deux cents lieues de là, et du succès d'une bataille qu'on avait donnée. Il alla, disent-ils, trouver le roi, et lui dit que s'il le souhaitait, il lui rapporterait des nouvelles de l'armée avant la fin du jour. Le roi lui promit une grosse somme d'argent, s'il en venait à bout. Le Petit Poucet rapporta des nouvelles dès le soir même, et cette première course l'ayant fait connaître, il gagnait tout ce qu'il voulait ; car le roi le payait parfaitement bien pour porter ses ordres à l'armée ; et une infinité de dames lui donnaient tout ce qu'il voulait pour avoir des nouvelles de leurs amants, et ce fut là son plus grand gain.

Il se trouvait quelques femmes qui le chargeaient de lettres pour leurs maris, mais elles le payaient si mal, et cela allait à[20] si peu de chose, qu'il ne daignait mettre en ligne de compte ce qu'il gagnait de ce côté-là.

Après avoir fait pendant quelque temps le métier de courrier, et y avoir amassé beaucoup de bien, il revint chez son père, où il n'est pas possible d'imaginer la joie qu'on eut de le

17. Ne croient pas à.
18. Qu'il lui avait pris ses bottes sans mauvaise conscience, parce qu'il s'en servait….
19. On se faisait beaucoup de soucis pour.
20. Elles étaient si peu nombreuses.

revoir. Il mit toute sa famille à son aise. Il acheta des offices[21] de nouvelle création pour son père et pour ses frères ; et par là il les établit tous, et fit parfaitement bien sa cour en même temps.

21. En ce temps-là, il était possible d'acheter certaines fonctions.

Les Fées

À partir de 4 ans

4 min

Campagne

Fées
Mère
Sœurs

Il était une fois une veuve qui avait deux filles ; l'aînée lui ressemblait si fort d'humeur et de visage, que qui la voyait, voyait la mère. Elles étaient toutes deux si désagréables et si orgueilleuses qu'on ne pouvait vivre avec elles. La cadette, qui était le vrai portrait de son père pour la douceur et pour l'honnêteté, était avec cela une des plus belles filles qu'on eût su voir. Comme on aime naturellement son semblable, cette mère était folle de sa fille aînée, et en même temps avait une aversion effroyable pour la cadette. Elle la faisait manger à la cuisine et travailler sans cesse.

Il fallait entre autre chose que cette pauvre enfant allât deux fois le jour puiser de l'eau à une grande demi-lieue du logis, et qu'elle en rapportât plein une grande cruche. Un jour qu'elle était à cette fontaine, il vint à elle une pauvre femme qui la pria de lui donner à boire.

– Oui-da ma bonne mère, dit cette belle fille.

Et rinçant aussitôt sa cruche, elle puisa de l'eau au plus bel endroit de la fontaine, et la lui présenta, soutenant toujours la cruche afin qu'elle bût plus aisément. La bonne femme ayant bu, lui dit :

– Vous êtes si belle, si bonne, et si honnête, que je ne puis m'empêcher de vous faire un don (car c'était une fée qui avait pris la forme d'une pauvre femme de village, pour voir

jusqu'où irait l'honnêteté de cette jeune fille). Je vous donne pour don, poursuivit la fée, qu'à chaque parole que vous direz, il vous sortira de la bouche ou une fleur, ou une pierre précieuse.

Lorsque cette belle fille arriva au logis, sa mère la gronda de revenir si tard de la fontaine.

– Je vous demande pardon, ma mère, dit cette pauvre fille, d'avoir tardé si longtemps.

Et en disant ces mots, il lui sortit de la bouche deux roses, deux perles, et deux gros diamants.

– Que vois-je là ! dit sa mère tout étonnée ; je crois qu'il lui sort de la bouche des perles et des diamants ; d'où vient cela, ma fille ? (Ce fut là la première fois qu'elle l'appela sa fille.)

La pauvre enfant lui raconta naïvement tout ce qui lui était arrivé, non sans jeter une infinité de diamants.

– Vraiment, dit la mère, il faut que j'y envoie ma fille ; tenez, Fanchon, voyez ce qui sort de la bouche de votre sœur quand elle parle ; ne seriez-vous pas bien aise d'avoir le même don ? Vous n'avez qu'à aller puiser de l'eau à la fontaine, et quand une pauvre femme vous demandera à boire, lui en donner bien honnêtement.

– Il me ferait beau voir, répondit la brutale, aller à la fontaine.

– Je veux que vous y alliez, reprit la mère, et tout à l'heure.

Elle y alla, mais toujours en grondant. Elle prit le plus beau flacon d'argent qui fût dans le logis. Elle ne fut pas plutôt arrivée à la fontaine, qu'elle vit sortir du bois une dame magnifiquement vêtue, qui vint lui demander à boire. C'était la même fée qui avait apparu à sa sœur, mais qui avait pris l'air et les habits d'une princesse, pour voir jusqu'où irait la malhonnêteté de cette fille.

– Est-ce que je suis ici venue, lui dit cette brutale orgueilleuse, pour vous donner à boire ? Justement j'ai apporté un flacon d'argent tout exprès pour donner à boire à Madame ? J'en suis d'avis, buvez à même[1] si vous voulez.
– Vous n'êtes guère honnête, reprit la fée, sans se mettre en colère. Eh bien, puisque vous êtes si peu obligeante, je vous donne pour don, qu'à chaque parole que vous direz, il vous sortira de la bouche ou un serpent ou un crapaud.
D'abord que sa mère l'aperçut, elle lui cria :

– Hé bien, ma fille !
– Hé bien, ma mère ! lui répondit la brutale, en jetant deux vipères, et deux crapauds.
– Ô Ciel ! s'écria la mère, que vois-je là ? C'est sa sœur qui en est cause, elle me le paiera.
Et aussitôt elle courut pour la battre. La pauvre enfant s'enfuit, et alla se sauver dans la forêt prochaine. Le fils du roi, qui revenait de la chasse, la rencontra et la voyant si belle, lui demanda ce qu'elle faisait là toute seule et ce qu'elle avait à pleurer.
– Hélas ! monsieur, c'est ma mère qui m'a chassée du logis.
Le fils du roi qui vit sortir de sa bouche cinq ou six perles, et autant de diamants, la pria de lui dire d'où cela lui venait. Elle lui conta toute son aventure. Le fils du roi en devint amoureux, et considérant qu'un tel don valait mieux que tout ce qu'on pouvait donner en mariage à une autre, l'emmena au palais du roi son père, où il l'épousa.
Pour sa sœur, elle se fit tant haïr, que sa propre mère la chassa de chez elle ; et la malheureuse, après avoir bien couru sans trouver personne qui voulût la recevoir, alla mourir au coin d'un bois.

1. Directement à la fontaine.

Peau d'Âne

À partir
de 6 ans

21 min

Châteaux
Masure

Fée
Prince
Princesse
Roi

Il était une fois un roi, si grand, si aimé de ses peuples, si respecté de ses voisins et de ses alliés, qu'on pouvait dire qu'il était le plus heureux de tous les monarques. Son bonheur était encore confirmé par le choix qu'il avait fait d'une princesse aussi belle que vertueuse ; et ces heureux époux vivaient dans une union parfaite. De leur hymen était née une fille douée de tant de grâces et de charmes qu'ils ne regrettaient point de n'avoir pas une plus ample lignée.

La magnificence, le goût et l'abondance régnaient dans son palais ; les ministres étaient sages et habiles ; les courtisans, vertueux et attachés ; les domestiques, fidèles et laborieux ; les écuries, vastes et remplies des plus beaux chevaux du monde, couverts de riches caparaçons. Mais ce qui étonnait les étrangers qui venaient admirer ces belles écuries, c'est qu'au lieu le plus apparent, un maître âne étalait de longues et grandes oreilles. Ce n'était pas par fantaisie, mais avec raison, que le roi lui avait donné une place particulière et distinguée ; les vertus de ce rare animal méritaient cette distinction, puisque la nature l'avait formé si extraordinaire que sa litière, au lieu d'être malpropre, était couverte tous les matins, avec profusion, de beaux écus au soleil et de louis d'or de toute espèce, qu'on allait recueillir à son réveil.

Or, comme les vicissitudes de la vie s'étendent aussi bien sur les rois que sur les sujets, et que toujours les biens sont mêlés de quelques maux, le Ciel permit que la reine fût tout à coup attaquée d'une âpre maladie, pour laquelle, malgré la science et l'habileté des médecins, on ne put trouver aucun secours. La désolation fut générale.

Le roi, sensible et amoureux, s'affligeait sans modération, faisait des vœux ardents à tous les temples de son royaume, offrait sa vie pour celle d'une épouse si chérie ; mais les dieux et les fées étaient invoqués en vain.

La reine, sentant sa dernière heure approcher, dit à son époux qui fondait en larmes :
– Trouvez bon, avant que je meure, que j'exige une chose de vous : c'est que, s'il vous prenait envie de vous remarier…
À ces mots le roi fit des cris pitoyables, prit les mains de sa femme, les baigna de pleurs, et l'assurant qu'il était superflu de lui parler d'un second hyménée :
– Non, non, dit-il enfin, ma chère reine, parlez-moi plutôt de vous suivre !
– L'État, reprit la reine avec une fermeté qui augmentait les regrets de ce prince, l'État, qui doit exiger des successeurs, voyant que je ne vous ai donné qu'une fille, doit vous presser d'avoir des fils qui vous ressemblent ; mais je vous demande instamment, par tout l'amour que vous avez eu pour moi, de ne céder à l'empressement de vos peuples que lorsque vous aurez trouvé une princesse plus belle et mieux faite que moi ; j'en veux votre serment, et alors je mourrai contente.

On présume que la reine qui ne manquait pas d'amour-propre, avait exigé ce serment, pensant bien que c'était s'assurer que le roi ne se remarierait jamais.
Enfin elle mourut. Jamais mari ne fit tant de vacarme : pleurer, sangloter jour et nuit, furent son unique préoccupation.

Les grandes douleurs ne durent pas. D'ailleurs les grands de l'État s'assemblèrent, et vinrent en corps demander au roi de se remarier. Cette proposition lui parut dure et lui fit répandre de nouvelles larmes. Il allégua le serment qu'il avait fait à la reine, défiant tous ses conseillers de pouvoir trouver une princesse plus belle et mieux faite que feu sa femme, pensant que cela était impossible.

Mais le conseil traita de babiole une telle promesse, et dit qu'il importait peu de la beauté, pourvu qu'une reine fût vertueuse ; que l'État demandait des princes pour son repos et sa tranquillité ; qu'à la vérité l'infante avait toutes les qualités requises pour faire une grande reine, mais qu'il fallait lui choisir un étranger pour époux ; et qu'alors, ou cet étranger l'emmènerait chez lui, ou que, s'il régnait avec elle, ses enfants ne seraient plus réputés du même sang ; et que, n'y ayant point de prince de son nom, les peuples voisins pouvaient leur susciter des guerres qui entraîneraient la ruine du royaume.

Le roi, frappé de ces considérations, promit qu'il songerait à les contenter. Effectivement, il chercha, parmi les princesses à marier, qui serait celle qui pourrait lui convenir. Chaque jour on lui apportait des portraits charmants ; mais aucun n'avait les grâces de la feue reine ainsi il ne se déterminait point. Malheureusement il devint tout à fait fou : quoiqu'il eût beaucoup d'esprit et s'avisa de trouver que l'infante sa fille surpassait de beaucoup la reine sa mère en esprit et en agrément, et lui dit qu'il était résolu de l'épouser puisqu'elle seule pouvait le dégager de son serment.

La jeune princesse, remplie de vertu et de pudeur, pensa s'évanouir à cette horrible proposition. Elle se jeta aux pieds du roi son père, et le conjura, avec toute la force qu'elle put trouver dans son esprit, de ne pas la contraindre à commettre un tel crime.
Le roi, qui s'était mis en tête ce bizarre projet, avait consulté un vieux druide pour mettre la conscience de la jeune princesse en repos. Ce druide, moins religieux qu'ambitieux, s'insinua avec tant d'adresse dans l'esprit du roi, lui adoucit tellement le crime qu'il allait commettre, qu'il lui persuada même que c'était une œuvre pie que d'épouser sa fille.

Ce prince, flatté par le discours de ce scélérat, l'embrassa et revint d'avec lui plus entêté que jamais de son projet : il fit donc ordonner à l'infante de se préparer à lui obéir.

La jeune princesse, outrée d'une vive douleur, n'imagina rien autre chose que d'aller trouver la fée des Lilas, sa marraine. Pour cet effet, elle partit la même nuit dans un joli cabriolet, attelé d'un gros mouton qui savait tous les chemins. Elle y arriva heureusement.

La fée, qui aimait l'infante, lui dit qu'elle savait tout ce qu'elle venait lui dire, mais qu'elle n'eût aucun souci, rien ne pouvant lui nuire si elle exécutait fidèlement ce qu'elle allait lui prescrire.
– Car, ma chère enfant, lui dit-elle, ce serait une grande faute que d'épouser votre père ; mais, sans le contredire, vous pouvez l'éviter : dites-lui que, pour remplir une fantaisie que vous avez, il faut qu'il vous donne une robe de la couleur du temps ; jamais, avec tout son pouvoir, il ne pourra y parvenir.
La princesse remercia bien sa marraine, et, dès le lendemain matin, elle dit au roi son père ce que la fée lui avait conseillé, et protesta qu'on ne tirerait d'elle aucun aveu, qu'elle n'eût sa robe couleur du temps.

Le roi, ravi de l'espérance qu'elle lui donnait, assembla les plus fameux ouvriers et leur commanda cette robe, sous la condition que, s'ils ne pouvaient réussir, il les ferait tous pendre. Il n'eut pas le chagrin d'en venir à cette extrémité. Dès le second jour ils apportèrent la robe si désirée : l'empyrée n'est pas d'un plus beau bleu, lorsqu'il est ceint de nuages d'or, que cette belle robe lorsqu'elle fut étalée.

L'infante en fut toute contristée, et ne savait comment se tirer d'embarras. Le roi pressait la conclusion. Il fallut recourir encore à la marraine, qui, étonnée de ce que son secret n'avait pas réussi, lui dit d'essayer d'en demander une de la couleur de la lune.

Le roi, qui ne pouvait rien lui refuser, envoya chercher les plus habiles ouvriers, et leur commanda si expressément une robe couleur de la lune, que, entre ordonner et l'apporter, il n'y eut pas vingt-quatre heures. L'infante, plus charmée de cette superbe robe que des soins du roi son père, s'affligea immodérément lorsqu'elle fut avec ses femmes et sa nourrice. La fée des Lilas, qui savait tout, vint au secours de l'affligée princesse, et lui dit :

– Ou je me trompe fort, ou je crois que, si vous demandez une robe couleur du soleil, nous viendrons à bout de dégoûter le roi votre père ; car jamais on ne pourra parvenir à faire une pareille robe : ou nous gagnerons toujours du temps.

L'infante en convint, demanda la robe ; et l'amoureux roi donna sans regret tous les diamants et les rubis de sa couronne pour aider à ce superbe ouvrage, avec ordre de ne rien épargner pour rendre cette robe égale au soleil : aussi, dès qu'elle parut, tous ceux qui la virent déployée furent obligés de fermer les yeux, tant ils furent éblouis. C'est de ce temps que datent les lunettes vertes et les verres noirs.

Que devint l'infante à cette vue ? Jamais on n'avait rien vu de si beau et de si artistement ouvré. Elle était confondue ; et,

sous prétexte d'en avoir mal aux yeux, elle se retira dans sa chambre, où la fée l'attendait, plus honteuse qu'on ne peut dire. Ce fut bien pis ; car, en voyant la robe couleur du soleil, elle devint rouge de colère.
– Oh ! pour le coup, ma fille, dit-elle à l'infante, nous allons mettre l'indigne amour de votre père à une terrible épreuve. Je le crois bien entêté de ce mariage, qu'il croit si prochain ; mais je pense qu'il sera un peu étourdi de la demande que je vous conseille de faire : c'est la peau de cet âne qu'il aime si passionnément et qui fournit à toutes ses dépenses avec tant de profusion. Allez et ne manquez pas de lui dire que vous désirez cette peau.

L'infante ravie de trouver encore un moyen d'éluder un mariage qu'elle détestait, et qui pensait en même temps que son père ne pourrait jamais se résoudre à sacrifier son âne, vint le trouver et lui exprima son désir pour la peau de ce tel animal. Quoique le roi fût étonné de cette fantaisie, il ne balança pas à la satisfaire. Le pauvre âne fut sacrifié, et la peau galamment apportée à l'infante, qui, ne voyant plus aucun moment d'éluder son malheur s'allait désespérer, lorsque sa marraine accourut.
– Que faites-vous, ma fille ? dit-elle voyant la princesse déchirant ses cheveux et meurtrissant ses belles joues ; voici le moment le plus heureux de votre vie. Enveloppez-vous de cette peau, sortez de ce palais, et allez tant que terre vous pourra porter : lorsqu'on sacrifie tout à la vertu, les dieux savent en récompenser. Allez, j'aurai soin que votre toilette vous suive partout : en quelque lieu que vous vous arrêtiez, votre cassette où sont vos habits et vos bijoux suivra vos pas

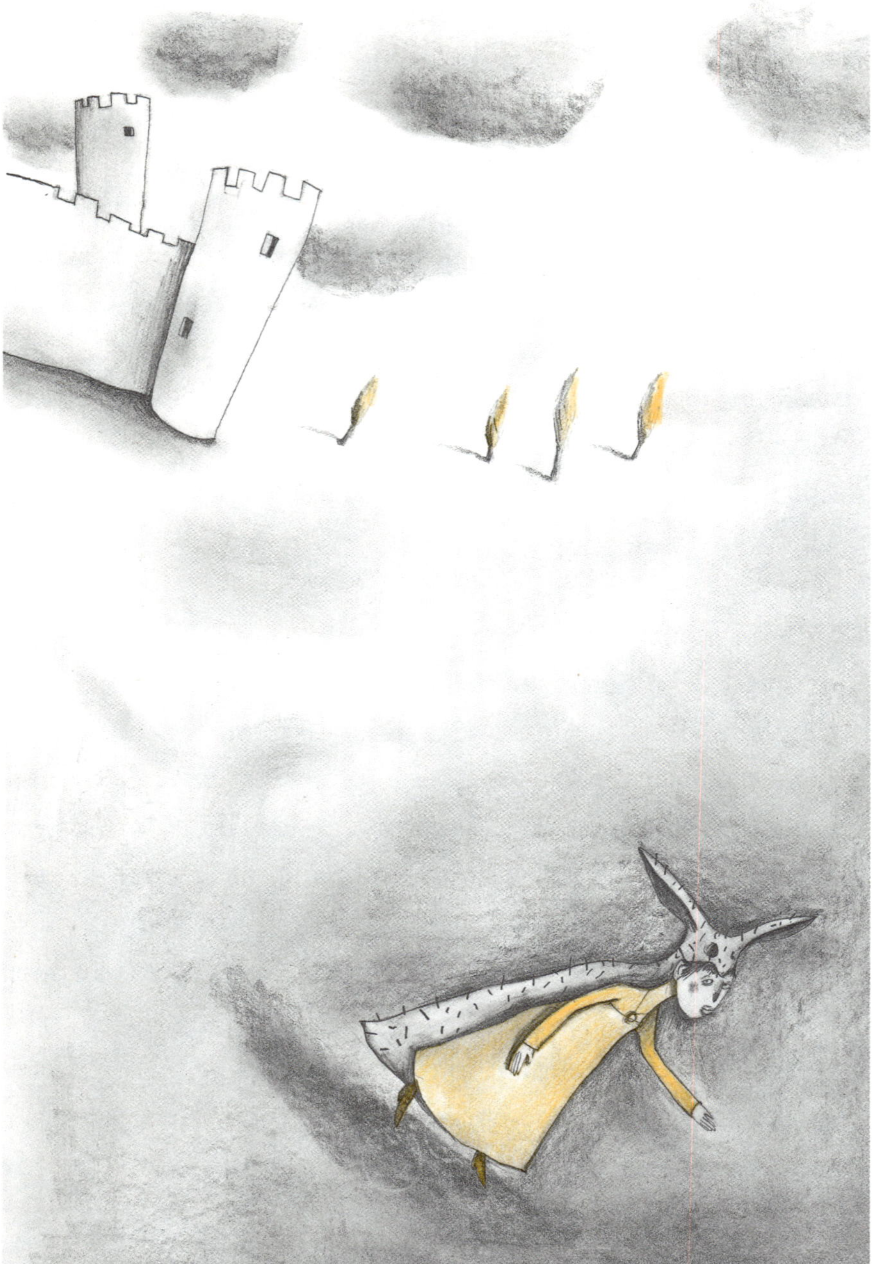

sous terre ; et voici ma baguette que je vous donne ; en frappant la terre quand vous aurez besoin de cette cassette, elle paraîtra devant vos yeux ; mais hâtez-vous de partir, et ne tardez pas.

L'infante embrassa mille fois sa marraine, la pria de ne pas l'abandonner, s'affubla de cette vilaine peau, après s'être barbouillée de suie de cheminée, et sortit de ce riche palais sans être reconnue de personne.

L'absence de l'infante causa une grande rumeur. Le roi, au désespoir, qui avait fait préparer une fête magnifique, était inconsolable. Il fit partir plus de cent gendarmes et plus de mille mousquetaires pour aller à la quête de sa fille ; mais la fée qui la protégeait la rendait invisible aux plus habiles recherches : ainsi, il fallut bien s'en consoler.

Pendant ce temps, l'infante cheminait. Elle alla bien loin, bien loin, encore plus loin, et cherchait partout une place ; mais quoique, par charité, on lui donnât à manger, on la trouvait si crasseuse, que personne n'en voulait.

Cependant elle entra dans une belle ville, à la porte de laquelle était une métairie dont la fermière avait besoin d'une souillon pour laver les torchons et nettoyer les dindons et l'auge des cochons. Cette femme, voyant cette voyageuse si malpropre, lui proposa d'entrer chez elle ; ce que l'infante accepta de grand cœur, tant elle était lasse d'avoir tant marché.

On la mit dans un coin reculé de la cuisine, où elle fut les premiers jours en butte aux plaisanteries grossières de la valetaille, tant sa peau d'âne la rendait sale et dégoûtante. Enfin, on s'y accoutuma : d'ailleurs elle était si soigneuse de remplir ses devoirs, que la fermière la prit sous sa protection. Elle conduisait les moutons, les faisait parquer au temps où il le fallait ; elle menait les dindons paître avec une telle intelligence, qu'il semblait qu'elle n'eût jamais fait autre chose : aussi tout fructifiait sous ses belles mains.

Un jour qu'assise près d'une claire fontaine, où elle déplorait souvent sa triste condition, elle s'avisa de s'y mirer, l'effroyable peau d'âne qui faisait sa coiffure et son habillement l'épouvanta. Honteuse de cet ajustement, elle se décrassa le visage et les mains, qui devinrent plus blanches que l'ivoire, et son beau teint reprit sa fraîcheur naturelle. La joie de se trouver si belle lui donna envie de s'y baigner, ce qu'elle exécuta ; mais il fallut remettre son indigne peau pour retourner à la métairie. Heureusement, le lendemain était un jour de fête ; ainsi elle eut le loisir de tirer sa cassette, d'arranger sa toilette, de poudrer ses beaux cheveux et de mettre sa belle robe couleur du temps. Sa chambre était si petite, que la queue de cette belle robe ne pouvait pas s'étendre. La belle princesse se mira et s'admira elle-même, avec raison, si bien qu'elle résolut pour se désennuyer, de mettre tour à tour ses belles robes, les fêtes et les dimanches ; ce qu'elle exécuta ponctuellement.

Elle mêlait des fleurs et des diamants dans ses beaux cheveux avec un art admirable, et souvent elle soupirait de n'avoir pour témoins de sa beauté que ses moutons et ses dindons, qui l'aimaient autant avec son horrible peau d'âne, dont on lui avait donné le nom dans cette ferme.

Un jour de fête que Peau d'Âne avait mis la robe couleur du soleil, le fils du roi, à qui cette ferme appartenait, vint y descendre pour se reposer en revenant de la chasse.
Ce prince était jeune, beau et admirablement bien fait, l'amour de son père et de la reine sa mère, adoré des peuples. On offrit à ce jeune prince une collation champêtre, qu'il accepta ; puis il se mit à parcourir les basses-cours et tous leurs recoins.

En courant ainsi de lieu en lieu, il entra dans une sombre allée, au bout de laquelle il vit une porte fermée. La curiosité lui fit mettre l'œil à la serrure. Mais que devint-il en apercevant la princesse si belle et si richement vêtue qu'à son air noble et modeste il la prit pour une divinité ! L'impétuosité du sentiment qu'il éprouva dans ce moment l'aurait porté à enfoncer la porte, sans le respect que lui inspira cette ravissante personne.
Il sortit avec peine de cette allée sombre et obscure, mais ce fut pour s'informer quelle était la personne qui demeurait dans cette petite chambre. On lui répondit que c'était une souillon qu'on nommait Peau d'Âne, à cause de la peau dont elle s'habillait ; et qu'elle était si sale et si crasseuse, que personne ne la regardait ni ne lui parlait, et qu'on ne l'avait prise que par pitié, pour garder les moutons et les dindons.

Le prince, peu satisfait de cet éclaircissement, vit bien que ces gens grossiers n'en savaient pas davantage, qu'il était inutile de les questionner. Il revint au palais du roi son père, plus amoureux qu'on ne peut dire, ayant continuellement devant les yeux la belle image de cette divinité qu'il avait vue par le trou de la serrure. Il se repentit de n'avoir pas heurté à la porte, et se promit bien de n'y pas manquer une autre fois.

Mais l'agitation de son sang, causée par l'ardeur de son amour lui donna dans la même nuit une fièvre si terrible que bientôt il fut réduit à l'extrémité. La reine sa mère, qui n'avait que lui d'enfant, se désespérait de ce que tous les remèdes étaient inutiles : elle promettait en vain les plus grandes récompenses aux médecins ; ils y employaient tout leur art, mais rien ne guérissait le prince.

Enfin ils devinèrent qu'un mortel chagrin causait tout ce ravage ; ils en avertirent la reine, qui, toute pleine de tendresse pour son fils, vint le conjurer de dire la cause de son mal, et que, quand il s'agirait de lui céder la couronne, le roi son père descendrait de son trône sans regret pour l'y faire monter ; que, s'il désirait quelque princesse, quand même on serait en guerre avec le roi son père et qu'on eût de justes sujets de s'en plaindre, on sacrifierait tout pour obtenir ce qu'il désirait ; mais qu'elle le conjurait de ne pas se laisser mourir, puisque de sa vie dépendait la leur.
La reine désolée n'acheva pas ce touchant discours sans mouiller le visage du prince d'un torrent de larmes.
– Madame, lui dit enfin le prince avec une voix très faible, je ne suis pas assez dénaturé pour désirer la couronne de mon père ; plaise au Ciel qu'il vive de longues années et qu'il veuille bien que je sois longtemps le plus fidèle et le plus respectueux de ses sujets ! Quant aux princesses que vous

m'offrez, je n'ai point encore pensé à me marier ; et vous pensez bien que, soumis comme je le suis à vos volontés, je vous obéirai toujours, quoi qu'il m'en coûte.

– Ah ! mon fils, reprit la reine, rien ne nous coûtera pour te sauver la vie ; mais, mon cher fils, sauve la mienne et celle du roi ton père en me déclarant ce que tu désires, et sois bien assuré qu'il te sera accordé.
– Eh bien, madame, dit-il, puisqu'il faut vous déclarer ma pensée, je vais vous obéir, je me ferais un crime de mettre en danger deux êtres qui me sont si chers. Oui, ma mère, je désire que Peau d'Âne me fasse un gâteau, et que, dès qu'il sera fait, on me l'apporte.

La reine, étonnée de ce nom bizarre, demanda qui était cette Peau d'Âne.
– C'est, madame, reprit un de ses officiers qui avait par hasard vu cette fille, c'est la plus vilaine bête après le loup ; une noire peau, une crasseuse qui loge dans votre métairie et qui garde vos dindons.
– N'importe, dit la reine ; mon fils, au retour de la chasse, a peut-être mangé de sa pâtisserie ; c'est une fantaisie de malade ; en un mot, je veux que Peau d'Âne (puisque Peau d'Âne il y a) lui fasse promptement un gâteau.

On courut à la métairie, et l'on fit venir Peau d'Âne pour lui ordonner de faire de son mieux un gâteau pour le prince.

Quelques auteurs ont assuré qu'au moment que le prince avait mis l'œil à la serrure, les yeux de Peau d'Âne l'avaient aperçu ; et puis que, regardant par sa petite fenêtre, elle avait vu ce prince si jeune, si beau et si bien fait, que l'idée lui en était restée, et que souvent ce souvenir lui avait coûté quelques soupirs.

Quoi qu'il en soit, Peau d'Âne, l'ayant vu ou en ayant beaucoup entendu parler avec éloge, ravie de pouvoir trouver un moyen d'être connue, s'enferma dans sa chambrette, jeta sa vilaine peau, se décrassa le visage et les mains, se coiffa de ses blonds cheveux, mit un beau corset d'argent brillant, un jupon pareil, et se mit à faire le gâteau tant désiré : elle prit de la plus pure farine, des œufs et du beurre bien frais. En travaillant, soit de dessein ou autrement, une bague qu'elle avait au doigt tomba dans la pâte, s'y mêla ; et dès que le gâteau fut cuit, s'affublant de son horrible peau, elle donna le gâteau à l'officier, à qui elle demanda des nouvelles du prince ; mais cet homme, ne daignant pas lui répondre, courut chez le prince lui porter ce gâteau.

Le prince le prit avidement des mains de cet homme, et le mangea avec une telle vivacité, que les médecins qui étaient présents ne manquèrent pas de dire que cette fureur n'était pas un si bon signe. Effectivement, le prince pensa s'étrangler par la bague qu'il trouva dans un des morceaux du gâteau ; mais il la retira adroitement de sa bouche, et son ardeur à dévorer ce gâteau se ralentit en examinant cette fine émeraude montée sur un jonc d'or, dont le cercle était si étroit, qu'il jugea ne pouvoir servir qu'au plus joli doigt du monde.

Il baisa mille fois cette bague, la mit sous son chevet, et l'en tirait à tout moment quand il croyait n'être vu de personne. Le tourment qu'il se donna pour imaginer comment il pourrait voir celle à qui cette bague pouvait aller, et n'osant croire, s'il demandait Peau d'Âne qui avait fait ce gâteau qu'il avait demandé, qu'on lui accordât de la faire venir ; n'osant non plus dire ce qu'il avait vu par le trou de cette serrure, de crainte qu'on ne se moquât de lui et qu'on ne le prît pour un visionnaire ; toutes ces idées le tourmentaient à la fois, la fièvre le reprit fortement ; et les médecins, ne sachant plus que faire, déclarèrent à la reine que le prince était malade d'amour. La reine accourut chez son fils, avec le roi qui se désolait.

– Mon fils, mon cher fils, s'écria le monarque affligé, nomme-nous celle que tu veux : nous jurons que nous te la donnerons, fût-elle la plus vile des esclaves.
La reine, en l'embrassant, lui confirma le serment du roi. Le prince, attendri par les larmes et les caresses des auteurs de ses jours :
– Mon père et ma mère, leur dit-il, je n'ai point dessein de faire une alliance qui vous déplaise ; et, pour preuve de cette vérité, dit-il en tirant l'émeraude de dessous son chevet, c'est que j'épouserai celle à qui cette bague ira, quelle qu'elle soit ; et il n'y a pas apparence que celle qui aura ce joli doigt soit une rustaude ou une paysanne.

Le roi et la reine prirent la bague, l'examinèrent curieusement, et jugèrent, ainsi que le prince, que cette bague ne pouvait aller qu'à quelque fille de bonne maison. Alors le roi, ayant embrassé son fils en le conjurant de guérir, sortit, fit sonner les tambours, les fifres et les trompettes par toute la ville, et crier par ses hérauts que l'on n'avait qu'à venir au palais essayer une bague, et que celle à qui elle irait juste épouserait l'héritier du trône.

Les princesses d'abord arrivèrent, puis les duchesses, les marquises et les baronnes ; mais elles eurent beau toutes s'amenuiser les doigts, aucune ne put mettre la bague. Il en fallut venir aux grisettes, qui, toutes jolies qu'elles étaient, avaient toutes les doigts trop gros. Le prince, qui se portait mieux, faisait lui-même l'essai. Enfin, on en vint aux filles de chambre : elles ne réussirent pas mieux. Il n'y avait plus personne qui n'eût essayé cette bague sans succès, lorsque le prince demanda les cuisinières, les marmitonnes, les gardeuses de moutons : on amena tout cela ; mais leurs gros doigts rouges et courts ne purent seulement aller par-delà l'ongle.

– A-t-on fait venir cette Peau d'Âne qui m'a fait un gâteau ces jours derniers ? dit le prince.
Chacun se prit à rire et lui dit que non, tant elle était sale et crasseuse.
– Qu'on l'aille chercher tout à l'heure, dit le roi ; il ne sera pas dit que j'aie excepté quelqu'un.
On courut, en riant et se moquant, chercher la dindonnière. L'infante, qui avait entendu les tambours et le cri des hérauts d'armes, s'était bien doutée que sa bague faisait ce tintamarre : elle aimait le prince ; et, comme le véritable amour est craintif et n'a point de vanité, elle était dans la crainte

continuelle que quelque dame n'eût le doigt aussi menu que le sien. Elle eut donc une grande joie quand on vint la chercher et qu'on heurta à sa porte.

Depuis qu'elle avait su qu'on cherchait un doigt propre à mettre sa bague, je ne sais quel espoir l'avait portée à se coiffer plus soigneusement et à mettre son beau corset d'argent, avec le jupon plein de falbalas, de dentelles d'argent, semé d'émeraudes. Sitôt qu'elle entendit qu'on heurtait à la porte et qu'on l'appelait pour aller chez le prince, elle remit promptement sa peau d'âne, ouvrit sa porte ; et ces gens, en se moquant d'elle, lui dirent que le roi la demandait pour lui faire épouser son fils ; puis, avec de longs éclats de rire, ils la menèrent chez le prince, qui lui-même étonné de l'accoutrement de cette fille, n'osa croire que ce fût celle qu'il avait vue si pompeuse et si belle. Triste et confus de s'être si lourdement trompé :

– Est-ce vous, lui dit-il, qui logez au fond de cette allée obscure, dans la troisième basse-cour de la métairie ?

– Oui, seigneur, répondit-elle.

– Montrez-moi votre main, dit-il en tremblant et poussant un profond soupir.

Dame ! qui fut bien surpris ? Ce fut le roi et la reine, ainsi que tous les chambellans et les grands de la cour, lorsque de dessous cette peau noire et crasseuse sortit une petite main délicate, blanche et couleur de rose, où la bague s'ajusta sans peine au plus joli petit doigt du monde ; et, par un petit mouvement que l'infante se donna, la peau tomba ; elle parut d'une beauté si ravissante, que le prince, tout faible qu'il était, se mit à ses genoux et les serra avec une ardeur qui la fit rougir ; mais on ne s'en aperçut presque pas, parce que le roi et la reine vinrent l'embrasser de toute leur force et lui demander si elle voulait bien épouser leur fils.

La princesse confuse de tant de caresses et de l'amour que lui marquait ce beau jeune prince, allait cependant les en remercier, lorsque le plafond du salon s'ouvrit, et que la fée des Lilas, descendant dans un char fait de branches et de fleurs de son nom, conta avec une grâce infinie l'histoire de l'infante. Le roi et la reine, charmés de voir que Peau d'Âne était une grande princesse, redoublèrent leurs caresses ; mais le prince fut encore plus sensible à la vertu de la princesse, et son amour s'accrut par cette connaissance.

L'impatience du prince pour épouser la princesse fut telle qu'à peine donna-t-il le temps de faire les préparatifs convenables pour cet auguste hyménée. Le roi et la reine, qui étaient affolés de leur belle fille, lui faisaient mille caresses et la tenaient incessamment dans leurs bras. Elle avait déclaré qu'elle ne pouvait épouser le prince sans le consentement du roi son père ; aussi fut-il le premier auquel on envoya une invitation, sans lui dire quelle était l'épousée ; la fée des Lilas qui présidait à tout, comme de raison, l'avait exigé, à cause des conséquences.

Il vint des rois de tous les pays : les uns en chaise à porteurs, d'autres en cabriolet ; les plus éloignés montés sur des éléphants, sur des tigres, sur des aigles ; mais le plus magnifique et le plus puissant fut le père de l'infante, qui heureusement avait oublié son amour déréglé et avait épousé une reine veuve fort belle, dont il n'avait point eu d'enfants. L'infante courut au-devant de lui : il la reconnut aussitôt, et l'embrassa avec une grande tendresse avant qu'elle eût le temps de se jeter à ses genoux. Le roi et la reine lui présentèrent leur fils, qu'il combla d'amitiés. Les noces se firent avec toute la pompe imaginable. Les jeunes époux, peu sensibles à ces magnificences, ne virent et ne regardèrent qu'eux.

Le roi, père du prince, fit couronner son fils ce même jour, et, lui baisant la main, le plaça sur son trône, malgré la résistance de ce fils bien né : mais il lui fallut obéir. Les fêtes de cet illustre mariage durèrent près de trois mois ; mais l'amour de ces deux époux durerait encore, tant ils s'aimaient, s'ils n'étaient pas morts cent ans après.

Riquet à la Houppe

À partir
de 6 ans

11 min

Forêt
Palais

Prince
Princesse

Il était une fois une reine qui accoucha d'un fils, si laid et si mal fait, qu'on douta longtemps s'il avait forme humaine. Une fée, qui se trouva à sa naissance, assura qu'il ne laisserait pas d'être aimable, parce qu'il aurait beaucoup d'esprit ; elle ajouta même qu'il pourrait, en vertu du don qu'elle venait de lui faire, donner autant d'esprit qu'il en aurait, à la personne qu'il aimerait le mieux.

Tout cela consola un peu la pauvre reine, qui était bien affligée d'avoir mis au monde un si vilain marmot. Il est vrai que cet enfant ne commença pas plutôt à parler, qu'il dit mille jolies choses, et qu'il avait dans toutes ses actions je ne sais quoi de si spirituel, qu'on en était charmé. J'oubliais de dire qu'il vint au monde avec une petite houppe de cheveux sur la tête, ce qui fit qu'on le nomma Riquet à la Houppe, car Riquet était le nom de la famille.

Au bout de sept ou huit ans, la reine d'un royaume voisin accoucha de deux filles ; la première qui vint au monde était plus belle que le jour : la reine en fut si aise, qu'on appréhenda que la trop grande joie qu'elle en avait ne lui fit mal. La même fée qui avait assisté à la naissance du petit Riquet à la Houppe était présente, et pour modérer la joie de la reine, elle lui déclara que cette petite princesse n'aurait point d'esprit, et qu'elle serait aussi stupide qu'elle était belle. Cela mortifia beaucoup la reine ; mais elle eut quelques moments après un bien plus grand chagrin, car la seconde fille dont elle accoucha se trouva extrêmement laide.

– Ne vous affligez point tant, madame, lui dit la fée ; votre fille sera récompensée d'ailleurs[1], et elle aura tant d'esprit, qu'on ne s'apercevra presque pas qu'il lui manque de la beauté.

– Dieu le veuille, répondit la reine, mais n'y aurait-il point moyen de faire avoir un peu d'esprit à l'aînée qui est si belle ?

– Je ne puis rien pour elle, madame, du côté de l'esprit, lui dit la fée ; mais je puis tout du côté de la beauté ; et comme il n'y a rien que je ne veuille faire pour votre satisfaction, je vais lui donner pour don de pouvoir rendre beau ou belle la personne qui lui plaira.

À mesure que ces deux princesses devinrent grandes, leurs perfections crûrent aussi avec elles, et on ne parlait partout que de la beauté de l'aînée, et de l'esprit de la cadette. Il est vrai aussi que leurs défauts augmentèrent beaucoup avec l'âge. La cadette enlaidissait à vue d'œil, et l'aînée devenait plus stupide de jour en jour : ou elle ne répondait rien à ce qu'on lui demandait, ou elle disait une sottise. Elle était avec cela si maladroite qu'elle n'eût pu ranger quatre porcelaines sur le bord d'une cheminée sans en casser une, ni boire un verre d'eau sans en répandre la moitié sur ses habits.

Quoique la beauté soit un grand avantage dans une jeune personne, cependant la cadette l'emportait presque toujours sur son aînée dans toutes compagnies. D'abord on allait du côté de la plus belle pour la voir et pour l'admirer, mais bientôt après, on allait à celle qui avait le plus d'esprit, pour lui entendre dire mille choses agréables ; et on était étonné qu'en moins d'un quart d'heure l'aînée n'avait plus personne

1. Votre fille, en compensation, jouira d'une autre qualité.

auprès d'elle, et que tout le monde s'était rangé autour de la cadette. L'aînée, quoique fort stupide, le remarqua bien, et elle eût donné sans regret toute sa beauté pour avoir la moitié de l'esprit de sa sœur. La reine, toute sage qu'elle était, ne put s'empêcher de lui reprocher plusieurs fois sa bêtise, ce qui pensa faire mourir de douleur cette pauvre princesse.

Un jour qu'elle s'était retirée dans un bois pour y plaindre son malheur, elle vit venir à elle un petit homme fort laid et fort désagréable, mais vêtu très magnifiquement. C'était le jeune prince Riquet à la Houppe, qui étant devenu amoureux d'elle sur ses portraits qui couraient par tout le monde, avait quitté le royaume de son père pour avoir le plaisir de la voir et de lui parler. Ravi de la rencontrer ainsi toute seule, il l'aborde avec tout le respect et toute la politesse imaginables. Ayant remarqué, après lui avoir fait les compliments ordinaires, qu'elle était fort mélancolique, il lui dit :

– Je ne comprends point, madame, comment une personne aussi belle que vous l'êtes, peut être aussi triste que vous le paraissez ; car quoique je puisse me vanter d'avoir vu une infinité de belles personnes, je puis dire que je n'en ai jamais vu dont la beauté approche de la vôtre.

– Cela vous plaît à dire, monsieur, lui répondit la princesse, et en demeura là.

– La beauté, reprit Riquet à la Houppe, est si grand avantage, qu'il doit tenir lieu de tout le reste ; et quand on le possède, je ne vois pas qu'il y ait rien qui puisse nous affliger beaucoup.

– J'aimerais mieux, dit la princesse, être aussi laide que vous et avoir de l'esprit, que d'avoir de la beauté comme j'en ai, et être bête autant que je le suis.
– Il n'y a rien, madame, qui marque davantage qu'on a de l'esprit, que de croire n'en pas avoir, et il est de la nature de ce bien-là, que plus on en a, plus on croit en manquer.
– Je ne sais pas cela, dit la princesse, mais je sais bien que je suis fort bête, et c'est de là que vient le chagrin qui me tue.
– Si ce n'est que cela, madame, qui vous afflige, je puis aisément mettre fin à votre douleur.
– Et comment ferez-vous ? dit la princesse.
– J'ai le pouvoir, madame, dit Riquet à la Houppe, de donner de l'esprit autant qu'on en saurait avoir à la personne que je dois aimer le plus ; et comme vous êtes, madame, cette personne, il ne tiendra qu'à vous que vous n'ayez autant d'esprit qu'on en peut avoir, pourvu que vous vouliez bien m'épouser.
La princesse demeura tout interdite, et ne répondit rien.
– Je vois, reprit Riquet à la Houppe, que cette proposition vous fait de la peine, et je ne m'en étonne pas ; mais je vous donne un an tout entier pour vous y résoudre.
La princesse avait si peu d'esprit, et en même temps une si grande envie d'en avoir, qu'elle s'imagina que la fin de cette année ne viendrait jamais ; de sorte qu'elle accepta la proposition qui lui était faite. Elle n'eut pas plutôt promis à Riquet à la Houppe qu'elle l'épouserait dans un an à pareil jour, qu'elle se sentit tout autre qu'elle n'était auparavant ; elle se trouva une facilité incroyable à dire tout ce qui lui plaisait, et à le dire d'une manière fine, aisée et naturelle : elle commença dès ce moment une conversation galante et soutenue

avec Riquet à la Houppe, où elle brilla d'une telle force que Riquet à la Houppe crut lui avoir donné plus d'esprit qu'il ne s'en était réservé pour lui-même.

Quand elle fut retournée au palais, toute la cour ne savait que penser d'un changement si subit et si extraordinaire, car autant qu'on lui avait ouï dire d'impertinences auparavant, autant lui entendait-on dire de choses bien sensées et infiniment spirituelles. Toute la cour en eut une joie qui ne se peut imaginer, il n'y eut que sa cadette qui n'en fut pas bien aise, parce que n'ayant plus sur son aînée l'avantage de l'esprit, elle ne paraissait plus auprès d'elle qu'une guenon fort désagréable. Le roi se conduisait par ses avis, et allait même quelquefois tenir le Conseil dans son appartement. Le bruit de ce changement s'étant répandu, tous les jeunes princes des royaumes voisins firent leurs efforts pour s'en faire aimer, et presque tous la demandèrent en mariage ; mais elle n'en trouvait point qui eût assez d'esprit, et elle les écoutait tous sans s'engager à pas un d'eux. Cependant il en vint un si puissant, si riche, si spirituel et si bien fait, qu'elle ne put s'empêcher d'avoir de la bonne volonté[2] pour lui. Son père, s'en étant aperçu, lui dit qu'il la faisait la maîtresse sur le choix d'un époux, et qu'elle n'avait qu'à se déclarer. Comme plus on a d'esprit et plus on a de peine à prendre une ferme résolution sur cette affaire, elle demanda, après avoir remercié son père, qu'il lui donnât du temps pour y penser. Elle alla par hasard se promener dans le même bois où elle avait trouvé Riquet à la Houppe, pour rêver plus commodément à ce qu'elle avait à faire. Dans le temps qu'elle se promenait, rêvant profondément, elle entendit un bruit sourd sous ses pieds, comme de plusieurs personnes qui vont et

2. Goût, attirance.

viennent et qui agissent. Ayant prêté l'oreille plus attentivement, elle ouït que l'on disait : « Apporte-moi cette marmite » ; l'autre : « Donne-moi cette chaudière » ; l'autre : « Mets du bois dans ce feu ». La terre s'ouvrit dans le même temps, et elle vit sous ses pieds comme une grande cuisine pleine de cuisiniers, de marmitons et de toutes sortes d'officiers nécessaires pour faire un festin magnifique. Il en sortit une bande de vingt ou trente rôtisseurs, qui allèrent se camper dans une allée du bois autour d'une table fort longue, et qui tous, la lardoire[3] à la main, et la queue de renard sur l'oreille, se mirent à travailler en cadence au son d'une chanson harmonieuse. La princesse, étonnée de ce spectacle, leur demanda pour qui ils travaillaient.

– C'est, madame, lui répondit le plus apparent de la bande, pour le prince Riquet à la Houppe, dont les noces se feront demain.

La princesse, encore plus surprise qu'elle ne l'avait été, et se ressouvenant tout à coup qu'il y avait un an qu'à pareil jour, elle avait promis d'épouser le prince Riquet à la Houppe, pensa tomber de son haut. Ce qui faisait qu'elle ne s'en

3. Sorte de couteau.

souvenait pas, c'est que quand elle fit cette promesse elle était une bête, et qu'en prenant le nouvel esprit que le prince lui avait donné, elle avait oublié toutes ses sottises.

Elle n'eut pas fait trente pas en continuant sa promenade, que Riquet à la Houppe se présenta à elle, brave, magnifique, et comme un prince qui va se marier.

– Vous me voyez, dit-il, madame, exact à tenir ma parole, et je ne doute point que vous ne veniez ici pour exécuter la vôtre, et me rendre, en me donnant la main, le plus heureux de tous les hommes.

– Je vous avouerai franchement, répondit la princesse, que je n'ai pas encore pris ma résolution là-dessus, et que je ne crois pas pouvoir jamais la prendre telle que vous la souhaitez.

– Vous m'étonnez, madame, lui dit Riquet à la Houppe.

– Je le crois, dit la princesse, et assurément si j'avais affaire à un brutal, à un homme sans esprit, je me trouverais bien embarrassée. « Une princesse n'a que sa parole, me dirait-il, et il faut que vous m'épousiez, puisque vous me l'avez promis » ; mais comme celui à qui je parle est l'homme du monde qui a le plus d'esprit, je suis sûre qu'il entendra raison. Vous savez que quand je n'étais qu'une bête, je ne pouvais néanmoins me résoudre à vous épouser ; comment voulez-vous qu'ayant l'esprit que vous m'avez donné, qui me rend encore plus difficile en gens que je n'étais, je prenne, aujourd'hui, une résolution que je n'ai pu prendre dans ce temps-là ? Si vous pensiez tout de bon à m'épouser, vous avez eu grand tort de m'ôter ma bêtise, et de me faire voir plus clair que je ne voyais.

– Si un homme sans esprit, répondit Riquet à la Houppe, serait bien reçu, comme vous venez de le dire, à vous reprocher votre manque de parole, pourquoi voulez-vous, madame, que je n'en use pas de même, dans une chose où il y va de tout le bonheur de ma vie ? Est-il raisonnable que les personnes qui ont de l'esprit soient d'une pire condition que celles qui n'en ont pas ? Le pouvez-vous prétendre, vous qui en avez tant, et qui avez tant souhaité d'en avoir ? Mais venons au fait, s'il vous plaît. À la réserve de ma laideur, y a-t-il quelque chose en moi qui vous déplaise, êtes-vous malcontente de ma naissance, de mon esprit, de mon humeur, et de mes manières ?

– Nullement, répondit la princesse ; j'aime en vous tout ce que vous venez de me dire.

– Si cela est ainsi, reprit Riquet à la Houppe, je vais être heureux, puisque vous pouvez me rendre le plus aimable de tous les hommes.

– Comment cela se peut-il faire ? lui dit la princesse.

– Cela se fera, répondit Riquet à la Houppe, si vous m'aimez assez pour souhaiter que cela soit ; et afin, madame, que vous n'en doutiez pas, sachez que la même fée qui, au jour de ma naissance, me fit le don de pouvoir rendre spirituelle la personne qu'il me plairait, vous a aussi fait le don de pouvoir rendre beau celui que vous aimerez, et à qui vous voudrez bien faire cette faveur.

– Si la chose est ainsi, dit la princesse, je souhaite de tout mon cœur que vous deveniez le prince du monde le plus beau et le plus aimable ; et je vous en fais le don autant qu'il est en moi[4].

La princesse n'eut pas plutôt prononcé ces paroles, que Riquet à la Houppe parut à ses yeux l'homme du monde le plus beau, le mieux fait et le plus aimable qu'elle eût jamais vu.

4. Puisque j'ai le pouvoir de le faire.

Quelques-uns assurent que ce ne furent point les charmes de la fée qui opérèrent, mais que l'amour seul fit cette métamorphose. Ils disent que la princesse, ayant fait réflexion sur la persévérance de son amant, sur sa discrétion, et sur toutes les bonnes qualités de son âme et de son esprit, ne vit plus la difformité de son corps, ni la laideur de son visage, que sa bosse ne lui sembla plus que le bon air d'un homme qui fait le gros dos, et qu'au lieu que jusqu'alors elle l'avait vu boiter effroyablement, elle ne lui trouva plus qu'un certain air penché qui la charmait ; ils disent encore que ses yeux qui étaient louches ne lui en parurent que plus brillants, que leur dérèglement passa dans son esprit pour la marque d'un violent excès d'amour, et qu'enfin son gros nez rouge eut pour elle quelque chose de martial et d'héroïque ! Quoi qu'il en soit, la princesse lui promit sur-le-champ de l'épouser, pourvu qu'il en obtînt le consentement du roi son père. Le roi ayant su que sa fille avait beaucoup d'estime pour Riquet à la Houppe, qu'il connaissait d'ailleurs pour un prince très spirituel et très sage, le reçut avec plaisir pour son gendre. Dès le lendemain les noces furent faites, ainsi que Riquet à la Houppe l'avait prévu, et selon les ordres qu'il en avait donnés longtemps auparavant.

Les Souhaits ridicules

À partir de 6 ans

4 min

Maison

Épouse
Époux
Jupiter

Il était une fois un pauvre bûcheron
Qui, las de sa pénible vie,
Avait, disait-il, grande envie
De s'aller reposer aux bords de l'Achéron[1] ;
Représentant dans sa douleur profonde,
Que, depuis qu'il était au monde,
Le Ciel cruel n'avait jamais
Voulu remplir un seul de ses souhaits.

Un jour que, dans le bois, il se mit à se plaindre,
À lui, la foudre en main, Jupiter s'apparut[2] ;
On aurait peine à bien dépeindre
La peur que le bonhomme en eut.
– Je ne veux rien, dit-il, en se jetant par terre,
Point de souhaits, point de tonnerre,
Seigneur, demeurons but à but[3].
– Cesse d'avoir aucune crainte.
Je viens, dit Jupiter, touché de ta complainte,
Te faire voir le tort que tu me fais ;
Écoute donc. Je te promets,
Moi qui du monde entier suis le souverain maître,
D'exaucer pleinement les trois premiers souhaits
Que tu voudras former sur quoi que ce puisse être ;

1. Fleuve qui déterminait l'entrée des Enfers dans la mythologie.
2. Jupiter apparut.
3. Restons en là.

Vois ce qui peut te rendre heureux,
Vois ce qui peut te satisfaire,
Et comme ton bonheur dépend tout[4] de tes vœux,
Songes-y bien avant que de les faire.

À ces mots Jupiter dans les cieux remonta ;
Et le gai bûcheron, embrassant sa falourde[5],
Pour retourner chez lui sur son dos la jeta.
Cette charge jamais ne lui parut moins lourde.
– Il ne faut pas, disait-il, en trottant,
Dans tout ceci, rien faire à la légère ;
Il faut, le cas est important,
En prendre avis de notre ménagère.
Çà, dit-il, en entrant sous son toit de fougère,
Faisons, Fanchon, grand feu, grand'chère,
Nous sommes riches à jamais,
Et nous n'avons qu'à faire des souhaits.
Là-dessus tout au long le fait il lui raconte ;
À ce récit l'épouse, vive et prompte,
Forma dans son esprit mille vastes projets ;

Mais considérant l'importance
De s'y conduire avec prudence :
– Blaise, mon cher ami, dit-elle à son époux,
Ne gâtons rien par notre impatience ;
Examinons bien entre nous
Ce qu'il faut faire en pareille occurrence ;
Remettons à demain notre premier souhait
Et consultons notre chevet.
– Je l'entends bien ainsi, dit le bonhomme Blaise ;

4. Tout entier.
5. Tas de bois.

Mais va tirer du vin derrière ces fagots.
À son retour il but, et goûtant à son aise
Près d'un grand feu la douceur du repos,
Il dit, en s'appuyant sur le dos de sa chaise :
– Pendant que nous avons une si bonne braise,
Qu'une aune de boudin viendrait bien à propos !

À peine acheva-t-il de prononcer ces mots,
Que sa femme aperçut, grandement étonnée,
Un boudin fort long qui, partant
D'un des coins de la cheminée,
S'approchait d'elle en serpentant.

Elle fit un cri dans l'instant ;
Mais jugeant que cette aventure
Avait pour cause le souhait
Que par bêtise toute pure
Son homme imprudent avait fait,
Il n'est point de pouille[6] et d'injure
Que de dépit et de courroux
Elle ne dit au pauvre époux.
– Quand on peut, disait-elle, obtenir un empire,
De l'or, des perles, des rubis,
Des diamants, de beaux habits,
Est-ce alors du boudin qu'il faut que l'on désire ?
– Eh bien, j'ai tort, dit-il, j'ai mal placé mon choix,
J'ai commis une faute énorme,
Je ferai mieux une autre fois.
– Bon, bon, dit-elle, attendez-moi sous l'orme[7],
Pour faire un tel souhait il faut être bien bœuf[8] !
L'époux plus d'une fois emporté de colère

6. Insulte.
7. Proverbe équivalent à « poser un lapin ».
8. Idiot.

Pensa faire tout bas le souhait d'être veuf,
Et peut-être, entre nous, ne pouvait-il mieux faire :
– Les hommes, disait-il, pour souffrir sont bien nés !
Peste soit du boudin et du boudin encore,
Plût à Dieu, maudite pécore,
Qu'il te pendît au bout du nez !

La prière aussitôt du Ciel fut écoutée
Et dès que le mari la parole lâcha,
Au nez de l'épouse irritée
L'aune de boudin s'attacha.
Ce prodige imprévu grandement le fâcha.
Fanchon était jolie, elle avait bonne grâce,
Et pour dire sans fard la vérité du fait,
Cet ornement en cette place
Ne faisait pas un bon effet ;
Si ce n'est qu'en pendant sur le bas du visage
Il l'empêchait de parler aisément,
Pour un époux merveilleux avantage,
Et si grand qu'il pensa, dans cet heureux moment,
Ne souhaiter rien davantage.

– Je pourrais bien, disait-il à part soi,
Après un malheur si funeste,
Avec le souhait qui me reste,
Tout d'un plein saut[9] me faire roi.
Rien n'égale, il est vrai, la grandeur souveraine.
Mais encore faut-il songer
Comment serait faite la reine
Et dans quelle douleur ce serait la plonger

9. Directement.

De l'aller placer sur un trône
Avec un nez plus long qu'une aune.
Il faut l'écouter sur cela
Et qu'elle-même elle soit la maîtresse
De devenir une grande princesse
En conservant l'horrible nez qu'elle a,
Ou de demeurer bûcheronne
Avec un nez comme une autre personne,
Et tel qu'elle l'avait avant ce malheur-là.

La chose bien examinée,
Quoiqu'elle sût d'un sceptre et la force et l'effet
Et que, quand on est couronnée,
On a toujours le nez bien fait ;
Comme au désir de plaire il n'est rien qui ne cède,
Elle aima mieux garder son bavolet[10]
Que d'être reine et d'être laide.

Ainsi le bûcheron ne changea point d'état,
Ne devint point grand potentat,
D'écus ne remplit point sa bourse,
Trop heureux d'employer le souhait qui restait,
Faible bonheur, pauvre ressource,
À remettre sa femme en l'état qu'elle était.

Bien est donc vrai qu'aux hommes misérables
Aveugles, imprudents, inquiets, variables,
Pas n'appartient de faire des souhaits,
Et que peu d'entr'eux sont capables
De bien user des dons que le Ciel leur a faits.

10. Coiffure paysanne

Contes de
GRIMM

J*acob (1785-1863) et Wilhelm (1786-1859) Grimm*
Les frères Grimm sont deux savants allemands, bibliothécaires, professeurs puis, pour Jacob, membre de l'Académie des sciences et fondateur de la philologie allemande. Toute leur vie durant, ils poursuivront leur étude des origines de la langue et de la culture allemandes. C'est dans ce souci qu'ils commencent à collecter de nombreux textes de la tradition germanique et à les transcrire directement par écrit, sans aucun aménagement littéraire. Entre 1812 et 1819, ils publient les fruits de leurs recherches dans plusieurs recueils de contes. Et c'est ainsi, un siècle après les contes de Perrault, que Blancheneige, Hänsel et Gretel, Le Vaillant Petit Tailleur *et beaucoup, beaucoup d'autres petits trésors de la poésie populaire font leur entrée dans le monde de la pensée et de la littérature.*

Blancheneige

Traduction : Marthe Robert, in Contes *© Éditions Gallimard.*

À partir de 5 ans

14 min

Forêt

Nains
Prince
Princesse
Reine

Un jour, c'était au beau milieu de l'hiver et les flocons de neige tombaient du ciel comme du duvet, une reine était assise auprès d'une fenêtre encadrée d'ébène noire, et cousait. Et tandis qu'elle cousait ainsi et regardait neiger, elle se piqua le doigt avec son aiguille et trois gouttes de sang tombèrent dans la neige. Et le rouge était si joli à voir sur la neige blanche qu'elle se dit : « Oh, puissé-je avoir une enfant aussi blanche que la neige, aussi rouge que le sang et aussi noire que le bois de ce cadre ! » Peu après, elle eut une petite fille qui était aussi blanche que la neige, aussi rouge que le sang, et aussi noire de cheveux que l'ébène, et que pour cette raison on appela Blancheneige. Et quand l'enfant fut née, la reine mourut.

Un an plus tard, le roi prit une autre épouse. C'était une belle femme, mais fière et hautaine, et elle ne pouvait pas souffrir que quelqu'un la surpassât en beauté. Elle avait un miroir magique, quand elle se mettait devant et s'y contemplait, elle disait :

Petit miroir, petit miroir chéri,
Quelle est la plus belle de tout le pays ?

Et le miroir répondait :

Madame la Reine, vous êtes la plus belle de tout le pays.

Alors elle était tranquille, car elle savait que le miroir disait vrai. Cependant Blancheneige grandissait et embellissait de plus en plus ; quand elle eut sept ans, elle était aussi belle que la lumière du jour et plus belle que la reine elle-même. Et un jour que celle-ci demandait au miroir :

Petit miroir, petit miroir chéri,
Quelle est la plus belle de tout le pays ?

Il répondit :

Madame la Reine, vous êtes la plus belle ici,
Mais Blancheneige est mille fois plus jolie.

Alors, la reine prit peur et devint jaune et verte de jalousie. Dès lors, quand elle apercevait Blancheneige, son cœur se retournait dans sa poitrine, tant elle haïssait l'enfant. Et sa jalousie et son orgueil ne cessaient de croître comme une mauvaise herbe, de sorte qu'elle n'avait de repos ni le jour ni la nuit. Alors elle fit venir un chasseur et lui dit :
– Emmène cette enfant dans la forêt, je ne veux plus l'avoir sous les yeux. Tu la tueras et tu me rapporteras son foie et ses poumons comme preuve.

Le chasseur obéit et l'emmena, mais quand il eut tiré son poignard et voulut percer le cœur innocent de Blancheneige, elle se mit à pleurer et dit :
– Mon bon chasseur, laisse-moi la vie, je m'enfuirai dans le bois sauvage et je ne rentrerai plus jamais.
Et comme elle était si jolie, le chasseur eut pitié et dit :
– Cours donc, pauvre enfant.
« Les bêtes sauvages auront tôt fait de te dévorer », pensa-t-il, mais à l'idée de n'avoir pas à la tuer, il se sentait soulagé d'un grand poids. Et comme un jeune marcassin venait vers lui en bondissant, il l'égorgea, prit ses poumons et son foie, et les rapporta à la reine comme preuve. Le cuisinier dut les faire cuire au sel, et la méchante femme les mangea et crut avoir mangé les poumons et le foie de Blancheneige.
Maintenant, la pauvre enfant était toute seule dans les grands bois et avait si grand-peur qu'elle regardait toutes les feuilles des arbres et ne savait à quel saint se vouer. Alors elle se mit à courir sur les cailloux et à travers les ronces, et les bêtes sauvages passaient devant elle en bondissant, mais elles ne lui faisaient pas de mal. Elle courut aussi longtemps que ses jambes purent la porter, jusqu'à la tombée du jour, alors elle vit une petite maison et y entra pour se reposer. Dans la cabane, tout était petit, mais si mignon et si propre qu'on ne saurait en donner une idée. Il y avait une petite table recouverte d'une nappe blanche avec sept petites assiettes, chacune avec sa petite cuiller, puis sept petits couteaux et fourchettes et sept petits gobelets. Sept petits lits étaient placés l'un à côté de l'autre contre le mur, et ils étaient couverts de draps blancs comme neige. Blancheneige, qui avait grand-faim et grand-soif, mangea un peu de légumes et de

pain dans chaque petite assiette et but une goutte de vin dans chaque petit gobelet, car elle ne voulait pas tout prendre au même. Ensuite, elle était tellement lasse qu'elle se coucha dans un petit lit, mais aucun ne lui allait, l'un était trop long, l'autre trop court, enfin le septième fut à sa taille : elle y resta, se recommanda à Dieu et s'endormit.

Quand il fit tout à fait nuit, les maîtres du logis rentrèrent ; c'étaient les sept nains qui travaillaient dans les montagnes, creusant et piochant pour en extraire le minerai. Ils allumèrent leurs sept petites chandelles et dès qu'il fit clair dans la maison, ils virent qu'il était venu quelqu'un, car tout n'était plus dans l'ordre où ils l'avaient laissé.

Le premier dit :

– Qui s'est assis sur ma petite chaise ?

Le second :

– Qui a mangé dans ma petite assiette ?

Le troisième :

– Qui a pris de mon petit pain ?

Le quatrième :

– Qui a mangé de mes petits légumes ?

Le cinquième :

– Qui a piqué avec ma petite fourchette ?

Le sixième :

– Qui a coupé avec mon petit couteau ?

Le septième :

– Qui a bu dans mon petit gobelet ?

Puis le premier regarda autour de lui, vit un creux dans son lit et s'écria :

– Qui est entré dans mon petit lit ?

Les autres accoururent et s'écrièrent :

– Quelqu'un a couché dans le mien aussi !

Mais en regardant dans son lit, le septième aperçut Blancheneige qui y était couchée et dormait. Alors il appela les autres qui se précipitèrent et poussèrent des cris de surprise, ils allèrent chercher leurs sept petites chandelles, et éclairèrent Blancheneige.

– Ô mon Dieu, s'écrièrent-ils, mon Dieu, que cette enfant est donc belle !

Et leur joie fut si grande qu'ils ne la réveillèrent pas, mais la laissèrent dormir dans son petit lit. Quant au septième nain, il coucha avec ses compagnons, une heure avec chacun, et la nuit se trouva passée.

Le matin venu, Blancheneige se réveilla et en voyant les sept nains, elle fut prise de peur. Mais ils se montrèrent gentils et lui demandèrent :

– Comment t'appelles-tu ?

– Je m'appelle Blancheneige, répondit-elle.

– Comment es-tu venue chez nous ?

Alors elle leur raconta que sa marâtre avait voulu la faire tuer, mais que le chasseur lui avait laissé la vie, et qu'elle avait couru tout le jour, jusqu'au moment où elle avait enfin trouvé leur maisonnette. Les nains lui dirent :

– Si tu veux t'occuper de notre ménage, faire la cuisine, les lits, la lessive, coudre et tricoter, tu peux rester chez nous, tu ne manqueras de rien.

– Oui, répondit Blancheneige, j'accepte de tout cœur, et elle resta chez eux. Elle tint la maison en ordre. Le matin, ils partaient pour les montagnes où ils cherchaient le minerai et l'or, le soir ils rentraient et alors leur repas devait être préparé. La fillette étant seule tout le jour, les bons nains lui conseillèrent la prudence et dirent :

– Prends garde à ta belle-mère, elle saura bientôt que tu es ici, surtout ne laisse entrer personne.

Mais la reine, croyant avoir mangé le foie et les poumons de Blancheneige, ne douta pas d'être de nouveau la première et la plus belle de toutes, elle se mit devant son miroir et dit :

Petit miroir, petit miroir chéri,
Quelle est la plus belle de tout le pays ?

Alors le miroir répondit :

Madame la Reine, vous êtes la plus belle ici,
Mais Blancheneige au-delà des monts
Chez les sept nains
Est encore mille fois plus jolie.

Alors la frayeur la prit, car elle savait que le miroir ne disait pas de mensonge, elle comprit que le chasseur l'avait trompée et que Blancheneige était toujours en vie. Et alors elle se creusa de nouveau la cervelle pour trouver un moyen de la tuer, car, tant qu'elle n'était pas la plus belle de tout le pays, la jalousie ne lui laissait pas de repos. Et quand elle eut enfin imaginé un moyen, elle se farda le visage, s'habilla en vieille mercière et fut tout à fait méconnaissable. Ainsi faite, elle se rendit chez les sept nains par-delà les sept montagnes,

frappa à la porte et cria :
– Belle marchandise à vendre ! À vendre !
Blancheneige regarda par la fenêtre et dit :
– Bonjour, ma brave femme, qu'avez-vous à vendre ?
– De la bonne marchandise, de la belle marchandise, répondit-elle, des lacets de toutes les couleurs.
Et elle en sortit un, qui était fait de tresses multicolores.
« Je peux bien laisser entrer cette brave femme », se dit Blancheneige, elle tira le verrou et fit emplette du joli lacet.
– Enfant, dit la vieille, comment es-tu fagotée ! Viens ici, que je te lace comme il faut.
Blancheneige ne se méfiait pas, elle se plaça devant elle et se fit mettre le lacet neuf. Mais la vieille la laça si vite et la serra tant que Blancheneige en perdit le souffle et tomba comme morte.
– Maintenant, dit la vieille, tu as cessé d'être la plus belle, et elle s'en fut en courant.
Peu après, à l'heure du dîner, les sept nains rentrèrent chez eux, mais quelle ne fut pas leur frayeur en voyant leur chère Blancheneige couchée par terre ; et elle ne remuait et ne bougeait pas plus qu'une morte. Ils la relevèrent et, découvrant qu'elle était trop serrée, coupèrent le lacet. Alors elle se remit à respirer un peu et se ranima petit à petit. Quand les nains apprirent ce qui s'était passé, ils dirent :
– La vieille mercière n'était autre que cette reine impie. Sois sur tes gardes, et ne laisse entrer personne quand nous ne sommes pas près de toi.
Sitôt rentrée chez elle cependant, la mégère alla devant son miroir et demanda :

Petit miroir, petit miroir chéri,
Quelle est la plus belle de tout le pays ?

Alors il répondit comme l'autre fois :

Madame la Reine, vous êtes la plus belle ici,
Mais Blancheneige au-delà des monts
Chez les sept nains
Est encore mille fois plus jolie.

En entendant ces mots, elle fut si effrayée que tout son sang reflua vers son cœur, car elle voyait bien qu'une fois encore, Blancheneige avait recouvré la vie.
– Mais maintenant, dit-elle, je vais inventer quelque chose qui te fera périr.
Et à l'aide de tours magiques qu'elle connaissait, elle fabriqua un peigne empoisonné. Puis elle se déguisa et prit la forme d'une autre vieille femme.
Elle se rendit chez les sept nains par-delà les sept montagnes, frappa à la porte et cria :
– Bonne marchandise à vendre ! À vendre !
Blancheneige regarda dehors et dit :
– Passez votre chemin, je ne peux laisser entrer personne.
– Tu as bien le droit de regarder, dit la vieille.
Et elle sortit le peigne empoisonné et le tint en l'air. Il plut tellement à l'enfant qu'elle se laissa tenter et ouvrit la porte.
Lorsqu'elles furent d'accord sur l'achat, la vieille lui dit :
– À présent, je vais te coiffer comme il faut.

La pauvre Blancheneige, qui ne se méfiait de rien, laissa faire la vieille, mais à peine celle-ci lui eut-elle mis le peigne dans les cheveux que le poison fit son effet et que la jeune fille tomba sans connaissance.

– Ô prodige de beauté, dit la méchante femme, maintenant c'en est fait de toi.
Et elle partit.
Par bonheur, c'était bientôt l'heure où les sept nains rentraient chez eux. Quand ils virent Blancheneige couchée par terre, comme morte, ils soupçonnèrent aussitôt la marâtre, cherchèrent et trouvèrent le peigne empoisonné, et à peine l'avaient-ils retiré que Blancheneige revenait à elle et leur racontait ce qui était arrivé. Alors ils lui conseillèrent une fois de plus d'être sur ses gardes et de n'ouvrir la porte à personne. Une fois chez elle, la reine se mit devant son miroir et dit :

Petit miroir, petit miroir chéri,
Quelle est la plus belle de tout le pays ?

Alors il répondit comme avant :

Madame la Reine, vous êtes la plus belle ici,
Mais Blancheneige au-delà des monts
Chez les sept nains
Est encore mille fois plus jolie.

En entendant le miroir parler ainsi, elle tressaillit et trembla de colère :
– Blancheneige doit mourir, dit-elle, quand il m'en coûterait ma propre vie.
Là-dessus, elle alla dans une chambre secrète et solitaire où personne n'entrait jamais, et elle fabriqua une pomme empoisonnée. Extérieurement elle avait belle apparence,

blanche avec des joues rouges, si bien qu'elle faisait envie à quiconque la voyait, mais quiconque en mangeait une bouchée était voué à la mort. Quand la pomme fut fabriquée, elle se farda le visage et se déguisa en paysanne, et ainsi faite, elle se rendit chez les sept nains par-delà les sept montagnes. Elle frappa à la porte, Blancheneige passa la tête par la fenêtre et dit :

– Je ne dois laisser entrer personne, les sept nains me l'ont défendu.

– Tant pis, dit la paysanne, je n'aurai pas de peine à me débarrasser de mes pommes. Tiens, je vais t'en donner une.

– Non, dit Blancheneige, je ne dois rien accepter.

– Aurais-tu peur du poison ? dit la vieille, regarde, je coupe la pomme en deux, toi, tu mangeras la joue rouge et moi, la joue blanche.

Mais la pomme était faite si habilement que seul le côté rouge était empoisonné. La belle pomme faisait envie à Blancheneige et quand elle vit la paysanne en manger, elle ne put résister plus longtemps, tendit la main et prit la moitié empoisonnée. Mais à peine en avait-elle pris une bouchée qu'elle tombait morte.

Alors la reine la contempla avec des regards affreux, rit à gorge déployée et dit :

– Blanche comme neige, rouge comme sang, noire comme ébène ! Cette fois les nains ne pourront pas te réveiller.

Et comme, une fois chez elle, elle interrogeait son miroir :

Petit miroir, petit miroir chéri,
Quelle est la plus belle de tout le pays ?

Il répondit enfin :

Madame la Reine, vous êtes la plus belle du pays.

Alors son cœur jaloux fut en repos, autant qu'un cœur jaloux puisse trouver le repos.

Mais en rentrant chez eux le soir, les nains trouvèrent Blancheneige couchée par terre, et pas un souffle ne sortait plus de sa bouche, elle était morte. Ils la relevèrent, cherchèrent s'ils ne trouvaient pas quelque chose d'empoisonné, la délacèrent, lui peignèrent les cheveux, la lavèrent avec de l'eau et du vin, mais tout cela fut inutile : la chère enfant était morte et le resta. Ils la mirent sur une civière, s'assirent tous les sept auprès d'elle, la pleurèrent, et pleurèrent trois jours durant. Puis ils voulurent l'enterrer, mais elle était encore aussi fraîche qu'une personne vivante, et elle avait toujours ses belles joues rouges. Ils dirent :

– Nous ne pouvons pas mettre cela dans la terre noire.

Et ils firent un cercueil de verre transparent, afin qu'on pût la voir de tous les côtés, puis ils l'y couchèrent et écrivirent dessus son nom en lettres d'or, et qu'elle était fille de roi. Puis ils portèrent le cercueil sur la montagne et l'un d'entre eux resta toujours auprès pour le garder.

Et les animaux vinrent aussi pleurer Blancheneige, d'abord une chouette, puis un corbeau, enfin une petite colombe.

Et Blancheneige demeura longtemps, longtemps dans le cercueil, et elle ne se décomposait pas, elle avait l'air de dormir, car elle restait toujours blanche comme neige, rouge comme sang et noire de cheveux comme bois d'ébène. Or il advint qu'un fils de roi se trouva par hasard dans la forêt et alla à la maison des nains pour y passer la nuit. Sur la montagne, il vit le cercueil et la jolie Blancheneige couchée dedans, et il lut ce qui était écrit dessus en lettres d'or. Alors il dit aux nains :

– Laissez-moi ce cercueil, je vous donnerai tout ce que vous voudrez en échange.

Mais les nains répondirent :

– Nous ne vous le céderons pas pour tout l'or du monde.

Alors il leur dit :

– En ce cas, faites m'en cadeau, car je ne puis pas vivre sans voir Blancheneige, je le vénérerai et le tiendrai en estime comme mon bien le plus cher.

En l'entendant parler ainsi, les bons nains eurent pitié de lui et lui donnèrent le cercueil. Le prince ordonna à ses serviteurs de l'emporter sur leurs épaules. Il advint alors qu'ils trébuchèrent contre un buisson et que, par suite de la secousse, le trognon de pomme empoisonné dans lequel Blancheneige avait mordu lui sortit du gosier. Et bientôt elle ouvrit les yeux, souleva le couvercle de son cercueil et se dressa, ressuscitée.

– Ah Dieu, où suis-je ? s'écria-t-elle.

Plein de joie, le prince lui dit :
– Tu es auprès de moi.
Il lui raconta ce qui s'était passé et dit :
– Je t'aime plus que tout au monde ; viens avec moi au château de mon père, tu seras ma femme.
Alors Blancheneige l'aima et le suivit, et leur noce fut préparée en grande pompe et magnificence.
Mais on invita aussi à la fête la méchante marâtre de Blancheneige. Quand elle eut revêtu de beaux habits, elle alla devant son miroir et dit :

Petit miroir, petit miroir chéri,
Quelle est la plus belle de tout le pays ?

Le miroir répondit :

Madame la Reine, vous êtes la plus belle ici,
Mais la jeune reine est mille fois plus jolie.

Alors la méchante femme poussa un juron et elle fut effrayée, tellement effrayée qu'elle ne sut que faire. D'abord, elle ne voulut pas du tout aller à la noce. Mais la curiosité ne lui laissa pas de répit, il lui fallut partir et aller voir la jeune reine. Et en entrant, elle reconnut Blancheneige, et d'angoisse et d'effroi, elle resta clouée sur place et ne put bouger. Mais déjà on avait fait rougir des mules de fer sur des charbons ardents, on les apporta avec des tenailles et on les posa devant elle. Alors il lui fallut mettre ces souliers chauffés à blanc et danser jusqu'à ce que mort s'ensuive.

Broumpristoche

Traduction : Didier Debord.

À partir de 5 ans

5 min

Château

Jeune fille
Lutin
Roi

Il était une fois un pauvre meunier dont la fille était fort belle. Le hasard voulut qu'un jour il parla au roi, et, soucieux d'obtenir auprès de lui un peu de considération, il lui dit :

– J'ai une fille qui file la paille en de longs fils d'or.

Le roi répondit au meunier :

– Voilà un art qui trouve grâce à mes yeux. Si ta fille est aussi habile que tu le dis, amène-la demain à mon château et je la mettrai à l'épreuve.

Quand la jeune fille arriva au château, le roi la conduisit dans une pièce pleine de paille, lui donna un rouet et une quenouille et lui dit :

– Mets-toi à l'ouvrage. Si d'ici demain matin tu n'as pas filé toute la paille en de longs fils d'or, tu mourras.

Sur ces mots, il quitta la pièce, ferma lui-même la porte et laissa la jeune fille seule.

La pauvre fille se lamentait sur sa chaise, car elle ne savait nullement comment filer de la paille en longs fils d'or, et,

craignant pour sa vie, elle se mit à pleurer. La porte s'ouvrit soudain, un lutin entra dans la pièce et lui dit :

– Bonsoir, mademoiselle la fille du meunier. Pour quelle raison pleurez-vous ainsi ?

– Je dois filer toute cette paille en de longs fils d'or, mais serais bien incapable de le faire, répondit la jeune fille.

– Que me donneras-tu si je le fais à ta place ? demanda le lutin.

– La chaîne que je porte autour de mon cou, répondit la fille du meunier.

Le lutin s'empara du bijou, s'assit devant le rouet et en un tournemain, cric, crac, la bobine fut pleine. Il prit alors une autre bobine, la plaça sur le rouet et en un tournemain, cric, crac, cette deuxième bobine fut pleine. Le lutin travailla ainsi toute la nuit, et le lendemain matin toute la paille avait été filée et toutes les bobines étaient pleines de longs fils d'or. Quand le soleil se leva au-dessus du château, le roi entra dans la pièce, mais, s'il fut agréablement surpris en découvrant ce bel or si brillant, son cœur n'en devint toutefois que plus avide de richesse. Il conduisit la fille du meunier dans une autre pièce pleine de paille, mais beaucoup plus grande que la première, et lui recommanda, si elle tenait à la vie, de filer la paille en de longs fils d'or dans la nuit. La jeune fille désolée se mit à pleurer. Mais la porte s'ouvrit à nouveau et le même lutin entra.

– Que me donneras-tu si je file la paille à ta place ? lui demanda-t-il.

– La bague que je porte à mon doigt, répondit la jeune fille.

Le lutin s'empara de la bague et s'assit devant le rouet. Le lendemain matin, toute la paille avait été filée en de longs fils d'or brillants. En voyant cela, le roi se réjouit on ne peut davantage, mais sa soif d'or n'en était pas pour autant satisfaite. Il fit conduire la fille du meunier dans une pièce encore plus grande et dit en lui montrant un gros tas de paille :

– Si tu files cette paille avant le lever du soleil, je te prendrai pour épouse.

« Et quand bien même elle n'est que la fille d'un meunier, je ne trouverai jamais femme plus riche sur cette terre, pensait le roi. » Quand la jeune fille fut à nouveau seule dans la pièce, la porte s'ouvrit pour la troisième fois. Le lutin entra et lui demanda :

– Que me donneras-tu si je file à nouveau la paille à ta place ?

– Je n'ai plus rien que je puisse te donner, se résigna la jeune fille.

– S'il en est ainsi, promets-moi de me donner ton premier enfant quand tu seras reine, proposa le lutin.

« Dieu seul sait ce qu'il adviendra de moi », pensa la jeune fille qui, dans sa détresse, ne put que promettre au lutin de faire ce qu'il lui demandait. Satisfait, le lutin fila une troisième fois la paille en de longs fils d'or. Le lendemain matin,

le roi, lui aussi, fut très satisfait de voir que son souhait avait été exaucé, et c'est ainsi que la fille du meunier devint reine.

Mais quand, un an plus tard, la reine mit au monde un premier enfant de toute beauté, elle avait depuis longtemps oublié le lutin et la promesse qu'elle lui avait faite. Celui-ci apparut un jour dans sa chambre et lui dit :

– Donne-moi maintenant ce que tu m'as promis.

Effrayée, la reine lui proposa toutes les richesses du royaume à la seule condition qu'il lui laissât son enfant. Mais le lutin répondit :

– Un être vivant m'est préférable à toutes les richesses du monde.

La reine se mit à se lamenter, et elle pleura si fort que le lutin fut pris de pitié.

– Je te donne trois jours, lui dit-il, et si d'ici-là tu as réussi à apprendre mon nom, tu pourras garder ton enfant.

Cette nuit-là, la reine réfléchit à tous les noms qu'elle avait entendus, ne serait-ce qu'une fois dans sa vie. Elle envoya également un émissaire battre la campagne afin qu'il y recueille tous les noms possibles et imaginables. Le lendemain matin, quand le lutin réapparut, la reine se mit en devoir d'énumérer tous les noms qu'elle connaissait. Gaspard, Melchior, Balthazar… commença-t-elle. Mais à chaque nom, le lutin répondait invariablement : « Non, je ne m'appelle pas ainsi. » Le lendemain, elle fit demander à tous les gens alentour comment ils s'appelaient et énuméra au lutin les noms les plus extraordinaires et les plus étranges : « T'appelles-tu Pied-de-Porc, Patte-Raide, ou encore Mollet-

de-Mouton ? » Mais à chaque fois, le lutin répondait : « Non, je ne m'appelle pas ainsi. » Le troisième jour, quand l'émissaire revint, il lui dit :
– Je n'ai pas pu trouver un seul nom que nous ne connaissions déjà. Mais alors que je sortais de la forêt, tout en haut d'une montagne, perdue au bout du monde, je vis une maison. Devant cette maison brûlait un feu, et autour de ce feu, je vis un petit homme par trop ridicule qui sautait sur une jambe en criant :

Aujourd'hui, je cuis le pain, demain je brasse,
Après-demain, je vais chercher l'enfant de la reine
Qu'il est bon que personne ne sache
Que je m'appelle Broumpristoche !

Vous pouvez vous imaginer la joie de la reine quand elle entendit ce nom, aussi à peine le lutin fut-il entré ce jour-là que la reine lui demanda :
– T'appelles-tu Kunz ?
– Non.
– T'appelles-tu Heinz ?
– Non.
– T'appellerais-tu alors Broumpristoche ?
– Seul le diable peut t'avoir révélé mon nom, s'écria le lutin en colère. Il frappa le sol avec une telle vigueur de son pied droit qu'il s'y enfonça jusqu'à la hanche, dans sa rage il s'empara ensuite de son pied gauche avec ses deux mains et se déchira lui-même le corps en deux.

La Gardeuse d'oies à la fontaine

Traduction : Marthe Robert, in Contes © *Éditions Gallimard.*

À partir de 7 ans

17 min

Masure
Palais

Jeune homme
Princesse
Reine
Roi
Vieille femme

Il était une fois une vieille petite bonne femme, vieille comme les pierres, qui vivait avec son troupeau d'oies dans une retraite solitaire, entre les montagnes, où elle avait une maisonnette. Ce lieu était environné d'une grande forêt, et tous les matins la vieille prenait sa béquille et se rendait au bois d'un pas chancelant. Une fois là, pourtant, la petite vieille était très affairée, bien plus qu'on ne l'en eût cru capable vu son âge avancé ; elle ramassait de l'herbe pour ses oies, cueillait des fruits sauvages autant qu'elle pouvait les atteindre avec ses mains et remportait le tout sur son dos. On aurait pu croire qu'elle allait succomber sous sa lourde charge, mais elle la ramenait toujours à bon port. Quand elle rencontrait quelqu'un, elle le saluait d'un air très affable. « Bonjour, pays, il fait beau aujourd'hui. Oui-da, ça vous étonne de me voir traîner mon herbe, mais il faut bien que chacun se charge de son fardeau. » Pourtant, les gens n'aimaient pas la rencontrer, ils préféraient faire un détour, et quand un père la croisait avec son petit garçon, il lui disait tout bas : « Prends garde à cette vieille, elle cache son jeu : c'est une sorcière. »

Un matin, un beau jeune homme traversa la forêt. Le soleil brillait clair. Les oiseaux chantaient, une brise fraîche agitait le feuillage, et il était plein de joie et de plaisir. Il n'avait pas

encore rencontré âme qui vive quand il aperçut soudain la vieille sorcière qui, agenouillée par terre, coupait de l'herbe avec une faucille. Elle en avait déjà mis tout un tas dans sa toilette et à côté, il y avait deux paniers remplis de poires et de pommes.

– Mais petite mère, dit-il, comment pourras-tu emporter tout cela ?
– Je serai bien obligée, mon bon monsieur, répondit-elle, les enfants de riches n'en ont pas besoin, mais chez le paysan on dit :

Ne te retourne pas,
Tu courbes l'échine.

– Voulez-vous m'aider ? lui dit-elle, comme il restait planté là. Vous avez encore le dos droit et vos jambes sont jeunes, ce sera une bagatelle pour vous. D'ailleurs ma maison n'est pas loin d'ici : elle est sur une lande, là-bas, derrière cette montagne. Vous n'aurez qu'un saut à faire.
Le jeune homme eut pitié de la vieille :
– À vrai dire, mon père n'est pas un paysan, mais un riche comte, répondit-il, pourtant afin que vous voyiez que les paysans ne sont pas seuls à pouvoir porter un fardeau, je vais me charger de votre baluchon.
– Si vous voulez essayer, dit-elle, j'en serai fort aise. Sans doute vous aurez une lieue à faire, mais qu'est-ce que c'est pour vous ? Il faut porter aussi ces pommes et ces poires-là.
Le jeune comte trouva toutefois un peu bizarre qu'elle parlât d'une lieue, mais la vieille ne le lâcha plus, elle lui mit le ballot sur le dos et lui pendit les deux paniers aux bras.
– Vous voyez, cela va tout seul, dit-elle.
– Non, répondit le comte en faisant une grimace de douleur, cela ne va pas tout seul. Le ballot me blesse autant que s'il contenait un tas de moellons, et les poires et les pommes sont lourdes comme du plomb, c'est tout juste si je peux respirer.

Il avait envie de tout planter là, mais la vieille ne le laissa pas faire.
– Voyez un peu, dit-elle moqueuse, ce jeune monsieur ne peut pas porter ce que moi, pauvre vieille, j'ai traîné si souvent. Pour les belles paroles, ils sont prêts, mais quand ça devient sérieux, ils veulent prendre la poudre d'escampette. Qu'avez-vous à rester là comme un piquet et à hésiter ? Allons, levez les jambes, personne ne vous reprendra le paquet.
Tant que le terrain resta plat, ce fut encore tolérable, mais quand ils arrivèrent à la côte et qu'il leur fallut monter, tandis que les pierres roulaient sous ses talons comme des choses vivantes, ce fut au-dessus de ses forces. Les gouttes de sueur lui perlaient sur le front et lui coulaient le long de l'échine, tantôt brûlantes, tantôt glacées.
– Petite mère, dit-il, je n'en peux plus, je vais me reposer un peu.
– Que non, répondit la vieille, quand nous serons arrivés, vous pourrez prendre du repos, mais maintenant il faut avancer. Qui sait, cela vous sera peut-être bon à quelque chose.
– Vieille, tu deviens insolente, dit le comte.
Et il voulut se défaire du paquet, mais il s'y efforça vainement : il tenait à son dos aussi solidement que s'il y avait été soudé. Il se tourna et se retourna, mais ne put s'en débarrasser. La vieille riait de le voir et sautillait joyeusement sur sa béquille.
– Ne vous fâchez pas, mon bon monsieur, dit-elle, vous en devenez rouge comme un coq. Portez votre baluchon avec patience, et quand nous serons arrivés chez moi, je vous donnerai un bon pourboire.

Que faire ? Il lui fallut se résigner à son sort et avancer patiemment derrière la vieille. Elle semblait devenir de plus en plus agile, et lui, son fardeau lui pesait de plus en plus. Tout à coup, elle fit un bond, sauta sur le haut du ballot et s'y assit, et bien qu'elle fut sèche comme du bois cela ne l'empêchait pas d'être plus lourde que la plus grosse des campagnardes. Les genoux du garçon en tremblaient, mais quand il n'avançait pas, la vieille lui tapait sur les mollets avec une baguette et des orties. Il grimpa la côte en geignant sans arrêt et lorsqu'il atteignit enfin la maison de la vieille, il était sur le point de s'écrouler. Quand les oies aperçurent leur maîtresse, elles coururent à sa rencontre, les ailes levées et le cou tendu, en criant : « Houle, houle. » Derrière le troupeau s'en venait, sa badine à la main, une maritorne d'un certain âge, grande et grosse, mais laide à faire peur.

– Mère, dit-elle à la vieille, vous est-il arrivé quelque chose ? Vous vous êtes attardée bien longtemps.

– Du tout, fillette, répondit-elle, il ne m'est rien arrivé de fâcheux, au contraire, le bon monsieur que voilà m'a porté mon ballot ; et figure-toi, comme j'étais fatiguée, il m'a prise moi-même sur son dos. D'ailleurs le chemin ne nous a pas paru long, nous nous sommes amusés et nous n'avons cessé de plaisanter ensemble.

Enfin la vieille se laissa glisser par terre, ôta le paquet du dos du jeune homme et les paniers de son bras, le regarda d'un air très aimable et dit :

– À présent, asseyez-vous sur le banc devant la porte. Vous avez honnêtement gagné votre salaire, il ne vous fera pas défaut.

Puis elle dit à la gardeuse d'oies :

– Entre dans la maison, fillette, il n'est pas séant de rester seule avec un jeune homme, il ne faut pas jeter de l'huile sur le feu, il pourrait s'amouracher de toi.

Le comte ne savait pas s'il devait pleurer ou rire, il se dit : « Quand même elle aurait trente ans de moins, une petite amie comme ça aurait de la peine à toucher mon cœur. »

Cependant la vieille caressait et flattait ses oies comme des enfants, puis elle entra dans la maison avec sa fille. Le jeune homme s'étendit sur le banc, à l'ombre d'un pommier sauvage. L'air était tiède et doux : tout autour de lui s'étendait une vaste prairie parsemée de primevères, de serpolet et de mille autres fleurs, au beau milieu passait en murmurant un clair ruisseau que le soleil faisait scintiller, et les oies blanches se promenaient de-ci de-là ou barbotaient dans l'eau.

« C'est bien agréable ici, se dit-il, mais je suis si fatigué que je n'ai pas envie de garder les yeux ouverts, je vais dormir un peu. Pourvu qu'un coup de vent ne vienne pas m'arracher les jambes, elles sont molles comme de l'amadou. »

Quand il eut un peu dormi, la vieille vint le secouer pour le réveiller.

– Debout, dit-elle, tu ne peux pas rester ici. Il est vrai que je ne t'ai pas ménagé, mais cela ne t'a pas coûté la vie.

Maintenant je vais te donner ton salaire, tu n'as besoin ni d'argent, ni de biens, voilà quelque chose d'autre.
Ce que disant, elle lui mit dans la main une petite boîte taillée dans une unique émeraude.
– Garde-la bien, ajouta-t-elle, elle te portera bonheur.
Le comte sauta de son banc, et voilà qu'il se sentit tout dispos, ses forces étaient revenues, il remercia donc la vieille de son cadeau et se mit en route sans se retourner une seule fois vers la jolie fillette. Il avait déjà fait un bout de chemin qu'il entendait encore dans le lointain le cri joyeux des oies. Le comte dut errer trois jours dans la contrée sauvage avant de pouvoir en trouver l'issue. Puis il arriva dans une grande ville, et comme personne ne le connaissait, on le conduisit au château, où le roi et la reine étaient assis sur leur trône. Le comte mit un genou en terre, prit la boîte d'émeraude dans sa poche et la déposa aux pieds de la reine. Mais à peine l'eut-elle ouverte et y eut-elle jeté les yeux qu'elle s'écroula, comme morte. Le comte fut saisi par les laquais du roi et il allait être emmené en prison quand la reine ouvrit les yeux, cria de le laisser en liberté et ordonna à tout le monde de sortir, car elle voulait lui parler en secret.

Quand la reine fut seule, elle se mit à pleurer amèrement et dit :

« À quoi bon le faste et les honneurs qui m'entourent, tous les matins je m'éveille dans les soucis et le chagrin.
J'avais trois filles, dont la cadette était si jolie que le monde entier la tenait pour une merveille. Elle était blanche comme la neige, rose comme une fleur de pommier, et ses cheveux étaient aussi brillants que les rayons du soleil. Lorsqu'elle

pleurait, ce n'étaient pas des larmes qui lui coulaient des yeux, mais rien que des perles et des pierres précieuses. Quand elle eut quinze ans, le roi fit venir les trois sœurs devant le trône. Vous auriez dû voir alors quels yeux faisaient les assistants quand la plus jeune entra, on eût dit que le soleil se levait. Le roi déclara :

– Mes filles, je ne sais quand mon dernier jour viendra, mais je veux fixer aujourd'hui ce que chacune d'entre vous recevra après ma mort. Vous me chérissez toutes, mais celle de vous qui m'aime le mieux aura la meilleure part.

Chacune déclara que c'était elle qui l'aimait le plus.

– Ne pouvez-vous exprimer la manière dont vous m'aimez ? répondit le roi. Ainsi je verrai ce que vous entendez par là.

L'aînée déclara :

– J'aime mon père comme le sucre le plus doux.

La seconde :

– J'aime mon père comme la plus belle de mes robes.

Mais la plus jeune se taisait. Alors le roi lui demanda :

– Et toi, mon enfant chéri, comment m'aimes-tu ?

– Je ne sais pas, répondit-elle, je ne puis comparer mon amour à rien.

Mais le père insistant pour qu'elle nommât quelque chose, elle dit enfin :

– Le meilleur des mets, je ne le trouve pas bon sans sel, c'est pourquoi j'aime mon père autant que le sel.

En entendant ces mots, le roi se mit en colère et dit :

– Puisque tu m'aimes autant que le sel, je te paierai donc ton amour avec du sel.

Alors il partagea son royaume entre ses deux aînées, quant à la cadette, il lui fit attacher un sac de sel au dos et deux valets durent la conduire dans la forêt sauvage. Nous l'avons tous imploré et supplié pour elle, mais rien ne put fléchir le roi. Comme elle pleurait quand il lui a fallu nous quitter ! Tout le chemin était parsemé des perles qui lui tombaient des yeux. Le roi n'a pas tardé à regretter sa grande dureté, il a fait chercher la pauvre enfant dans toute la forêt, mais personne n'a pu la retrouver. Quand je pense que les bêtes sauvages l'ont dévorée, je ne me sens pas de tristesse, parfois je me berce de l'espoir qu'elle est encore en vie et qu'elle s'est cachée dans une caverne ou bien qu'elle a trouvé protection chez des personnes compatissantes. Mais imaginez-vous qu'en ouvrant votre petite boîte d'émeraude, j'y ai vu une perle semblable à celles qui coulaient des yeux de ma fille, et vous pouvez vous représenter combien cette vue a ému mon cœur. Dites-moi comment la perle est tombée entre vos mains. »

Le comte raconta qu'il la tenait de la vieille de la forêt, laquelle ne lui avait pas paru bien rassurante et devait être sorcière ; mais qu'il n'avait rien appris ni rien vu au sujet de la princesse. Le roi et la reine prirent la décision d'aller trouver la vieille, ils pensaient que là où était la perle, ils auraient nécessairement des nouvelles de leur enfant.

La vieille était dans sa retraite et filait, assise à son rouet. Il faisait déjà sombre, et une torche qui brûlait près de l'âtre répandait une maigre lueur. Tout à coup il y eut du bruit dehors, les oies s'en revenaient du pré et faisaient entendre leurs cris rauques. Peu après la fille entra à son tour. Elle s'assit à son rouet et tordit le fil aussi prestement qu'une jeunesse. Elles restèrent ainsi deux heures et n'échangèrent pas un mot. Enfin quelque chose frôla la fenêtre et deux yeux de feu tout ronds regardèrent à l'intérieur. C'était une vieille chouette qui par trois fois cria « houhou ». La vieille se contenta de lever un peu les yeux, puis elle dit :

– Voilà le moment de sortir, ma petite fille, fais ta besogne. Elle se leva et sortit. Où s'en est-elle donc allée ? Par-delà les prés et toujours plus loin jusque dans la vallée. Enfin elle arriva à une fontaine près de laquelle se dressaient trois vieux chênes. Pendant ce temps la lune s'était levée, ronde et pleine, au-dessus de la montagne, et il faisait si clair qu'on aurait pu retrouver une épingle. Elle ôta une peau qui recouvrait sa figure, puis se pencha sur la fontaine et se mit à se laver. Quand elle eut fini, elle trempa aussi la peau dans l'eau, puis l'étendit sur le pré afin qu'elle blanchît et séchât au clair de lune. Mais comme la jeune fille était métamorphosée ! Vous n'avez jamais rien vu de pareil ! Quand sa tresse grise tomba, ses cheveux d'or jaillirent tels des rayons de soleil et la couvrirent tout entière comme un manteau. Seuls ses yeux brillaient au travers, aussi étincelants que les étoiles du ciel, et ses joues se coloraient d'un rose aussi doux que la fleur du pommier.

Mais la belle jeune fille était triste. Elle s'assit et versa des larmes amères. Les larmes lui coulaient des yeux l'une après l'autre et roulaient jusqu'à terre entre ses longs cheveux. Elle restait là dans cette posture et y serait demeurée longtemps si elle n'avait entendu quelque chose craquer et bruire dans les branches d'un arbre proche. Elle se leva d'un bond comme un chevreuil qui perçoit le coup du chasseur. La lune était justement cachée par un nuage noir, en un clin d'œil la jeune fille rentra dans sa vieille peau et disparut, telle une lumière éteinte par le vent. Elle rentra en courant, tremblante comme la feuille. La vieille était devant la porte et la jeune fille voulut lui raconter ce qui lui était arrivé, mais la vieille se mit à rire affectueusement et lui dit : «Je sais déjà tout.»

Elle la fit entrer dans la salle et alluma une nouvelle torche. Mais elle ne retourna pas à son rouet, elle alla chercher un balai et se mit à balayer et à laver.

– Il faut que tout soit propre et net, dit-elle à la jeune fille.

– Mais, ma mère, dit celle-ci, pourquoi vous mettez-vous au travail à une heure si tardive ? Qu'avez-vous ?

– Sais-tu donc quelle heure il est ? demanda la vieille.

– Pas encore minuit, répondit la jeune fille, mais déjà onze heures passées.

– Ne te rappelles-tu pas qu'il y a aujourd'hui trois ans que tu es arrivée chez moi ? Ton temps est fini, nous ne pouvons pas rester plus longtemps ensemble.

La jeune fille fut prise de frayeur et dit :

– Oh, chère mère, vous voulez me chasser ? Où irai-je ? Je n'ai pas d'amis, pas de pays où diriger mes pas. J'ai fait tout ce que vous m'avez demandé et vous avez toujours été contente de moi ; ne me renvoyez pas.

La vieille ne voulait pas dire à la jeune fille ce qui l'attendait.

– Je ne peux plus rester longtemps ici, dit-elle, mais quand je m'en irai, il faudra que la maison et la salle soient propres ; donc ne me retarde pas dans mon ouvrage. Sois sans crainte en ce qui te concerne, tu trouveras un toit sous lequel tu pourras habiter, et tu seras satisfaite aussi du salaire que je vais te donner.

– Mais dites-moi seulement ce qui se prépare ? dit la jeune fille.
– Je te répète de ne pas me déranger dans mon travail. Ne dis plus un mot, va dans ta chambre, ôte la peau de ton visage et mets la robe de soie que tu portais quand tu es arrivée ici, et puis attends chez toi que je t'appelle.
Mais il faut que je revienne au roi et à la reine, qui s'étaient mis en route avec le comte pour aller trouver la vieille dans sa retraite. S'étant trouvé séparé d'eux la nuit, le comte dut continuer son chemin tout seul. Le lendemain, il lui sembla qu'il était sur la bonne voie. Il marcha donc jusqu'à la tombée du jour, puis il monta sur un arbre et voulut y passer la nuit, car il avait peur de s'égarer. Quand la lune éclaira les environs, il aperçut une silhouette qui descendait la côte. Elle n'avait pas de baguette à la main, mais il crut reconnaître la gardeuse d'oies qu'il avait vue auparavant dans la maison de la vieille.

– Ho ho ! s'écria-t-il, la voilà, et si je tiens la première sorcière, la deuxième ne m'échappera pas.
Mais quel ne fut pas son étonnement en la voyant aller à la fontaine, ôter sa peau et se laver, puis quand ses cheveux d'or la recouvrirent et qu'elle apparut, si belle qu'il n'avait jamais rien vu au monde de pareil. C'est à peine s'il osait respirer, mais il tendit le cou aussi loin qu'il put à travers le feuillage et la regarda sans pouvoir en détacher les yeux. Mais soit qu'il se fût trop penché ou pour tout autre cause, soudain la branche craqua, et au même instant la jeune fille se glissa dans sa peau et s'enfuit en bondissant comme un chevreuil, et comme en même temps la lune se couvrait, elle fut ravie à ses regards.

À peine eut-elle disparu que le comte descendit de son arbre et se mit à la suivre d'un pas vif. Il n'avait pas encore marché longtemps lorsqu'il vit dans le crépuscule deux formes qui traversaient la prairie. C'étaient le roi et la reine qui avaient aperçu de loin la lumière dans la maisonnette de la vieille et s'y rendaient tout droit. Le comte leur raconta quels prodiges il avait vus près de la fontaine et ils ne doutèrent pas qu'il s'agissait de leur enfant perdue. Pleins de joie, ils continuèrent leur chemin et atteignirent bientôt la maison : les oies étaient couchées tout autour, la tête sous l'aile, elles dormaient et pas une ne bougea. Ils regardèrent par la fenêtre ; la vieille était là, bien tranquille, elle filait en hochant la tête et ne levait pas les yeux. Tout était net dans la salle, comme si elle était habitée par les petits lutins qui ne gardent pas de poussière aux pieds. Mais ils ne virent pas leur fille. Ils contemplèrent tout cela un certain temps, puis ils s'armèrent de courage et frappèrent doucement à la fenêtre. La vieille paraissait les avoir entendus ; elle se leva et s'écria d'un air fort aimable :

– Entrez donc, je vous connais.

Quand ils furent entrés, la vieille dit :

– Vous auriez pu vous épargner cette longue route si, il y a trois ans, vous n'aviez chassé injustement votre enfant si bonne et si aimante. Elle, elle n'en a pas pâti, il lui a fallu garder les oies pendant trois ans, mais ce que faisant, elle n'a rien appris de mal, elle a conservé toute la pureté de son cœur. Quant à vous, vous êtes suffisamment punis par l'angoisse que vous avez endurée à cause d'elle.

Puis elle alla vers la chambre et dit :

– Viens, ma petite fille.

Alors la porte s'ouvrit et la princesse sortit dans sa robe de soie, avec ses cheveux d'or et ses yeux brillants, et ce fut comme si un ange tombait du ciel.
Elle alla à son père et à sa mère, leur sauta au cou et les embrassa. Ils ne purent s'empêcher de pleurer tous de joie. Le jeune comte était auprès d'eux et quand elle l'aperçut, son visage rougit comme une rose moussue ; elle-même ne savait pas pourquoi. Le roi dit :
– Chère enfant, j'ai donné mon royaume, à présent que puis-je t'offrir ?

– Elle n'a besoin de rien, dit la vieille, je lui fais cadeau des larmes qu'elle a versées à cause de vous, ce ne sont que perles, plus belles que celles qu'on trouve au fond de la mer, et plus précieuses que votre royaume tout entier. Et en récompense de ses services, je lui donne ma chaumière.

Quand elle eut dit ces mots, elle disparut à leurs yeux. On entendit un léger craquement dans les cloisons et quand ils tournèrent la tête, ils virent que la chaumière s'était transformée en un palais superbe, une table royale était dressée et des laquais s'affairaient de tous côtés.
L'histoire continue, mais ma grand-mère, qui me l'a racontée, avait un peu perdu la mémoire, elle avait oublié le reste. Toutefois, je crois que la belle princesse a épousé le comte, qu'ils sont restés ensemble dans le château, et qu'ils y ont vécu en toute félicité aussi longtemps que Dieu l'a voulu.
Quant à savoir si les oies blanches comme neige que l'on gardait autour de la maison étaient autant de jeunes demoiselles (il n'y a pas de quoi s'en formaliser) que la vieille avait prises chez elle, et si elles ont maintenant leur forme humaine et si

elles sont restées comme servantes auprès de la jeune reine, je n'en sais trop rien, mais je le suppose. Une chose est certaine, c'est que la vieille n'était pas une sorcière, comme les gens le croyaient, mais une sage femme pleine de bonnes intentions. C'est probablement d'elle que, dès sa naissance, la princesse tenait le don de pleurer des perles en guise de larmes. Ces choses-là n'arrivent plus de nos jours, sans cela les pauvres gens auraient tôt fait de s'enrichir.

Le Diable et ses trois cheveux d'or

Traduction : Armel Guerne, in Le Petit Chaperon rouge et autres contes, *collection « Étonnants Classiques »,*
© GF Flammarion.

À partir de 6 ans

13 min

Campagne
Château
Enfer

Diable
Jeune homme
Roi

Il y avait une fois une pauvre femme qui avait mis au monde un beau petit garçon ; et comme il était né coiffé[1], on lui avait prédit qu'il épouserait la fille du roi quand il aurait atteint sa quatorzième année. Il arriva que peu après, dans le village, le roi vint à passer sans être reconnu ni se faire reconnaître. Et comme l'étranger demandait aux gens ce qu'il y avait de nouveau chez eux, on lui répondit :

– Il y a un enfant qui est né coiffé ces jours derniers, et vous savez que tout réussit à ceux qui naissent avec ce présage de constant bonheur. On a prédit à celui-là qu'il aurait la fille du roi pour épouse dès l'âge de quatorze ans.

Le roi, méchant de cœur et fort irrité de cette prédiction qu'il trouvait stupide, s'en alla sur l'heure trouver les parents de cet enfant, leur fit bonne mine et finalement leur dit :

– Pauvres gens que vous êtes, laissez-moi votre enfant que je me charge de l'élever.

Ils se récrièrent pour commencer, mais comme l'étranger y ajoutait le poids de beaucoup d'or, ils finirent par se dire que leur enfant étant né coiffé, cela ne pouvait que bien tourner pour lui ; et ils consentirent à le confier à l'étranger qui l'emmena avec lui.

Le roi l'avait mis dans une petite boîte qu'il emporta sur son cheval, et il chemina ainsi jusqu'à la première rivière qu'il

1. Né sous le signe de la chance ; certains bébés naissent avec le placenta de la mère placé sur la tête ; comme c'est rare, on pensait autrefois que cela portait bonheur.

rencontra, choisit un endroit où l'eau était bien profonde et y jeta la boîte avec le nouveau-né.
« Là, se dit-il, j'ai délivré ma fille de ce fiancé malencontreux ! »
Et il continua son chemin.
Mais la petite boîte ne sombra pas ; tout au contraire, elle flotta comme un petit bateau, et pas une seule goutte d'eau ne pénétra à l'intérieur. Elle flotta et descendit avec le courant jusqu'à deux lieues de la capitale du roi, où l'écluse du moulin l'arrêta. Un commis du moulin, qui se trouvait justement là par bonheur, l'aperçut et la dégagea avec une longue perche pour l'amener à lui et la prendre, s'imaginant y trouver quelque trésor inestimable.
Et que vit-il quand il ouvrit le petit coffret ? Un charmant bambin tout souriant et plein de vie. Le commis s'empressa d'aller montrer sa trouvaille aux meuniers, sa patronne et son patron qui n'avaient pas d'enfant et qui se réjouirent en disant :

– C'est Dieu qui nous l'envoie !
Ils adoptèrent l'enfant, le soignèrent avec amour et l'élevèrent le mieux du monde.
Or, il advint un jour que le roi, surpris par un orage, vint se mettre à l'abri dans ce moulin. Tout en parlant, il demanda aux meuniers si ce grand garçon qu'il voyait là était leur fils.
– Non, dirent-ils, c'est un enfant trouvé que nous avons adopté : il nous est arrivé, il y a quatorze ans, enfermé dans une petite boîte qui flottait sur la rivière et qui s'est arrêtée à l'écluse du moulin. C'est un commis qui l'a découvert et tiré de là.

Après ces explications, le roi comprit bien qu'il n'était autre que l'enfant nouveau-né qu'il avait autrefois jeté dans la rivière, et il dit aux meuniers :

– Dites, braves gens, est-ce que vous ne laisseriez pas ce jeune homme porter de ma part un message à la reine ? Je lui donnerai deux pièces d'or comme récompense.

– Aux ordres de Votre Majesté, répondirent les parents, qui dirent au garçon de se préparer à partir.

Le roi, sur-le-champ, écrivit à la reine un court message dans lequel il disait : « Dès que le garçon vous aura remis ce message, il doit être tué au plus vite ; il faut que tout soit terminé avant mon retour. »

Son message en main, le garçon se mit en route, mais voilà qu'il se trompa de chemin et que le soir le surprit dans une grande forêt. Voyant une lumière dans l'obscurité, il s'y dirigea et arriva devant une petite chaumière. Quand il entra, il n'y avait là qu'une vieille femme qui se chauffait devant la cheminée et qui sursauta en le voyant là.

– D'où viens-tu, garçon, et où vas-tu ? lui demanda-t-elle.

– Je viens du moulin, répondit-il, et je dois remettre un message à la reine ; mais je me suis perdu dans la forêt et je voudrais bien passer la nuit ici.

– Malheureux jeune homme, c'est un repaire de brigands où tu es tombé ! dit la vieille. S'ils te trouvent ici en rentrant, ils t'ôteront la vie.

– Il arrivera ce qu'il arrivera, dit le garçon, je n'ai pas peur, en vérité ; et je suis tellement fatigué que je suis incapable de mettre un pied devant l'autre.

Il s'étendit sur un banc et s'endormit aussitôt. Les voleurs, qui arrivèrent peu après, demandèrent en colère qui était ce jeune

homme qui dormait sur le banc, et d'où il sortait, celui-là.
– Oh ! dit la vieille, c'est un innocent jeune garçon qui s'est perdu dans la forêt et que j'ai accueilli par miséricorde ; il a une lettre à porter à l'épouse du roi.
Les voleurs s'emparèrent de la lettre et la décachetèrent pour la lire, apprenant ainsi que l'innocent garçon devait perdre la vie aussitôt arrivé. Tout endurci que fût le cœur des bandits, ils s'émurent de pitié pour le malheureux petit gars, et le chef de la bande déchira la lettre, à laquelle il en substitua une autre, dans laquelle il spécifiait que le porteur devait être marié, dès son arrivée, avec la fille du roi ; et cela sans retard ni délai. Les rudes hommes laissèrent le garçon dormir tout tranquillement sur son banc jusqu'au matin, lui rendirent sa lettre quand il fut réveillé et le mirent sur le bon chemin.
Quand la reine eut la lettre en mains, elle en prit connaissance et, docile aux ordres qu'elle contenait, fit aussitôt célébrer des noces solennelles qui unirent l'enfant né coiffé avec la princesse, fille unique du roi. Et comme le jeune marié était joli garçon et fort aimable, la princesse se montra ravie de partager sa vie avec lui.
Au bout d'un certain temps, le roi regagna son château pour s'apercevoir que la prophétie s'était accomplie et que l'enfant né coiffé avait été marié avec sa fille.
– Comment la chose est-elle arrivée ? demanda le roi. Les ordres que j'avais donnés dans ma lettre étaient tout différents !
La reine lui montra la lettre, en lui disant qu'il n'avait qu'à voir lui-même ce qu'elle contenait, et le roi, en la lisant, s'aperçut bien qu'elle était d'une autre main que la sienne.
Il se tourna vers le jeune garçon pour lui demander comment

il se faisait qu'il eût eu en sa possession une autre lettre que celle qu'il lui avait remise, et comment le changement s'était effectué.

– Je ne sais pas du tout comment cela a pu se faire, répondit le garçon, à moins que la substitution n'ait eu lieu pendant la nuit, quand je suis resté dans la forêt.

– Cela ne se passera pas comme cela, dit le roi furieux. Celui qui veut avoir ma fille doit me rapporter de l'enfer trois cheveux d'or du diable, arrachés sur sa tête. Et si tu veux garder ton épouse, il te reste à m'apporter ce que j'exige !

En posant cette condition, le roi croyait s'être débarrassé de lui une fois pour toutes, mais l'enfant du bonheur lui répondit sans se troubler :

– Les cheveux d'or, je les apporterai : je n'ai pas peur du diable.

Il leur fit ses adieux et se mit aussitôt en voyage.

Son chemin le mena à une grande cité, à la porte de laquelle la garde l'arrêta et lui demanda quel était son métier et ce qu'il savait faire.

– Tout, répondit l'heureux enfant, je sais tout faire.

– Alors, dit la sentinelle, tu peux nous rendre un grand service en nous disant pourquoi la fontaine du marché est sèche à présent : il n'y coulait que du vin et il n'y coule même plus d'eau.

– Je vous l'apprendrai, dit-il. Attendez seulement mon retour.

Poursuivant son voyage, il arriva devant une autre ville, où la garde devant la porte lui demanda de nouveau quel était son métier et ce qu'il savait faire.

– Tout, répondit-il, je sais tout faire.

– Alors, dit la sentinelle, tu peux nous rendre un grand

service en nous disant pourquoi un arbre de notre ville, qui ne donnait que des pommes d'or n'en donne plus à présent et n'a même plus de feuilles.
– Je vous l'apprendrai, dit-il. Attendez seulement mon retour.
Il poursuivit son voyage et arriva devant un large fleuve qu'il lui fallait franchir. Le passeur le questionna sur son métier et ce qu'il savait faire.
– Je sais tout, répondit-il.
– Alors tu peux me rendre un grand service en me disant pourquoi je dois toujours aller et revenir, aller et revenir d'une rive à l'autre sans que jamais personne ne vienne me relever.
– Je te l'apprendrai, dit-il. Attends seulement que je sois de retour.

Une fois qu'il eut passé de l'autre côté de l'eau, il trouva la porte de l'enfer. À l'intérieur, c'était tout noir et fumeux, et le diable n'était pas chez lui ; il n'y avait là que sa grand-mère, assise dans un vaste et confortable fauteuil.
– Que désires-tu ? lui demanda-t-elle sans avoir l'air trop méchant.
– Je voudrais bien avoir trois cheveux d'or de la tête du diable, répondit-il, sans quoi je ne pourrai pas garder mon épouse.
– Eh ! c'est beaucoup demander, dit-elle, parce que si le diable te trouve en rentrant, tu n'auras plus à te demander qui tu es. Mais tu me fais pitié et je vais voir si je ne peux pas t'aider.

Elle le transforma en fourmi, puis lui dit :
– Grimpe et cache-toi dans les plis de ma robe, tu seras en sécurité.
– Oui, c'est parfait, dit-il, mais c'est que j'aurais besoin de savoir trois choses encore : pourquoi une fontaine où coulait le vin est tarie à présent et ne laisse même plus couler une goutte d'eau ; pourquoi un arbre qui donnait des pommes d'or n'a même plus de feuilles ; et pourquoi un certain passeur doit toujours aller et venir sans être jamais relevé par personne.
– Ce ne sont pas des questions faciles, dit l'aïeule, mais tiens-toi bien tranquille et silencieux, et écoute bien ce que dira le diable quand je lui arracherai les trois cheveux d'or.
À la tombée du soir, le diable rentra chez lui. Mais à peine entré, il remarqua quelque chose de louche dans l'air.
– Je sens l'odeur de chair humaine, dit-il, je le sens : il y a quelque chose d'anormal ici.
Il alla aussitôt regarder et fouiller dans tous les coins, mais sans rien trouver. L'aïeule lui cria dessus :
– Moi qui viens de tout balayer et mettre en ordre, il faut que tu me retournes tout sens dessus dessous ! L'odeur de chair humaine, tu l'as toujours dans la narine ! Allons, assieds-toi et mange ton souper.
Quand il eut bien mangé et bien bu, le diable se sentit fatigué et s'étendit, la tête sur les genoux de la vieille, en lui disant de lui chercher les poux dans la tête. Elle lui gratta la tête et il ne tarda guère à s'assoupir, puis à dormir et à ronfler comme une forge. Alors la vieille lui arracha un cheveu d'or et le posa sur elle.
– Aïe ! cria le diable, qu'est-ce qu'il te prend ?
– C'est un mauvais rêve que je faisais, expliqua l'aïeule, et je

t'ai empoigné par les cheveux sans m'en rendre compte.
– Ah ! et qu'est-ce que tu as rêvé ? demanda le diable, curieux.

– J'ai rêvé que la fontaine d'un marché, où n'avait jamais coulé que du vin, était tarie et ne laissait même plus couler une seule goutte d'eau. Quelle peut bien en être la cause ?
– Ah ! s'ils pouvaient le savoir ! dit le diable. C'est un crapaud qui s'est mis sous une pierre dans la fontaine ; s'ils le tuaient, le vin coulerait à flots de nouveau.
La vieille femme se mit à lui gratter de nouveau la tête jusqu'à ce qu'il fût endormi, ronflant à en faire trembler les vitres. Alors elle lui tira le second cheveu d'or.
– Ouille ! cria le diable en colère, qu'est-ce que tu fais ?
– Ne te fâche pas, dit la vieille, je rêvais.
– Et qu'est-ce que tu rêvais encore ? demanda le diable, curieux.
– J'ai rêvé d'un arbre, dans la capitale d'un royaume, qui ne donnait que des pommes d'or jusque-là, et qui n'a même

plus de feuilles à présent. Je me demande quelle peut bien en être la cause.
– Ah ! s'ils pouvaient le savoir ! dit le diable. C'est un mulot qui ronge la racine ; s'ils le tuaient, l'arbre donnerait de nouveau des pommes d'or, mais s'il ronge encore quelque temps, l'arbre mourra tout à fait. Mais laisse-moi un peu tranquille avec tes rêves, car si jamais tu me troubles encore dans mon sommeil, c'est une fameuse gifle qui te chauffera les oreilles.
L'aïeule lui parla pour le radoucir et lui gratta la tête pour le rendormir, attendant qu'il ronflât de nouveau puissamment pour lui arracher le troisième cheveu. Le diable sauta en l'air, hurlant furieusement et voulant lui faire un mauvais parti ; mais elle le radoucit, cette fois encore, en lui disant :
– Que peut-on contre ses mauvais rêves ?
– Qu'as-tu donc rêvé encore ? demanda le diable sans pouvoir retenir sa curiosité.
– C'était un passeur dont je rêvais, dit la vieille, et il se plaignait d'avoir toujours à passer d'une rive à l'autre sans être jamais remplacé par quelqu'un d'autre. Comment cela se fait-il ?
– Le vieil idiot ! ricana le diable. Le premier qui viendra pour se faire passer, il n'aurait qu'à lui flanquer sa rame dans les mains et il serait libre : c'est l'autre qui serait obligé de passer sans cesse d'un bord à l'autre !
Maintenant que l'aïeule lui avait arraché les trois cheveux d'or et qu'elle avait la réponse aux trois questions, n'ayant plus rien à tirer du vieux démon, elle le laissa tranquille et en repos, et il dormit jusqu'au jour sans se réveiller.
Lorsqu'il fut de nouveau sorti, l'aïeule chercha la fourmi dans les plis de sa robe et rendit sa forme humaine à l'enfant du bonheur.

– Voici tes trois cheveux d'or, lui dit-elle en les lui donnant ; quant à tes trois questions, tu as sans doute bien écouté ce que le diable a répondu.
– Oui, oui, répondit-il, j'ai parfaitement entendu et je le retiendrai.
– Bon, te voilà donc tiré d'affaire, et tu n'as plus qu'à te remettre en route maintenant, lui dit-elle.
Il la remercia de son aide inestimable dans d'aussi difficiles circonstances, et il quitta l'enfer en se félicitant que tout ait tourné si bien et si heureusement pour lui. Lorsqu'il retrouva le passeur, celui-ci lui réclama la réponse promise.
– Passe-moi d'abord sur l'autre rive, dit l'enfant du bonheur. Je te dirai alors comment tu seras libéré.
Et quand il eut le pied sur l'autre rive, il donna au passeur le conseil qu'il avait entendu du diable :
– Le premier qui viendra pour se faire passer, tu n'auras qu'à lui mettre ta rame entre les mains.
Puis il continua sa route et chemina jusqu'à la grand-ville, où l'arbre restait stérile et où la sentinelle attendait aussi sa réponse. Il lui dit comme il l'avait entendu du diable :
– Tuez le mulot qui ronge la racine, et de nouveau il portera des pommes d'or.
La sentinelle le remercia et lui fit don, comme récompense, de deux ânes lourdement chargés d'or pour l'accompagner dans son voyage. Enfin il arriva à la cité dont la fontaine était tarie, et il dit à la sentinelle ce que le diable avait dit :
– Il y a sous une pierre, dans la fontaine, un crapaud qui s'est mis ; tuez-le, et la fontaine fera de nouveau couler le vin à flots.
La sentinelle le remercia et lui fit don, également, de deux ânes chargés d'or.

Tout à la fin, l'enfant du bonheur retrouva son épouse qui l'accueillit avec joie, très heureuse de le revoir et d'apprendre comment tout lui avait si bien réussi. Le roi, pour sa part, reçut ce qu'il avait exigé, c'est-à-dire les trois cheveux d'or pris sur la tête du diable ; et quand il vit, au surplus, les quatre ânes chargés d'or, il se sentit pleinement satisfait et dit :

– Tu peux garder ma fille, maintenant que toutes les conditions sont remplies. Mais dis-moi donc, mon cher gendre, d'où te vient tout cet or que tu rapportes avec toi ? Il y a là d'immenses trésors !

– J'ai traversé une rivière, répondit-il, et c'est là-bas, sur l'autre rive, que je l'ai ramassé : il y est comme le sable du rivage.

– Pourrais-je en ramasser aussi ? demanda le roi, tout excité de cupidité.

– Autant que vous en voudrez, lui répondit-il ; il y a un passeur sur la rivière, vous n'aurez que la peine de vous faire traverser pour remplir vos sacs sur place vous-même.

Sans plus attendre, tant il était pressé dans son avidité, le roi se mit en route et fit diligence jusqu'à ce qu'il eût atteint la rivière. Là, il fit signe au passeur qu'il voulait traverser. Le passeur aborda, le fit embarquer et le mena sur l'autre rive, mais avant de toucher le bord, il lui mit sa rame entre les mains et sauta lui-même sur le sec. Mais le roi resta là et dut, pour ses péchés, ramer sans cesse pour aller d'une rive à l'autre.

– Est-ce qu'il y est toujours ?

– Pourquoi pas ? Personne jusqu'à ce jour ne lui aura enlevé la rame des mains.

Le Loup et les Sept Chevreaux

Traduction : Didier Debord.

À partir de 3 ans

5 min

Maison

Chèvre
Chevreaux
Loup

Il était une fois une chèvre qui aimait ses sept jeunes chevreaux comme toute mère aime ses enfants. Un jour, alors qu'elle s'apprêtait à partir en forêt pour y chercher quelque nourriture, elle appela ses sept chevreaux et leur dit :

– Mes chers petits enfants, je dois partir en forêt. Prenez bien garde au loup. S'il entre, il vous mangera tous les sept, de la pointe des oreilles au bout de la queue. Ce méchant personnage se déguise souvent, mais vous pourrez toujours le reconnaître à sa voix rauque et à ses pattes noires.

Les chevreaux répondirent :

– N'aie crainte, mère. Nous nous méfierons du loup, tu peux partir tranquille.

La chèvre bêla, et, rassurée, elle se mit en route.

Il ne se passa guère de temps avant que quelqu'un ne frappe à la porte et ne dise :

– Ouvrez, mes chers petits enfants, votre mère est de retour et elle apporte quelque chose pour chacun de vous.

Mais les chevreaux reconnurent la voix rauque du loup.

– Nous n'ouvrons pas, répondirent-ils. Tu n'es pas notre mère. Elle a une voix douce et gentille, la tienne est rauque : tu es le loup !

Le loup s'en alla et se rendit tout droit à l'épicerie où il acheta un gros morceau de craie qu'il mangea pour adoucir sa voix.

Il retourna ensuite à la maison des chevreaux, frappa de nouveau à la porte et appela :
– Ouvrez, mes chers petits enfants, votre mère est de retour et elle apporte quelque chose pour chacun de vous.
Mais le loup avait appuyé sa patte contre la fenêtre et les chevreaux virent combien elle était noire.
– Nous n'ouvrons pas, s'écrièrent-ils. Notre mère n'a pas les pattes noires : tu es le loup !
Le loup se rendit alors chez le boulanger et lui dit :
– Je me suis blessé à la patte, mets un peu de pâte dessus.
Quand le boulanger eut recouvert sa patte, le loup alla chez le meunier et lui dit :
– Saupoudre un peu de farine sur ma patte.
Le meunier se dit que le loup s'apprêtait à jouer quelque mauvais tour et il refusa.
– Si tu ne fais pas ce que je demande, je te dévore tout cru, menaça le loup.
Le meunier effrayé saupoudra de farine la patte du loup, et celle-ci devint toute blanche.
Eh oui, les hommes sont comme ça !
Le grand méchant loup retourna une troisième fois à la maison des chevreaux, frappa à la porte et appela :
– Ouvrez-moi, les enfants. Votre chère mère est de retour à la maison et elle apporte quelque chose pour chacun de vous.
Les chevreaux répondirent :
– Montre patte blanche et nous verrons bien si tu es notre mère.
Le loup posa sa patte contre la fenêtre, et, voyant cette patte aussi blanche que celle de leur mère, les chevreaux ouvrirent

la porte. Le loup s'engouffra dans la maison et se jeta sur les chevreaux effrayés qui tentèrent en vain de lui échapper. Le premier se cacha sous la table, le second dans le lit, le troisième dans le poêle, le quatrième dans la cuisine, le cinquième dans le placard, le sixième sous la bassine et le septième dans le socle de l'horloge. Mais le loup les trouva tous et les enfourna dans sa grande gueule sans autre forme de procès. Il en est toutefois un que le loup ne découvrit pas : le plus jeune, celui qui s'était caché dans le socle de l'horloge. Une fois rassasié, le loup ne s'attarda pas dans la maison et s'en fut digérer sous un arbre son copieux repas, si copieux même qu'il s'endormit aussitôt.

Peu de temps après, la mère chèvre revint à la maison. Un sinistre spectacle l'y attendait ! La porte était béante, tables, chaises et bancs étaient renversés, les éclats de la bassine brisée jonchaient le sol, couvertures et oreillers gisaient au pied du lit. Elle chercha ses enfants, mais ne les trouva nulle part. Elle les appela alors l'un après l'autre par leur nom. Las, aucun ne répondit. Ce n'est que lorsqu'elle appela le plus jeune qu'une petite voix se fit entendre :

– Je suis là, mère, dans le socle de l'horloge.

La chèvre sortit le jeune chevreau de sa cachette et celui-ci lui raconta que le loup était venu et qu'il avait mangé tous les autres. Vous pouvez imaginer combien cette mère pleura la perte de ses pauvres enfants !

Le cœur brisé, la chèvre sortit de la maison, suivie par son jeune chevreau. Quand ils arrivèrent dans le champ, ils virent le loup assoupi sous un arbre et qui ronflait si fort que les branches de l'arbre en tremblaient. En regardant attentivement le ventre plein du loup, la vieille chèvre s'aperçut que quelque chose bougeait et se débattait à l'intérieur. « Mon Dieu, pensa-t-elle, mes chers enfants que ce loup a engloutis comme repas du soir, seraient-ils encore en vie ? » Elle envoya le chevreau à la maison chercher des ciseaux, du fil et une aiguille. Elle ouvrit alors la panse du monstre sans le réveiller et un premier chevreau en sortit, bientôt suivi par ses cinq frères et sœurs. Non seulement les chevreaux étaient tous en vie, mais encore ils ne souffraient d'aucune blessure. Par chance, le loup affamé les avait avalés sans même les croquer. Vous pouvez imaginer le bonheur de cette mère qui retrouvait ses petits. Les chevreaux se pendaient à son cou et dansaient de joie.

– Allez chercher de grosses pierres et nous en emplirons le ventre de cet animal féroce pendant qu'il dort encore, les interrompit bientôt la chèvre.

En toute hâte, les sept chevreaux allèrent chercher des pierres et en mirent dans le ventre du loup jusqu'à ce qu'il n'y ait plus de place pour le moindre petit gravier. La chèvre recousit ensuite le ventre du loup avec une telle dextérité que celui-ci ne sentit rien et ne bougea pas même la pointe de ses moustaches. Quand le loup eut enfin dormi tout son soûl, il se leva et voulut se rendre à la fontaine pour y boire. Les lourdes pierres avaient en effet aiguisé sa soif. Mais à peine eut-il fait le premier pas que les pierres se mirent à s'entrechoquer et à remuer dans son ventre. Le loup s'écria :

Qui se démène et se déchaîne ainsi ?
Dans mon ventre loge une furie.
Je croyais avoir mangé six chevreaux,
Mais c'étaient des cailloux, et des gros.

C'est alors que le loup se penchant au-dessus de la margelle pour boire, le poids des pierres l'entraîna vers le fond du puits et il se noya lamentablement. En voyant cela, les sept chevreaux s'exclamèrent :

– Le loup est mort ! Le loup est mort !

Et de joie, dansèrent longtemps autour de la fontaine sept jeunes chevreaux et leur mère.

Le Pêcheur et sa femme

Traduction : Armel Guerne, in Le Petit Chaperon rouge et autres contes, *collection « Étonnants Classiques »,*
© GF Flammarion.

À partir
de 6 ans

15 min

Maison
Plage

Épouse
Pêcheur
Poisson

Il était une fois, dans le temps jadis, un pêcheur avec sa femme, qui vivaient ensemble dans une minuscule cabane tout au bord de la mer ; et tous les jours le pêcheur s'en allait lancer sa ligne, et il lançait sa ligne, et il la lançait.

Ainsi, un jour, il était assis près de sa ligne et il regardait toujours dans l'eau claire, il regardait et il était assis, assis.

Puis tout à coup la ligne plongea et s'en alla au fond, tout au fond ; et quand il la remonta, il tira dehors un grand turbot[1] qui était au bout. Alors le turbot parla :

– Écoute, pêcheur, je te le demande, laisse-moi la vie, je ne suis pas un vrai turbot, je suis un prince ensorcelé. Si tu me fais mourir, cela t'avance à quoi ? tu ne me trouverais quand même pas à ton goût. Rejette-moi à l'eau et laisse-moi nager.

– Beuh ! dit l'homme, pas besoin de si longs discours : un turbot qui sait parler, moi, je te le renvoie à l'eau illico.

Et il le rejeta dans l'eau claire, où le turbot plongea tout droit vers le fond en laissant une longue traînée de sang derrière lui. Puis le pêcheur s'en alla et revint auprès de sa femme dans la pauvre cabane.

– Homme, lui demanda-t-elle, tu n'as rien pris aujourd'hui ?

– Non, dit l'homme. J'avais pris un turbot, qui m'a dit qu'il était un prince ensorcelé ; alors je l'ai remis à nager.

1. Poisson plat dont la chair est très appréciée.

– Et sans rien demander, sans faire un souhait ? dit la femme.
– Eh non ! dit l'homme. Qu'est-ce que j'avais à demander ?
– Oh ! dit la femme, c'est pourtant assez écœurant de vivre toujours dans un vrai « pisse-pot », une masure dégoûtante et qui pue ! Tu pouvais pourtant bien souhaiter une petite chaumière pour nous. Vas-y et appelle-le : tu lui diras que nous voudrions avoir une chaumière ; sûrement qu'il te la donnera.
– Ah ! dit l'homme, qu'est-ce que je vais retourner là-bas ? À quoi ça sert ?
– Alors quoi ? dit la femme, tu l'avais pris et tu l'as remis à l'eau. C'est sûr qu'il va te la donner ! Vas-y, là, vas-y vite. L'homme n'était pas d'accord, mais il ne voulait pas s'opposer à sa femme, ni se risquer à la contrarier ; et il s'en retourna jusqu'à la mer. Quand il y fut, l'eau n'était plus transparente et claire, mais jaune et verte entièrement. Il se planta tout au bord et dit :

Turbot, turbot dans la mer,
Croix de bois et croix de fer,
Y a ma femme Elsabella
Qui veut autrement que moi.

Le turbot apparut, nageant à la surface, et dit :
– Alors, qu'est-ce qu'elle veut ?
– C'est parce que je t'avais pris, dit l'homme ; alors elle dit comme cela que je pouvais bien faire un vœu. Ça ne lui va plus d'habiter un « pisse-pot », elle aimerait bien une chaumière.
– Vas-y, dit le poisson, elle a tout ce qu'elle voulait.

L'homme s'en retourna chez lui, mais ce n'était plus dans le « pisse-pot » qu'habitait sa femme : il vit une coquette chaumière, et sa femme qui était assise devant la porte, sur un banc. Elle le prit par le bras et lui dit :

– Entre donc et regarde un peu, c'est quand même beaucoup mieux !

Ils entrèrent ; et à l'intérieur il y avait une belle petite entrée, une grande pièce et une chambre à deux lits, chacun le sien, puis une cuisine avec l'office, où tout luisait de propreté, les meubles, les cuivres et les étains étincelants, car il n'y manquait rien de rien ; et par-derrière, il y avait une courette avec des poules et des canards, puis encore un jardinet plein de légumes verts et de fruits juteux.

– Tu vois, dit la femme, c'est gentil, non ?

– Ça oui, dit l'homme, ce sera bon de rester toujours là : on peut y vivre heureux et content !

– On verra ça, dit la femme, on verra.

Après quoi, ils dînèrent et allèrent au lit.

Passèrent une huitaine ou une quinzaine de jours, et la femme dit :

– Écoute-moi, homme, la chaumière est quand même trop petite, on s'y sent à l'étroit ; quant à la cour et au jardin, ils sont vraiment trop minuscules ! Le turbot aurait bien dû nous donner quelque chose de plus grand. Moi, ce que je voudrais, c'est d'habiter un beau château de pierre. Tu n'as qu'à y aller et le lui demander, au turbot : il nous fera bien cadeau d'un château de pierre.

– Ah, femme ! dit l'homme, la chaumière est déjà bien bonne pour nous, qu'est-ce que nous avons affaire d'habiter un château ?

– Eh bien quoi ? dit la femme, tu n'as rien qu'à demander : le turbot peut bien le faire.
– Non, femme, le turbot nous a déjà fait don de la chaumière, dit l'homme, je ne vais pas encore aller l'embêter avec autre chose maintenant.
– Vas-y donc, dit la femme, il peut bien le faire et il le fera volontiers. Vas-y, je te dis !
L'homme en avait un gros poids sur le cœur et ne voulait pas y aller ; il se disait en dedans : « Ce n'est pas juste. Ce n'est pas raisonnable. » Mais pour finir, il y alla quand même.
Quand il fut au bord de la mer, l'eau n'était plus jaune et verte entièrement, mais violette et bleue profondément, et lourde et sombre, quoique calme encore. Il alla se planter au bord et dit :

Turbot, turbot dans la mer,
Croix de bois et croix de fer,
Y a ma femme Elsabella
Qui veut autrement que moi.

– Alors, qu'est-ce qu'elle veut ? demanda le turbot.
– Ah ! dit l'homme à moitié hésitant, elle veut un grand château de pierre comme demeure.
– Vas-y, dit le turbot, elle est déjà devant la porte.
L'homme s'en alla, pensant s'en revenir à sa chaumière ; mais quand il arriva, il trouva à sa place un grand palais de pierre avec sa femme au haut des marches, sur le perron, prête à entrer. Elle le prit par le bras et lui dit : « Allons, viens et entrons ! » Et l'homme entra avec elle.

Dans le château, il y avait un vestibule superbe avec des murs plaqués de marbre, et là, des domestiques en grand nombre pour leur ouvrir les portes monumentales ; sur les hauts murs blancs et polis étaient de belles tapisseries ; dans les grands salons et les autres chambres, les fauteuils et les tables étaient d'or pur, et des lustres de cristal en forme de couronne ornaient les plafonds ; il y avait des tapis dans toutes les chambres grandes et petites, et des mets de toutes sortes avec les vins les plus fins chargeaient les tables à les faire crouler. Une vaste cour tenait l'arrière du château, avec les écuries des chevaux, et les étables des vaches, et des remises où étaient rangés de magnifiques carrosses ; puis un jardin de fleurs et un verger splendides, puis encore un parc d'au moins une lieue de long avec un bois de plaisance tout giboyeux[2], où l'on voyait courir les cerfs et les chevreuils et les lièvres et les autres, tous les autres animaux qu'on peut aimer voir et manger.

– Voilà, dit la femme, est-ce que ce n'est pas beau ?

– Oh oui, dit l'homme, ce sera bon d'y rester et nous allons habiter ce beau château où nous serons tout à fait heureux.

– On verra ça, dit la femme, on verra. Allons toujours dormir.

Et ils allèrent se coucher.

Le lendemain matin, la femme fut la première levée, et il faisait bien clair, et elle vit la merveilleuse campagne qui se déployait sous ses yeux à perte de vue. D'un coup de coude, elle réveilla son homme qui s'étira mollement.

– Lève-toi un peu, homme, et jette un coup d'œil par la fenêtre, lui dit-elle. Tu vois ? Nous pourrions bien être rois

2. Un bois plein de gibier uniquement fréquenté pour le plaisir de la chasse.

sur tout ce beau pays ! Va dire au turbot que nous voudrions être rois.

– Ah ! femme, qu'est-ce que nous avons besoin d'être rois ? répondit l'homme. Je ne veux pas être roi.

– Très bien, dit la femme, si tu ne veux pas être roi, moi je le serai et voilà tout. Va dire au turbot que je veux être la reine de ce pays.

– Ah ! femme, qu'est-ce que tu as besoin d'être reine ? dit l'homme. Je n'oserai jamais le lui dire, au turbot !

– Et pourquoi pas, si je le demande ? dit la femme. Vas-y tout de suite : je veux être la reine.

Il y alla, mais il était tout retourné que sa femme voulût être reine. « Ce n'est pas juste ! Ce n'est pas juste ! Pas juste et pas juste… », se répétait-il. Et il ne voulait pas y aller, mais il y alla tout de même.

Et quand il fut devant la mer, elle était trouble et d'un gris foncé, et l'eau brassait furieusement le fond jusqu'en surface, et son odeur était puante. Il se planta au bord et dit :

Turbot, turbot dans la mer,
Croix de bois et croix de fer,
Y a ma femme Elsabella
Qui veut autrement que moi.

– Alors, dit le turbot, qu'est-ce qu'elle veut donc ?

– Ah ! dit l'homme, elle veut être le roi.

– Retournes-y, dit le turbot, elle est tout déjà.

L'homme retourna et vit, quand il approcha du palais, que le château était devenu bien plus grand et qu'il avait un gros donjon avec quantité de beaux ornements dessus ; et la garde se tenait devant la porte, et il y avait encore beaucoup de soldats, et des trompettes et des tambours. Quand il entra dans le château, tout y était de marbre et d'or, tapissé de velours, avec partout de grands coffres pleins d'or. Et quand s'ouvrirent les portes de la grand-salle, la cour s'y tenait rassemblée et sa femme siégeait sur un grand et haut trône d'or et de diamants, et elle avait sur la tête une haute couronne d'or, et elle tenait dans sa main un sceptre d'or pur couvert de pierreries. De chaque côté d'elle, il y avait un rang de jeunes filles alignées selon la taille, six de chaque côté, avec une différence d'une tête de l'une à l'autre.

Il alla jusque devant elle et dit :

– Ah ! femme, te voilà reine à présent ?

– Oui, dit-elle, maintenant je suis reine.

Il s'approcha tout près et resta planté devant elle à la regarder, puis il dit :

– Ah ! femme, c'est quand même une belle chose que tu sois reine ! Maintenant nous n'avons plus rien à souhaiter.

– Oh ! que si ! dit-elle avec émoi, je n'y ai rien trouvé qu'ennui et longueur de temps et j'en ai plus qu'assez ! J'ai été reine, et il faut que je sois impératrice à présent. Va et dis-le au turbot.

– Ah ! femme, dit l'homme, il ne peut pas te faire impératrice ! Je n'ose pas demander cela au turbot.

– Homme, dit la femme, va trouver le turbot : je veux devenir impératrice.

– Ah ! femme, qu'est-ce que tu as besoin d'être impératrice ? dit l'homme.

– Va le trouver : je veux devenir impératrice ! dit-elle.

– Non, femme, dit l'homme, il ne peut pas te faire impératrice. Cela, je ne vais pas le lui demander. Un empereur, il n'y en a qu'un pour tout l'empire, et le turbot ne peut pas te faire impératrice : il ne peut pas et ne peut pas.
– Quoi ? dit la femme, je suis reine et tu es mon homme. Va, et vas-y tout de suite, tu as compris ? Vas-y tout de suite : il a pu me faire reine, il peut aussi me faire impératrice, et moi je veux être impératrice, je le veux. Immédiatement.
Et il dut y aller ; mais tout en y allant, il protestait en lui-même et se sentait plein de crainte : « Ce n'est pas convenable, se disait-il en lui-même, pas convenable du tout ! Impératrice, c'est trop gros ! Le turbot finira par le prendre mal. »
Tout en se disant cela, l'homme arriva au bord de la mer, et l'eau était toute sombre et démontée, grondante et écumante, avec un vent tempétueux qui emportait l'écume et la faisait voler en sifflant contre lui. Il en fut tout ébranlé ; mais il s'avança quand même et se planta au bord pour dire :

Turbot, turbot dans la mer,
Croix de bois et croix de fer,
Y a ma femme Elsabella
Qui veut autrement que moi.

– Alors, que veut-elle donc ? dit le turbot.
– Ah ! turbot, dit l'homme, ma femme veut devenir impératrice.
– Retourne, dit le turbot, elle a tout déjà.
L'homme s'en retourna donc, et quand il fut là-bas, le palais tout entier brillait d'ornements de porphyre[3] et de statues de marbre et d'arabesques d'or. Devant la grand-porte, les soldats paradaient aux sons d'une fanfare qui faisait retentir trompes et trompettes, timbales et tambours. À l'intérieur, c'était une foule de comtes et de barons, de ducs et de princes qui s'empressaient comme des serviteurs ; et devant lui, ils ouvrirent les portes qui étaient d'or massif. Quand il entra, il vit sa femme assise sur un trône d'or taillé tout d'une pièce dans une masse d'or, et qui n'avait pas moins de deux étages de hauteur : et elle avait sur la tête une couronne d'or de trois aunes de haut, entièrement ornée de brillants et d'escarboucles[4] ; le sceptre était dans sa main, et dans l'autre le globe impérial. De chaque côté s'alignaient des pages rangés sur un double rang, et par taille décroissante, une tête de moins de l'un à l'autre, et le premier était un géant de la hauteur de deux étages, alors que le dernier était un nain pas plus grand que mon petit doigt ; et devant elle s'inclinaient les ducs et les princes en nombre incalculable.
L'homme alors s'approcha et se tint devant elle, et il lui dit :
– Ah ! femme, te voilà donc impératrice à présent ?
– Oui, dit-elle, je suis impératrice.
Il s'avança tout près, se planta devant elle et resta là un bon

3. Pierre semi-précieuse, rouge foncé.
4. Grenats de couleur rouge foncé.

moment à la regarder sur toutes les coutures, et quand il l'eut bien regardée, il lui dit :

– Ah ! femme, c'est beau, c'est vraiment beau que tu sois l'impératrice.

– Eh ! dit la femme, qu'as-tu à rester planté sans rien faire ? À présent que je suis impératrice, je veux devenir pape et rien d'autre ! Va, et dis-le au turbot.

– Ah ! femme, dit l'homme, qu'est-ce que tu ne voudrais pas ? Mais pape, tu ne peux pas l'être. Le pape, il n'y en a qu'un seul sur toute la chrétienté, et cela il ne peut pas te le donner parce qu'il y en a déjà un.

– Homme, dit-elle, je veux être le pape. Alors vas-y et dis-lui qu'il faut que je devienne le pape aujourd'hui même.

– Non, femme, je ne peux pas lui demander cela, c'est trop gros, cela ne va pas. Le turbot, il ne peut pas te faire pape.

– Homme, qu'est-ce que tu me racontes ? dit la femme. Il a pu me faire impératrice, il peut bien me faire pape aussi. Vas-y tout de suite ! Je suis impératrice et tu es mon mari, alors est-ce que tu vas y aller ?

Il en eut peur et il alla, mais il se sentait tout chose, frissonnant et tremblant, avec les genoux flasques et les jambes molles. Un vent furieux battait le paysage, charriant de gros nuages, et tout était sombre vers le couchant ; les feuilles étaient arrachées des arbres, et des vagues énormes s'étaient creusées sur la mer quand il y arriva, qui grondaient et s'écrasaient en cognant contre le rivage ; au large, il voyait les navires malmenés sur les lames, et il entendit tirer le canon d'appel au secours. Il y avait bien encore un peu de bleu, juste au milieu du ciel, mais tout autour accouraient des nuages rouges et épais qui n'annonçaient rien de mieux que l'ouragan fatal. L'homme était complètement désespéré quand il vint tout au bord, et il avait grand-peur quand il dit :

Turbot, turbot dans la mer,
Croix de bois et croix de fer,
Y a ma femme Elsabella
Qui veut autrement que moi.

– Alors, que veut-elle encore ? dit le turbot.
– Ah ! elle veut devenir pape, dit l'homme.
– Retournes-y, dit le turbot, c'est déjà fait.

Alors il s'en revint, et à la place du château il y avait une grande église entourée de palais partout. Devant, se pressait la foule qu'il dut traverser pour y arriver, et dedans tout était illuminé de mille et mille lumières, et sa femme était là, toute habillée d'or, assise sur un trône encore plus élevé, avec une triple couronne d'or sur la tête ; autour d'elle, elle avait toute la foule du haut clergé, et de chaque côté d'elle, alignés, des cierges en rampe décroissante, dont le plus grand était haut et large comme une énorme tour, et le plus petit pas plus gros que la plus minuscule veilleuse de cuisine. Et tous les empereurs et tous les rois pliaient le genou devant elle et baisaient sa mule[5].

– Femme, dit l'homme en l'examinant bien, est-ce que tu es le pape à présent ?
– Oui, dit-elle, je suis le pape.

Alors il s'approcha tout à fait d'elle et resta planté là, à la regarder ; et il lui semblait qu'il regardait dans le soleil. Et quand il l'eut regardée et regardée encore pendant tout le temps nécessaire, il lui dit :

5. Le pape étant le chef de la chrétienté et le représentant de Dieu sur terre, les chefs politiques lui devaient respect et, pour le saluer, s'inclinaient jusque sur sa mule (sa chaussure) en signe de soumission.

– Ah ! femme, c'est tout de même beau que tu sois devenue pape !

Elle restait assise raide comme un arbre, sans broncher ni piper. Alors il dit :

– Ah ! femme, il faut que tu sois contente à présent que tu es pape : tu ne peux rien devenir de plus.

– On verra ça, dit-elle, on verra.

Là-dessus, ils allèrent tous les deux se coucher ; mais elle n'était toujours pas contente et son ambition l'empêchait de dormir : elle n'arrêtait pas de se demander ce qu'elle pourrait bien devenir et vouloir.

L'homme, lui, dormit profondément et tout d'un trait : il avait beaucoup marché dans sa journée. La femme, par contre, n'arriva pas à fermer l'œil et passa toute la nuit à se tourner et retourner en se demandant ce qu'elle pourrait bien vouloir encore devenir, mais sans trouver la moindre idée dans sa tête. Finalement le soleil était sur le point d'apparaître et l'on apercevait déjà le rosé de l'aurore ; alors elle se redressa dans son lit et elle regarda dehors, à travers la fenêtre. Quand elle vit le soleil paraître et jeter ses premiers rayons, une idée lui vint : « Ah ! se dit-elle, est-ce que je ne pourrais pas régner sur le soleil et la lune et leur commander, moi, de se lever ? »

– Homme ! dit-elle en réveillant son mari d'un coup de coude, debout ! et va dire au turbot que je veux être comme le bon Dieu.

L'homme était encore à moitié endormi, mais il en reçut un tel choc qu'il en tomba du lit.

– Ah ! femme, qu'est-ce que tu dis ? fit-il en se frottant les yeux, croyant avoir mal entendu.

– Homme, dit-elle, si je ne peux pas commander au soleil et à la lune de se lever, et s'il faut que je les voie se lever sans mon ordre, je ne pourrai pas y tenir et je n'aurai plus une heure de tranquillité à l'idée que je ne puis les faire lever moi-même.
Elle le fixa de si terrible façon en lui disant cela, que l'homme en fut pris de frisson.
– Vas-y, commanda-t-elle, je veux devenir comme le bon Dieu.
– Ah ! femme, dit-il en se mettant à genoux, le turbot, c'est quelque chose qu'il ne peut pas faire, cela ! Impératrice et puis pape, il a pu le faire, imagine un peu ! Mais je t'en supplie maintenant, reprends-toi et restes-en là. Pape, c'est assez !
Une furieuse colère la prit alors, et ses cheveux défaits volaient autour de sa tête, son corsage se déchira entre ses mains, et elle hurla en lui envoyant un coup de pied :
– Je ne peux pas le supporter et je ne le supporterai pas plus longtemps. Vas-tu y aller ?
Il passa ses vêtements à toute vitesse et fila comme un fou. Dehors, la tourmente faisait rage, hurleuse et grondante, à tel point qu'il pouvait à peine se tenir debout. Les maisons et les arbres tremblaient sur leurs bases, les montagnes en étaient secouées, des rochers s'en détachaient et tombaient dans la mer ; le ciel était partout d'un noir de poix[6], grondant de tonnerre et déchiré d'éclairs ; la mer était d'un noir d'encre et dressait des vagues lourdes et hautes comme des tours d'église, hautes comme les montagnes, qui avaient toutes une couronne d'écume à leur sommet. L'homme cria, mais il n'entendit pas lui-même le bruit de sa voix :

6. Sorte de colle faite de résine ou de goudron de bois, d'une teinte très sombre.

Turbot, turbot dans la mer,
Croix de bois et croix de fer,
Y a ma femme Elsabella
Qui veut autrement que moi.

– Alors, qu'est-ce qu'elle veut encore ? dit le turbot.

– Ah ! dit-il, elle veut être comme le bon Dieu.

– Retournes-y : elle est de nouveau assise dans son « pisse-pot ».

Et c'est là qu'ils demeurent depuis lors, et jusqu'au jour d'aujourd'hui.

Le Roi Grenouille

Traduction : Armel Guerne, in Le Petit Chaperon rouge et autres contes*, collection « Étonnants Classiques »,*
© GF Flammarion.

À partir de 4 ans

6 min

Forêt
Palais

Grenouille
Princesse
Roi

Il était une fois, en des temps reculés où il était coutume de jeter des sorts, un roi dont toutes les filles étaient très belles. La plus jeune de ses filles était si belle que le soleil lui-même, et Dieu sait s'il avait pourtant vu de belles choses dans sa course infinie, ne pouvait s'empêcher de l'admirer chaque fois qu'il lui était donné de caresser son visage avec ses rayons. Il y avait, tout près du château du roi, une forêt profonde avec en son milieu un tilleul centenaire dont les longues branches abritaient une fontaine. Les jours de forte chaleur, la fille du roi s'enfonçait dans la forêt pour s'asseoir sur la margelle de la fontaine, et, pour tromper son ennui, la belle enfant jetait dans les airs et rattrapait une balle en or qui était son jouet favori.

Un jour toutefois, elle ne rattrapa pas la belle balle en or qui tomba sur le sol, roula dans l'herbe et finit sa course dans l'eau. La petite fille ne put que regarder sa balle s'enfoncer dans la fontaine, et celle-ci était si profonde qu'elle n'en devinait pas même le fond. Elle se mit alors à pleurer, mais à pleurer si fort que ses larmes semblaient ne jamais devoir s'arrêter. Tout à coup, elle entendit entre ses sanglots une voix qui lui disait :

– Qu'as-tu donc, fille du roi ? Tu pleures si fort que tu attendrirais un cœur de pierre.

La petite fille chercha d'où venait cette voix et découvrit une grenouille dont l'horrible tête pointait hors de l'eau.
– Ah, c'est toi, pataud baveux. Je pleure la perte de ma belle balle en or qui est tombée dans la fontaine, dit-elle.
– Sèche tes larmes. Je crois que je pourrais t'aider. Mais que me donneras-tu si je te rapporte ton beau jouet ? s'enquit la grenouille.
– Tout ce que tu veux, ma chère grenouille, dit la petite fille. Mes vêtements, mes perles et mes bijoux, et même la couronne en or que je porte sur la tête.
La grenouille répondit :
– Je ne veux pas de tes vêtements, de tes perles et de tes bijoux, ni même de ta couronne en or. Il m'importe bien davantage que tu éprouves de l'affection pour moi. Je veux être ton compagnon et ton camarade de jeu, m'asseoir à tes côtés à ta table, manger dans ta petite assiette en or, boire dans ton petit verre et dormir dans ton petit lit. Si tu me promets tout cela, je descendrai au fond de la fontaine et te remonterai ta balle en or.
– Soit, dit la jeune enfant. Je te promets tout ce que tu veux si tu me rapportes ma balle en or.
Mais la fille du roi pensait en elle-même : « Que raconte donc cette grenouille ? Elle ne sait rien faire d'autre que coasser dans l'eau au milieu de ses semblables et ne saurait être le compagnon d'un être humain. »
La grenouille s'enfonça dans les eaux profondes de la fontaine et réapparut quelques instants plus tard, tenant dans sa gueule la balle en or qu'elle jeta sur l'herbe. La petite fille, très heureuse de retrouver son jouet favori, le ramassa prestement et partit en courant.
– Attends-moi, attends-moi, cria la grenouille. Il faut que

tu me portes, je ne peux pas courir aussi vite que toi !
Mais c'est en vain que la pauvre grenouille s'égosilla ! La petite fille ne l'écouta pas et ne cessa de courir qu'une fois arrivée à la maison. Elle avait complètement oublié la grenouille qui dut se résoudre à retourner dans l'eau.

Le lendemain, alors que la petite fille mangeait dans sa petite assiette en or avec le roi et la cour au grand complet, flip, flop, quelque chose monta péniblement les escaliers de marbre, frappa à la porte et appela :
– Fille du roi, la plus jeune de toutes, ouvre-moi ta porte !
La petite fille se leva pour voir qui l'appelait ainsi, mais elle claqua violemment la porte en découvrant la grenouille sur le seuil. Elle retourna s'asseoir à table, en proie à une étrange crainte. Le roi, qui avait remarqué l'émotion de sa fille, lui demanda :

– De quoi as-tu donc peur ? Un géant serait-il devant la porte et voudrait-il t'enlever ?
La petite fille secoua la tête.
– Non, répondit-elle, ce n'est pas un géant, mais une grenouille des moins ragoûtantes.
– Et que te veut cette grenouille ? demanda le roi.
– Mon cher père, répondit la petite fille, hier, alors que je jouais avec ma balle en or sur la margelle de la fontaine au milieu de la forêt, ma balle est tombée dans l'eau. Entendant combien je pleurais, une grenouille est allée la chercher au fond de l'eau et me l'a rapportée, et, mais c'est bien parce qu'elle l'exigea, je lui promis qu'elle pourrait devenir mon compagnon. Et maintenant, elle est dehors et souhaite entrer.
À ce moment-là, la grenouille frappa pour la deuxième fois

à la porte en appelant :

Fille du roi, la plus jeune de toutes,
Ouvre-moi ta porte.
Te souviens-tu qu'hier à la fontaine
Tu me l'as promis ?
Fille du roi, la plus jeune de toutes,
Ouvre-moi ta porte.

Le roi dit :
– La promesse que tu as faite, il te faut la tenir maintenant : lève-toi et ouvre la porte.
La petite fille se leva et ouvrit la porte. La grenouille entra aussitôt en faisant de petits bonds et suivit la petite fille pas à pas jusqu'à sa chaise. Là, elle s'écria :
– Aide-moi à m'asseoir à côté de toi.
La fille du roi hésita mais son père lui ordonna de le faire. Quand la grenouille fut enfin assise aux côtés de la petite fille, elle dit :
– Et maintenant, approche de moi ta petite assiette en or pour que je puisse également manger.

La fille du roi le fit, mais de très mauvaise grâce, et si la grenouille se délecta de ce repas royal, la petite fille eut bien du mal, elle, à avaler la moindre bouchée. Quand elle eut terminé de manger, la grenouille dit enfin :
– J'ai bien mangé et je suis fatiguée maintenant. Monte-moi dans ta chambre et apprête ton lit. Il est temps de nous coucher maintenant.
La fille du roi se mit à pleurer, effrayée à la seule pensée de partager son petit lit bien propre avec cette grenouille visqueuse. Le roi se mit en colère et lui dit :
– Tu ne dois pas mépriser un être qui t'a aidée alors que tu étais dans le besoin.
La petite fille prit la grenouille du bout des doigts, la porta jusque dans sa chambre et la posa dans un coin. Mais quand la petite fille se fut couchée, la grenouille s'approcha du lit et lui dit :
– Je suis fatiguée et je veux dormir aussi bien que toi. Pose-moi sur ton lit, sinon je le dirai à ton père.
Sous l'emprise de la colère, la petite fille prit la grenouille et la jeta de toutes ses forces contre le mur.
– Maintenant, tu ne m'importuneras plus, maudite bestiole.
Mais quand elle retomba sur le sol, la grenouille était devenue un prince qui la regardait tendrement avec ses beaux yeux. C'est ainsi qu'il devint, par la volonté du roi, le compagnon et l'époux de la jeune princesse. Il lui expliqua qu'une méchante sorcière lui avait jeté un sort et que seule elle, la fille du roi, avait eu le pouvoir de l'en libérer. Il ajouta que dès le lendemain un carrosse les conduirait ensemble dans son royaume et ils s'endormirent.
Le lendemain matin, Henri, le fidèle serviteur du jeune

prince, arrêta l'attelage tiré par huit chevaux blancs sanglés d'or et la tête ornée de plumes d'autruche, au pied des marches du château.

Le fidèle Henri avait été si peiné quand son maître avait été changé en grenouille qu'il avait enserré sa poitrine avec trois cerceaux de métal, de peur qu'elle n'explose de désespoir et de chagrin. Tout à sa joie, le serviteur souleva de terre le prince et la princesse, les installa à l'intérieur du carrosse et reprit lui-même sa place à l'arrière. À peine la voiture s'était-elle mise en route, que le prince entendit un craquement derrière lui. Pensant que quelque chose s'était brisé, il se retourna et dit :

– Henri, la voiture se rompt.

– La voiture, Monseigneur ? Non !

Ce n'est que le cerceau qui empêchait mon cœur
De se briser de douleur
Depuis qu'une sorcière un sort vous jeta
Et en grenouille vous transforma.

Il y eut bientôt un deuxième craquement, puis un troisième. À chaque fois, le prince pensait que la voiture se brisait, mais ce n'était que le cœur soulagé du fidèle Henri qui libérait sa poitrine de ses étaux.

Le Vaillant Petit Tailleur

Traduction : Marthe Robert, in Contes © *Éditions Gallimard.*

À partir de 4 ans

14 min

Campagne
Château

Géants
Jeune homme
Princesse
Roi

Par un matin d'été, un petit tailleur, assis sur sa table, près de la fenêtre, était de bonne humeur et cousait de toutes ses forces. Et voilà qu'une paysanne descendit la rue en criant :

– Marmelade, bonne marmelade à vendre !

Ce fut bien agréable à l'oreille du petit tailleur, il passa sa tête menue par la fenêtre et cria :

– Montez, bonne femme, on va vous débarrasser de votre marchandise !

La femme monta les trois étages avec son lourd panier et dut déballer devant lui tous ses pots. Il les examina tous, les leva en l'air, y mit le nez et dit enfin :

– La marmelade m'a l'air bonne, pesez-m'en donc quatre onces, ma bonne femme, même si ça fait un quart de livre ça m'est égal.

La femme, qui avait espéré faire une bonne vente, lui donna ce qu'il demandait, mais s'en fut toute fâchée et en bougonnant.

– À présent, Dieu bénisse ma confiture, s'écria le petit tailleur, et qu'elle me donne force et vigueur !

Il alla prendre le pain de la miche et y tartina la marmelade.

– Ça ne va pas être mauvais, dit-il, mais avant d'y mettre la dent, je vais finir mon pourpoint.

Il posa le pain à côté de lui, continua de coudre et, de plaisir, fit des points de plus en plus grands. Cependant l'odeur de la confiture sucrée montait le long des murs où il y avait une grande quantité de mouches, si bien qu'elles furent attirées et vinrent en troupe s'abattre dessus.
– Hé, qui vous a donc invitées ? dit le petit tailleur et il chassa ses convives importuns.
Mais les mouches, qui ne comprenaient pas le français, ne se laissèrent pas écarter et revinrent au contraire en compagnie de plus en plus nombreuse. Alors la moutarde, comme on dit, finit par monter au nez du petit tailleur, il attrapa un bout de drap dans sa corbeille à chiffons et, « attendez un peu que je vous en donne ! » il tapa dessus impitoyablement. Quand il retira le chiffon et compta, il n'en vit pas moins de sept, mortes sous ses yeux, les pattes en l'air.

– Serais-tu donc un gaillard de cette trempe ? dit-il, forcé lui-même d'admirer sa vaillance, il faut que toute la ville sache cela.
Et en grande hâte, le petit tailleur se coupa une ceinture, la cousit et y broda en grandes lettres : « Sept d'un coup ! »

– Eh quoi, la ville ? dit-il, non, c'est le monde entier qui doit le savoir.
Et de plaisir, son cœur se trémoussait dans sa poitrine comme la queue d'un petit agneau.
Le tailleur se noua la ceinture autour du corps et décida d'aller courir le vaste monde, parce qu'il pensait que son atelier était trop petit pour sa bravoure. Avant de partir, il chercha s'il n'y avait pas dans sa maison quelque chose à emporter, mais il ne trouva rien d'autre qu'un vieux bout de fromage qu'il fourra dans sa poche.

Devant la porte, il aperçut un oiseau qui s'était pris dans un buisson, l'oiseau dut aller retrouver le fromage dans sa poche. Puis il se mit bravement à arpenter la route, et comme il était léger et preste, il ne ressentait pas de fatigue. Son chemin le conduisit en haut d'une montagne et quand il en atteignit le sommet, voici qu'un énorme géant y était assis et promenait tranquillement ses regards alentour. Le petit tailleur alla hardiment à lui, l'interpella et lui dit :

– Bonjour, camarade, hein, te voilà en train de contempler le vaste monde ? Je suis justement en train de m'y rendre pour y tenter ma chance. As-tu envie de venir avec moi ?

Le géant toisa le tailleur d'un air dédaigneux et dit :

– Pouilleux ! Pitoyable avorton !

– Par exemple ! répondit le petit tailleur en déboutonnant son habit et en montrant sa ceinture au géant, tiens ! Lis donc là quel gaillard je suis !

Le géant lut : « Sept d'un coup ! », pensa que c'étaient des hommes que le tailleur avait assommés, et se sentit un peu de respect pour le petit luron. Pourtant il voulut d'abord le mettre à l'épreuve, prit une pierre dans sa main et la pressa tellement qu'il en sortit de l'eau.

– Fais-en autant, dit le géant, si tu en as la force.

– Si ce n'est que ça, dit le tailleur, pour nous autres c'est un jeu d'enfant.

Il mit sa main dans sa poche, y prit le fromage mou et le serra de manière à en exprimer le jus.

– Hein ! fit-il, c'est un peu plus fort ?

Le géant ne sut que dire, il n'aurait jamais cru ça de ce petit homme.

Alors il ramassa une pierre et la lança si haut qu'on pouvait à peine la suivre des yeux.

– Eh bien, mon petit caneton, fais-en donc autant !

– Bien lancé, dit le tailleur, mais ta pierre, il a bien fallu qu'elle retombe après, moi, je vais t'en lancer une qui ne reviendra pas du tout.

Il mit la main dans sa poche, y prit l'oiseau et le jeta en l'air. Ravi d'être libre, l'oiseau s'éleva, prit son vol et ne revint plus.

– Qu'est-ce que tu dis de mon petit tour, camarade ? demanda le tailleur.

– Quant au lancer, tu t'y entends, dit le géant, mais maintenant nous allons voir si tu es capable de porter un poids convenable.

Il conduisit le tailleur auprès d'un chêne puissant qui était abattu et gisait par terre, et dit :

– Si tu es assez fort, aide-moi à sortir cet arbre du bois.

– Volontiers, répondit le petit bonhomme, tu n'as qu'à prendre le tronc sur tes épaules, je soulèverai les branches avec tout le feuillage et je les porterai, c'est bien le plus lourd.

Le géant prit le tronc sur ses épaules, mais le tailleur s'assit sur une maîtresse branche et le colosse, qui ne pouvait pas se retourner, dut emporter tout l'arbre et le tailleur par-dessus le marché. Celui-ci était tout guilleret et de bonne humeur là-derrière, il sifflotait la chansonnette « Trois tailleurs s'en allaient à cheval », comme si porter un arbre n'était qu'un jeu d'enfant. Après avoir traîné sa lourde charge un bout de chemin, le géant ne put pas continuer et s'écria :

– Écoute, il faut que je lâche l'arbre !

Le tailleur sauta prestement par terre, prit l'arbre à deux bras comme s'il l'avait porté et dit au géant :

– Un grand gaillard comme toi, tu ne peux même pas porter cet arbre !

Ils continuèrent de cheminer ensemble, et comme ils passaient près d'un cerisier, le géant saisit la cime de l'arbre, là où il y avait les fruits les plus mûrs, la courba, la mit dans la main du petit tailleur et lui dit d'en manger. Mais le petit tailleur était bien trop chétif pour tenir l'arbre et quand le géant le lâcha, il se redressa et le tailleur fut projeté en l'air.

Quand il fut retombé sans mal, le géant dit :
– Qu'est-ce que ça veut dire ? Tu n'as pas la force de tenir cette misérable badine ?
– Ce n'est pas la force qui me manque, répondit le petit tailleur, penses-tu que ce soit une affaire pour quelqu'un qui en a occis sept d'un coup ? J'ai bondi par-dessus l'arbre parce que les chasseurs là, en bas, sont en train de tirer dans le fourré, saute derrière moi si tu peux.
Le géant essaya, mais il ne put passer par-dessus l'arbre et resta accroché dans les branches, si bien que le petit tailleur garda encore l'avantage.
Le géant dit :
– Puisque tu es un gars si courageux, viens avec moi dans notre caverne et passe la nuit avec nous.
Le petit tailleur se montra disposé à le suivre. Quand ils arrivèrent dans la caverne, ils trouvèrent d'autres géants assis près de l'âtre, et chacun d'eux avait en main un mouton rôti où il mordait à belles dents. Le petit tailleur inspecta les lieux et pensa : « C'est vraiment beaucoup plus spacieux que mon atelier. » Le géant lui désigna un lit, en lui disant de s'y coucher et de dormir tout son soûl.
Mais le lit était beaucoup trop vaste pour le petit tailleur, il ne se mit pas dedans et alla se blottir dans un coin. Quand il fut minuit et que le géant crut le petit tailleur profondément endormi, il se leva, prit une grosse barre de fer, en donna un coup sur toute la largeur du lit, et crut avoir achevé le marmouset. Dès l'aube les géants partirent pour la forêt, et ils avaient complètement oublié le petit tailleur quand, tout à coup, ils le virent venir d'un air tout joyeux et téméraire. Ils prirent peur, craignirent d'être tous assommés et s'enfuirent à toutes jambes.

Le petit tailleur continua son chemin, toujours le nez en l'air. Après avoir cheminé longtemps, il se trouva dans la cour d'un palais royal et comme il se sentait las, il se coucha dans l'herbe et s'endormit. Pendant qu'il dormait, des gens arrivèrent, le regardèrent sur toutes les faces et lurent sur sa ceinture : « Sept d'un coup ! »

– Ah, dirent-ils, que vient faire ici ce grand guerrier, en pleine paix ? Ce doit être un puissant seigneur.

Ils allèrent rapporter la chose au roi et lui dirent qu'au cas où la guerre éclaterait, ce serait là un personnage important et utile qu'il ne fallait laisser partir à aucun prix. Le conseil plut au roi, et il envoya au petit tailleur l'un de ses courtisans qui, à son réveil, devait lui offrir de prendre du service dans l'armée. L'ambassadeur resta auprès du dormeur, attendant qu'il s'étirât et ouvrît les yeux, puis il lui fit sa proposition.

– C'est justement pour cela que je suis venu, répondit-il, je suis prêt à me mettre au service du roi.

On le reçut donc avec tous les honneurs et on lui assigna une demeure particulière.

Mais les militaires étaient montés contre le petit tailleur et le souhaitaient à mille lieues de distance.

– Que va-t-il sortir de là ? se disaient-ils dans leurs conciliabules, si nous lui cherchons noise et qu'il cogne, il en tombera sept à chaque coup. Dans ces conditions, nous ne pourrons pas lui tenir tête.

Ils prirent donc une résolution, allèrent tous ensemble trouver le roi et lui demandèrent leur congé.

– Nous ne sommes pas faits, dirent-ils, pour vivre à côté d'un homme qui vous en assomme sept d'un coup.

Le roi fut attristé de perdre tous ses fidèles serviteurs à cause d'un seul, il souhaita que ses yeux ne l'eussent jamais vu et se serait volontiers débarrassé de lui. Mais il n'osait pas lui signifier son congé, parce qu'il avait peur que le tailleur ne le tuât, lui et les siens, et ne montât sur le trône. Il retourna le problème en tous sens et finit par trouver un expédient. Il envoya quelqu'un au petit tailleur et lui fit dire que, puisqu'il était un si grand guerrier, il allait lui faire une proposition. Dans une forêt de son royaume habitaient deux géants qui causaient de grands dégâts en volant, tuant, grillant et incendiant, personne ne pouvait approcher d'eux sans se mettre en danger de mort. S'il triomphait de ces deux géants et les tuait, il lui donnerait sa fille unique en mariage, et la moitié de son royaume en dot ; de plus cent cavaliers l'accompagneraient et lui prêteraient main-forte.

« Ce ne serait pas mal pour un homme comme toi, se dit le petit tailleur, on ne vous offre pas tous les jours une jolie princesse et la moitié d'un royaume. »

– Oh oui, je me charge de mater les géants, et je n'ai pas besoin pour cela de cent reîtres. Qui en abat sept d'un coup n'a pas de raison d'en craindre deux.

Le petit tailleur se mit en route, suivi des cents cavaliers. Arrivé à l'orée du bois, il dit à ses compagnons :

– Faites donc halte ici, je viendrai bien à bout des géants tout seul.

Il entra d'un bond dans la forêt et regarda de droite et de gauche. Au bout d'un petit moment, il aperçut les géants couchés sous un arbre, ils dormaient et ronflaient si fort qu'ils faisaient monter et descendre les branches. Vivement, le petit tailleur remplit ses deux poches de pierres et grimpa dans l'arbre. Quand il fut au milieu, il se laissa glisser le long d'une branche pour arriver juste au-dessus des dormeurs, et fit tomber ses pierres l'une après l'autre sur la poitrine de l'un d'eux. Pendant longtemps le géant ne sentit rien, mais finalement il se réveilla, donna une bourrade à son compagnon et dit :

– Pourquoi me bats-tu ?

– Tu rêves, dit l'autre, je ne te bats pas.

Ils s'allongèrent de nouveau pour dormir, mais alors le tailleur jeta une pierre sur le second.

– Qu'est-ce que ça veut dire ? s'écria l'autre, pourquoi me lances-tu des pierres ?

– Je ne te lance pas de pierres, répondit le premier en bougonnant. Ils se chamaillèrent un moment, mais comme ils étaient fatigués, ils en restèrent là et leurs yeux se refermèrent. Le petit tailleur recommença son manège, il choisit la pierre la plus grosse et la jeta de toutes ses forces sur la poitrine du premier géant.

– C'est trop fort ! s'écria-t-il, il se leva comme un fou et poussa violemment son compagnon contre l'arbre, qui en trembla. L'autre lui rendit la monnaie de sa pièce et ils entrèrent dans une telle fureur qu'ils arrachèrent les arbres et cognèrent l'un sur l'autre, tant et si bien qu'ils tombèrent morts en même temps. Alors le petit tailleur sauta par terre.

– Une chance, dit-il, qu'ils n'aient pas arraché l'arbre où j'étais perché, sans quoi j'aurais dû sauter sur un autre à la manière d'un écureuil, mais nous sommes lestes, nous autres !

Il tira son épée et en assena quelques bons coups dans la poitrine de chacun, puis il sortit du bois pour retrouver ses cavaliers et dit :

– L'ouvrage est fait, je leur ai donné à tous deux le coup de grâce. Mais l'affaire a été rude, dans le péril ils ont déraciné des arbres, pourtant cela ne sert de rien quand il en vient un comme moi qui en abat sept d'un coup.

– Vous n'êtes donc pas blessé ? demandèrent les cavaliers.

– Pas de danger, ils n'ont pas touché à un cheveu de ma tête.

Les cavaliers ne voulurent pas le croire, et entrèrent dans la forêt ; ils y trouvèrent les géants baignant dans leur sang, au milieu des arbres arrachés.

Le petit tailleur demanda au roi la récompense promise, mais celui-ci, qui regrettait sa promesse, chercha un nouveau moyen de se débarrasser du héros :

– Avant d'obtenir ma fille et la moitié de mon royaume, dit-il, il te faut accomplir un nouvel exploit. Dans la forêt, il y a une licorne qui fait de grands dégâts, il faut d'abord me l'attraper.

– Je crains encore moins une licorne que deux géants ; sept d'un coup, voilà mon affaire.

Il emporta une corde et une hache, alla à la forêt et dit encore une fois à ceux qu'il avait sous ses ordres de l'attendre dehors. Il n'eut pas à chercher longtemps, la licorne ne tarda pas à se montrer et bondit tout droit sur le tailleur, comme si elle voulait sans plus de façons l'embrocher.

– Doucement, doucement, dit-il, ça ne se fait pas si vite que ça.

Il s'arrêta et attendit que la bête arrivât tout près de lui, puis il bondit prestement derrière un arbre. La licorne donna de toute sa force contre l'arbre et enfonça sa corne si profondément dans le tronc qu'elle n'eut pas assez de force pour la retirer et se trouva prise.

– Je tiens l'oiseau, dit le tailleur. Il sortit de derrière son arbre, passa d'abord sa corde au cou de la licorne, puis, à coups de hache il dégagea la corne du tronc, et quand tout fut réglé, il emmena la bête et la conduisit au roi.

Le roi ne voulut pas encore lui accorder la récompense promise et exprima une troisième exigence. Avant ses noces, le tailleur devrait encore lui attraper un sanglier qui causait de grands dégâts dans la forêt ; les chasseurs lui prêteraient main-forte.

– Bien, dit le tailleur, ce n'est qu'un jeu d'enfant.

Il n'emmena pas les chasseurs dans le bois et ils en furent bien contents, car le sanglier les avait déjà accueillis souvent d'une manière qui leur ôtait l'envie de se mettre à sa poursuite. Quand le sanglier aperçut le tailleur, il fonça sur lui, l'écume à la gueule, en s'aiguisant les dents, et voulut le jeter par terre. Mais le héros sauta avec agilité dans une chapelle voisine et, d'un bond, ressortit aussitôt par la fenêtre du haut. Le sanglier l'avait suivi, mais le tailleur fit le tour par dehors et ferma la porte sur lui ; alors l'animal furieux, bien trop lourd et maladroit pour sauter par la fenêtre, se trouva pris.

Le tailleur appela les chasseurs, pour qu'ils vissent de leurs propres yeux l'animal prisonnier. Le héros quant à lui s'en alla trouver le roi qui, bon gré mal gré, dut alors tenir sa promesse et lui donna sa fille et la moitié de son royaume. S'il avait su qu'il n'avait pas devant lui un grand guerrier, mais un petit tailleur, il eût été encore plus affecté. Les noces furent donc célébrées en grande pompe et petite joie et l'on fit un roi d'un petit tailleur.

Quelque temps après, la jeune reine entendit son époux parler en rêve, la nuit : « Fais-moi ce pourpoint, garçon, et ravaude-moi cette culotte, ou bien je te casse mon aune sur les oreilles. » Elle comprit alors dans quelle ruelle le jeune seigneur était né, le lendemain elle confia son chagrin à son père et le pria de l'aider à se débarrasser d'un mari qui n'était rien de plus qu'un tailleur.

Le roi la consola et lui dit :

– La nuit prochaine, laisse la porte de ta chambre ouverte, mes serviteurs se tiendront dehors et quand il sera endormi, ils entreront, le ligoteront et le porteront sur un navire qui l'emmènera dans le vaste monde.

La femme se montra satisfaite, mais l'écuyer du roi, qui avait tout entendu, était attaché à son jeune maître et lui dénonça tout le complot.

– Je mettrai obstacle à la chose, dit le tailleur.

Le soir, il alla se coucher avec sa femme à l'heure habituelle. Quand elle le crut endormi, elle se leva, ouvrit la porte et se recoucha. Le petit tailleur, qui feignait seulement de dormir, se mit à crier d'une voix claire :

– Fais-moi ce pourpoint, garçon, et ravaude-moi cette culotte, ou bien je te casse mon aune sur les oreilles ! J'en ai occis sept d'un coup, j'ai tué deux géants, capturé une licorne, pris un sanglier, et j'aurais peur de ceux qui sont en ce moment dehors, devant ma chambre ?

Quand ceux-ci entendirent le tailleur parler ainsi, ils furent pris d'une grande frayeur, ils détalèrent comme s'ils avaient la chasse infernale à leurs trousses, et pas un ne voulut plus se risquer à l'attaquer.

C'est ainsi que le petit tailleur devenu roi le resta toute sa vie.

Les Douze Frères

Traduction : Marthe Robert, in Contes *© Éditions Gallimard.*

À partir de 6 ans

9 min

Chaumière
Forêt
Palais

Princes
Princesse
Reine
Roi

Il était une fois un roi et une reine qui vivaient paisiblement ensemble et avaient douze enfants, mais ce n'étaient rien que des garçons. Or le roi dit à sa femme :

– Si le treizième enfant que tu mettras au monde est une fille, les douze garçons devront mourir afin qu'elle ait de grandes richesses et qu'elle soit l'unique héritière du royaume.

En effet, il fit confectionner douze cercueils qui étaient déjà remplis de copeaux et chacun d'eux contenait le petit coussin mortuaire, et il les fit porter dans une chambre fermée, puis il donna la clé à sa femme en lui défendant d'en parler à personne.

Désormais, la mère demeura assise toute la journée à s'affliger, en sorte que son plus jeune fils, qui était toujours auprès d'elle et qu'elle appelait Benjamin en souvenir de la Bible, lui dit :

– Chère mère, pourquoi es-tu si triste ?

– Mon cher enfant, répondit-elle, il ne m'est pas permis de te le dire.

Mais il ne lui laissa pas de répit qu'elle n'ait ouvert la chambre et ne lui ait montré les douze cercueils déjà remplis de copeaux. Ensuite elle dit :

– Mon Benjamin chéri, ton père a fait faire ces cercueils pour toi et tes onze frères, car si j'accouche d'une fille, vous serez tous tués et enterrés là-dedans.

Et comme elle fondait en larmes en disant ces mots, son fils la consola et lui dit :

– Ne pleure pas, chère mère, nous saurons bien nous tirer d'affaire et nous allons partir.

Mais elle lui dit :

– Va avec tes onze frères dans la forêt, l'un de vous se perchera sur l'arbre le plus haut qui se puisse trouver, il montera la garde et surveillera le donjon du château. Si j'accouche d'un garçon, je hisserai un drapeau blanc et vous pourrez revenir, si c'est une fille, je hisserai un drapeau rouge, et alors fuyez aussi vite que vous le pourrez, et que le bon Dieu vous garde. Chaque nuit je me lèverai et je prierai pour vous, en hiver pour que vous ayez un foyer où vous réchauffer, en été pour que vous ne souffriez pas les tourments de la chaleur.

Quand elle eut ainsi béni ses fils, ils prirent le chemin de la forêt. L'un d'eux, perché sur le chêne le plus haut, montait la garde pour les autres et observait le donjon. Quand, au bout de onze jours, ce fut le tour de Benjamin, il vit hisser un drapeau : ce n'était pas le drapeau blanc, mais le rouge drapeau sanglant leur annonçant qu'ils allaient tous mourir. Quand les frères entendirent cela, ils furent pris de colère et dirent :

– Devrons-nous souffrir la mort à cause d'une fille ! Nous jurons de nous venger : où que nous trouvions une fille son sang rouge coulera.

Là-dessus ils s'enfoncèrent plus profondément dans la forêt

et au beau milieu, au plus épais des taillis, ils trouvèrent une petite chaumière enchantée qui était vide. Alors ils dirent :
– Nous allons habiter ici, et toi, Benjamin, qui es le plus jeune et le plus chétif, tu resteras à la maison et tu la tiendras en ordre, nous autres nous sortirons pour nous procurer de la nourriture.
Ils parcoururent donc la forêt et tirèrent des lièvres, des chevreuils sauvages, des oiseaux, des pigeons, et tout ce qu'ils ramassaient comme nourriture, ils le portaient à Benjamin, qui devait le leur préparer afin qu'ils apaisent leur faim. Ils vécurent dix ans dans la maisonnette et le temps ne leur parut pas long.

Cependant, la petite fille que la reine leur mère avait mise au monde avait grandi, elle était bonne de cœur et belle de visage et portait une étoile d'or sur le front. Un jour de grande lessive, elle vit parmi le linge douze chemises d'homme et demanda à sa mère :
– À qui sont ces douze chemises ? elles sont bien trop petites pour mon père.
Le cœur serré, celle-ci répondit :
– Chère enfant, elles appartiennent à tes douze frères.
Et la jeune fille dit :
– Où sont mes douze frères ? je n'ai jamais entendu parler d'eux.
Elle répondit :
– Dieu sait où ils sont, ils errent de par le monde.
Alors elle emmena la fillette, lui ouvrit la chambre et lui montra les douze cercueils avec les copeaux et les coussins mortuaires.

– Ces cercueils, dit-elle, étaient destinés à tes frères, mais ils sont partis en cachette avant que tu fusses née, et elle lui raconta tout ce qui s'était passé.

Alors la fillette dit :

– Chère mère, ne pleure pas, je vais aller chercher mes frères.

Elle prit donc les douze chemises et s'en fut tout droit dans la grande forêt. Elle marcha tout le jour, et le soir, elle arriva à la maison enchantée.

Elle entra et trouva un jeune garçon qui lui demanda :

– D'où viens-tu et où veux-tu aller ?

Et il s'étonna qu'elle portât des habits royaux et eût une étoile sur le front. Alors elle répondit :

– Je suis fille de roi et je cherche mes douze frères, j'irai pour les trouver aussi loin qu'on voit le ciel bleu.

Puis elle lui montra les douze chemises qui leur appartenaient. Benjamin vit alors qu'elle était sa sœur et dit :

– Je suis Benjamin, ton plus jeune frère.

Et elle se mit à pleurer de joie et Benjamin en fit autant, et ils s'embrassèrent et se firent mille caresses dans leur grand amour. Ensuite il dit :

– Ma chère sœur, il y a encore une réserve ; nous étions convenus de faire mourir toutes les jeunes filles que nous pourrions rencontrer, parce que nous avons dû abandonner notre royaume à cause d'une fille.

– Je mourrai volontiers si je peux ainsi délivrer mes douze frères.

– Non, répondit-il, tu ne mourras pas, cache-toi sous ce baquet jusqu'au retour de nos frères, ensuite je m'arrangerai bien avec eux.

C'est ce qu'elle fit ; et comme la nuit tombait, les autres rentrèrent de la chasse et le repas se trouva prêt. Quand ils furent à table en train de manger, ils dirent :

– Quoi de neuf ?

Et Benjamin de répondre :

– Vous ne savez rien ?

– Non, dirent-ils.

Et il continua :

– Vous êtes allés dans la forêt, et moi qui suis resté à la maison, j'en sais encore plus que vous.

– Alors raconte ! s'écrièrent-ils.

– Me promettez-vous aussi de laisser la vie sauve à la première fille que nous rencontrerons ?

– Oui, s'écrièrent-ils tous ensemble, nous lui ferons grâce, mais raconte donc.

Alors il dit :

– Notre sœur est là.

Et il souleva le baquet et la fille du roi apparut avec ses habits royaux et son étoile d'or sur le front, et elle était si belle, si gracieuse et si délicate qu'ils se réjouirent tous, lui sautèrent au cou, l'embrassèrent et se mirent à l'aimer de tout leur cœur.

Désormais elle resta à la maison avec Benjamin et l'aida à faire son ouvrage. Les onze autres allaient dans la forêt, attrapaient du gibier, des chevreuils, des oiseaux et des pigeons mâles afin qu'ils aient à manger, et leur sœur et Benjamin se chargeaient de préparer les mets.

Elle ramassait du bois pour la cuisine et des fines herbes pour les légumes et mettait les marmites sur le feu, en sorte que le repas était toujours prêt quand les onze frères rentraient. Elle tenait également la maisonnette en ordre et mettait aux petits lits des draps bien blancs et bien propres, et les frères étaient toujours contents et vivaient avec elle en parfaite harmonie.

Un certain jour, les deux enfants avaient préparé un bon repas à la maison, et quand ils furent tous réunis, ils se mirent à table, burent et mangèrent et se sentirent tout joyeux. Or, la maison enchantée avait un jardinet dans lequel se trouvaient douze lis, de ceux qu'on appelle aussi étudiants : comme elle voulait faire plaisir à ses frères, elle cueillit les douze fleurs, pensant en donner une à chacun pendant le repas.

Mais à l'instant même où elle cueillait les fleurs, voici que ses douze frères se changèrent en douze corbeaux qui volèrent à tire-d'aile au-dessus de la forêt, et que la maison disparut aussi avec le jardin. La pauvre fillette se trouva donc toute seule dans la forêt sauvage et comme elle regardait autour d'elle, une vieille femme apparut à ses côtés et lui dit :

– Qu'as-tu fait là, mon enfant ? Pourquoi n'as-tu pas laissé les douze lis blancs où ils étaient ? C'étaient tes frères, et maintenant ils sont pour toujours changés en corbeaux.

La fillette dit en versant des larmes :

– N'y a-t-il pas un moyen de les délivrer ?

– Non, dit la vieille, il n'y en a qu'un dans le monde entier, mais il est si difficile que tu ne pourras pas les délivrer de cette façon, car il te faudrait être muette pendant sept ans, sans pouvoir ni parler ni rire, et si tu disais un seul mot et qu'il ne manquât qu'une heure pour que les sept ans fussent accomplis, tout serait vain et tes frères mourraient à cause de cette unique parole.

Alors la fillette se dit en son cœur : « Je suis certaine de délivrer mes frères », et elle partit, chercha un arbre élevé sur lequel elle monta, puis elle s'assit et se mit à filer, et resta sans parler ni rire. Or il advint qu'un roi était à la chasse dans la forêt ; il avait un grand lévrier qui courut à l'arbre où la jeune fille était perchée, fit des bonds tout autour, jappa et aboya en regardant en l'air. Alors le roi s'approcha et vit la belle princesse avec l'étoile d'or au front, et fut si ravi de sa beauté qu'il lui demanda d'en bas si elle voulait devenir sa femme. Elle ne répondit point, mais fit un léger signe de tête. Alors il monta lui-même dans l'arbre, la descendit dans ses bras, la mit sur son cheval et la conduisit chez lui. Puis on célébra les noces en grande pompe et allégresse : mais la mariée ne parla ni ne rit. Quand ils eurent vécu heureux pendant quelques années, la mère du roi, qui était une méchante femme, commença à calomnier la jeune reine et dit au roi :

– C'est une vile mendiante que tu t'es choisie ; qui sait quels tours pendables elle fait en cachette. Si elle est muette et ne peut pas parler, elle pourrait au moins rire, mais qui ne rit pas a mauvaise conscience.

Le roi ne voulut d'abord pas la croire, mais elle le travailla si longtemps et elle accusa la reine de tant de choses mauvaises que le roi finit par se laisser convaincre et la condamna à mort. On alluma donc dans la cour un grand bûcher où elle devait être brûlée : et le roi se tenait en haut, à la fenêtre, et regardait

avec des larmes dans les yeux, parce qu'il l'aimait tant encore. Et quand elle fut attachée au poteau et que les flammes commencèrent de lécher ses vêtements de leurs langues rouges, le dernier instant des sept années venait justement de s'écouler. Alors on entendit dans les airs un frémissement d'ailes, et douze corbeaux s'en vinrent et se posèrent : et comme ils touchaient terre, voici que c'étaient ses douze frères qu'elle avait délivrés. Ils défirent le bûcher, éteignirent les flammes, libérèrent leur chère sœur, l'embrassèrent et la couvrirent de caresses. Alors, comme elle avait maintenant le droit d'ouvrir la bouche et de parler, elle raconta au roi pourquoi elle avait été muette et n'avait jamais ri.

Le roi se réjouit d'apprendre qu'elle était innocente, et désormais ils vécurent tous ensemble et furent unis jusqu'à la mort. La méchante belle-mère dut comparaître en justice, on la mit dans un tonneau rempli d'huile bouillante et de serpents venimeux, et elle mourut de malemort.

Les Musiciens de Brême

Traduction : Didier Debord.

À partir de 4 ans

6 min

Cabane
Forêt

Âne
Bandits
Chat
Chien
Coq

Il était une fois un âne qui, depuis de longues années déjà, portait infatigablement les sacs au moulin. Ses forces l'ayant lentement abandonné, l'âne commença à renâcler à l'ouvrage et son maître à lui mesurer le fourrage. Sentant le vent tourner, l'âne quitta la ferme et partit pour Brême où, du moins le pensait-il, il pourrait devenir musicien dans la fanfare municipale.

L'animal marchait depuis un bon moment quand il vit au bord de la route un chien qui glapissait lamentablement, les pattes usées d'avoir trop couru.

– Eh bien, vieux galvaudeur, pour quelle raison glapis-tu ainsi ? lui demanda l'âne.

– Je suis vieux, maintenant, répondit le chien, et je dépéris chaque jour davantage. Je ne vaux plus rien pour la chasse et mon maître veut me tuer. Je me suis enfui pour échapper à mon destin, mais comment ferai-je maintenant pour manger ?

– Je suis en route pour Brême où je vais devenir musicien, lui dit l'âne. Pourquoi ne viendrais-tu pas avec moi ? Tu pourrais également jouer dans la fanfare municipale. Moi, je chanterai les aigus et tu joueras des cymbales.

Le chien trouva l'idée engageante et tous deux se mirent en chemin. Peu de temps après, ils virent un chat couché

au bord de la route. L'animal faisait une mine longue comme un jour sans pain.
– Que t'est-il donc arrivé de si fâcheux, Raminagrobis ? lui demanda l'âne.
– Comment quelqu'un d'aussi mal fichu que moi pourrait-il être de bonne humeur, répondit le chat. Je suis vieux, maintenant, et mes dents sont usées. Je préfère passer mes journées au coin du feu à ronronner plutôt qu'à chasser les souris. Ma maîtresse veut me noyer. La situation est désespérée : j'ai certes déserté la maison, mais où pourrais-je aller, maintenant ?
– Tu n'as qu'à venir avec nous à Brême. Tu es un virtuose de la musique de nuit et tu pourrais, toi aussi, devenir musicien dans la fanfare de la ville.
Le chat se laissa convaincre par l'idée et décida de suivre l'âne et le chien. Peu de temps après, alors qu'ils passaient près d'une ferme, les trois fugitifs virent un coq qui chantait à s'en briser la voix, perché tout en haut d'un portail.

– Ton chant me transperce les tympans ! s'écria l'âne. Pourquoi chantes-tu ainsi ?
– Je viens de prévoir du beau temps, parce que c'est le jour de Notre Dame. Ma maîtresse a lavé les couches du petit Jésus et elles doivent encore sécher. Mais c'est une femme sans cœur : demain, c'est dimanche, et elle aura des invités. Elle a dit à la cuisinière de me cuire en soupe. Ce soir, on me coupera le cou, alors je chante tant que je peux encore.
– Allons donc, Crête Rouge, dit l'âne. Tu ferais mieux de venir avec nous, nous allons à Brême. Où que tu ailles, tu trouveras mieux que la mort. Tu as une belle voix, et si nous faisons ensemble de la musique, le résultat ne peut qu'avoir fière allure.

Le coq se rangea à cet avis et les quatre compagnons se mirent en route.

Cependant, Brême était fort loin, et, ne pouvant y arriver en un jour, ils durent se résoudre à passer la nuit dans la forêt. L'âne et le chien se couchèrent sur le sol. Le chat et le coq préférèrent dormir sur une branche, et le coq alla se percher sur la plus haute branche qui lui paraissait plus sûre. Avant de s'endormir, il scruta l'horizon aux quatre coins du monde et il lui sembla voir une lumière luire faiblement dans le lointain. Il appela alors ses compagnons de voyage et leur dit qu'il y avait une maison pas trop loin de là puisqu'il en voyait la lumière. L'âne dit :

– Allons-y, ici le gîte laisse quelque peu à désirer.

Le chien approuva, ajoutant même qu'un morceau de viande et deux ou trois os ne lui feraient pas de mal. Ils partirent sans plus attendre en direction de la lumière, et celle-ci grandissait et brillait plus fort au fur et à mesure qu'ils en approchaient. Ils arrivèrent bientôt devant le repère illuminé de quelques voleurs de grand chemin. L'âne, qui était le plus grand, s'approcha de la fenêtre et jeta un coup d'œil à l'intérieur.

– Que vois-tu, Robe Grisonnante ? demanda le coq.

– Ce que je vois ? répondit l'âne. Une table bien garnie. Le boire et le manger semblent fort appétissants. Et autour de la table, je vois des bandits qui prennent du bon temps.

– Voilà qui nous conviendrait fort, dit le coq.

– Si seulement nous pouvions entrer ! soupira l'âne.

Les amis tinrent conseil et il ne se passa guère de temps avant qu'ils ne trouvent une bonne idée pour chasser les brigands de la maison. L'âne se dressa sur les pattes de derrière

et s'appuya avec les pattes de devant sur le rebord de la fenêtre, le chien sauta sur le dos de l'âne, le chat grimpa sur le chien et le coq, d'un coup d'aile, se posa sur la tête du chat. Sur un signal, les quatre compagnons firent, chacun dans son registre, une bruyante démonstration de leurs talents de musiciens : l'âne se mit à braire, le chien à aboyer, le chat à miauler et le coq à chanter. Pour donner bonne mesure, ils sautèrent ensuite dans la maison en brisant la fenêtre et le tintement du verre ajouta sa note à cet assourdissant concert. Les bandits sursautèrent en entendant un tel vacarme, et, persuadés qu'ils avaient affaire à un fantôme, ils s'enfuirent dans la forêt. Les quatre compagnons se mirent alors à table, se servirent avec plaisir les restes du repas et mangèrent comme s'ils se préparaient pour de longues semaines de jeûne.

Une fois le repas achevé, les quatre musiciens se cherchèrent une place pour dormir, chacun selon sa nature et son envie. L'âne se coucha sur le tas de fumier, le chien s'étendit près de la porte, le chat se roula en boule près du feu où rougeoyaient encore quelques braises et le coq se percha sur une poutre. Fatigués par leur longue marche, ils ne tardèrent pas à s'endormir.

Vers minuit, bien longtemps après que la lumière fut éteinte et alors que le plus grand calme régnait dans la maison, le chef des bandits déclara :
– Nous n'aurions pas dû prendre ainsi la poudre d'escampette.
Il désigna l'un de ses hommes pour aller inspecter les lieux. Celui-ci s'introduisit dans la maison silencieuse et se dirigea vers la cuisine pour y allumer la lanterne. Voyant luire ce qu'il prit pour deux braises ardentes dans le foyer, mais qui n'étaient autres que les yeux du chat qui brillaient dans la nuit, le bandit en approcha une allumette pour l'enflammer. Le chat n'apprécia guère d'être dérangé, et, toutes griffes dehors, il sauta au visage de l'intrus en crachant. Le voleur effrayé voulut s'enfuir par la porte, mais le chien lui mordit le mollet. Le bandit détala alors en direction de la forêt, mais alors qu'il passait à côté du tas de fumier, l'âne lui décocha un violent coup de sabot. C'est cet instant que choisit le coq, réveillé par tout ce vacarme, pour lâcher un retentissant « cocorico » du haut de son perchoir. Le bandit prit ses jambes à son cou et s'en fut rendre compte de sa mésaventure à son chef.
– Il y a à l'intérieur de la maison une horrible sorcière, elle m'a griffé le visage de ses longs doigts crochus en hurlant. Devant la porte se tient un homme avec un grand couteau qu'il m'a enfoncé dans le mollet. Un monstre noir veille au milieu de la cour et il m'a frappé avec son énorme gourdin, et enfin, sur le toit se trouve un juge qui s'est mis à crier : « Arrêtez cet escroc ». Alors, je me suis enfui.
Plus jamais les brigands n'osèrent remettre un pied dans la maison, et les quatre musiciens de Brême s'y trouvèrent tellement bien qu'ils décidèrent de ne jamais en repartir.

Neigeblanche et Roserouge

Traduction : Armel Guerne, in Le Petit Chaperon rouge et autres contes, *collection « Étonnants Classiques »,*

À partir de 5 ans

13 min

Campagne
Maison

Filles
Mère
Ours

Il était une pauvre veuve qui vivait toute seule dans une petite chaumière, et qui avait deux rosiers dans le bout de jardin, devant sa demeure : l'un qui portait de blanches roses, et l'autre des roses rouges. Elle avait aussi deux fillettes qui ressemblaient aux deux rosiers, et l'une s'appelait Neigeblanche, tandis que l'autre se nommait Roserouge. C'étaient les filles les plus sages du monde, obéissantes et actives, pieuses et bonnes de cœur ; la seule différence, c'était que Neigeblanche avait plus de douceur encore que Roserouge et se montrait plus calme. Si Roserouge se plaisait plutôt à courir les prés ou les champs pour y cueillir des fleurs ou attraper des papillons, Neigeblanche préférait rester avec sa mère et l'aidait au ménage ou lui faisait la lecture quand le ménage était fini. Mais il n'empêche que les deux fillettes s'aimaient de tout leur cœur et se tenaient toujours par la main quand elles allaient ensemble se promener ou faire quelque commission. Si Neigeblanche disait à sa sœur : « Nous ne nous séparerons jamais ! » Roserouge lui répondait : « Jamais jusqu'à la mort. » Et leur mère ajoutait alors : « Tout ce que l'une peut avoir, elle doit le partager avec l'autre. »

Il leur arrivait souvent d'aller seules dans les bois pour chercher des fraises, ou des framboises peut-être, ou d'autres jolis petits fruits rouges. Aucune bête ne leur faisait de mal, toutes s'approchaient d'elles sans crainte, au contraire ; le lièvre venait leur manger dans la main, le chevreuil venait paître à côté d'elles et le cerf gambadait joyeusement dans leur voisinage, tandis que dans les arbres, les oiseaux chantaient pour elles de leur mieux. Jamais la moindre mésaventure ne leur survint, et si elles se laissaient surprendre par la nuit pour s'être attardées dans la forêt, elles se faisaient un lit de mousse et dormaient là côte à côte jusqu'au matin. Leur maman le savait et ne se faisait pas de tracas à leur sujet dans ce cas-là.

Une fois qu'elles avaient dormi la nuit dans la forêt, elles avaient eu la surprise, quand l'aurore les avait réveillées, de voir à côté de leur lit de mousse un bel enfant dans une robe d'une blancheur éblouissante. Il était assis, puis il s'était levé, les couvrant d'un regard affectueux ; il s'était éloigné sans prononcer une parole, puis avait disparu dans la forêt. Elles se rendirent compte alors qu'elles avaient dormi tout près d'un précipice et qu'elles y seraient inévitablement tombées, avec l'obscurité, si elles avaient seulement fait quelques pas de plus. Leur maman leur avait expliqué qu'elles avaient dû voir l'ange gardien qui veille sur les enfants sages.

Propre comme elles la tenaient, c'était un plaisir de voir la petite chaumière de leur mère : Roserouge s'en occupait en été, et elle ne manquait jamais d'apporter au lit de sa mère, chaque jour avant son réveil, un frais bouquet de fleurs où il y avait toujours une rose de chaque rosier, une blanche et une rouge. En hiver, c'était Neigeblanche qui se levait pour allumer le feu et mettre le chaudron à la crémaillère ; c'était un chaudron de cuivre jaune, mais qui brillait comme de l'or tellement il était bien récuré et poli. Et le soir, s'il neigeait, la maman disait : « Va Neigeblanche, et pousse le verrou. » Elles s'installaient alors près du feu, la maman chaussait ses lunettes et lisait à haute voix dans un gros livre, tandis que les fillettes filaient la quenouille tout en l'écoutant. Un agnelet se réchauffait aussi, couché à leurs pieds ; et derrière elles une colombe, sur son perchoir, dormait la tête cachée sous son aile.

Mais un soir qu'elles étaient là bien tranquilles devant l'âtre, voilà que tout à coup quelqu'un frappe à la porte.

– Va vite ouvrir, Roserouge, dit la mère, c'est sans doute quelque voyageur qui demande l'abri d'un toit.

Roserouge courut tirer le loquet, s'attendant à voir un pauvre homme. Mais non : c'était un ours qui avançait sa grosse tête sombre entre la porte et le montant. Roserouge se rejeta en arrière en poussant un grand cri, l'agneau se mit à bêler, la colombe à battre des ailes, et Neigeblanche courut se réfugier derrière le lit de sa mère.

– N'ayez pas peur, je ne vous ferai pas de mal ! dit l'ours sur le seuil. Je suis à moitié gelé et je voudrais seulement me réchauffer un peu chez vous.

– Viens près du feu, pauvre ours, mais prends garde de ne pas te roussir le poil, dit la mère, qui appela aussitôt :

– Neigeblanche, Roserouge, vous pouvez revenir ! L'ours ne vous fera pas de mal : il n'a que de bonnes intentions.

Elles revinrent alors toutes deux, puis l'agnelet et la colombe se rapprochèrent également petit à petit, oubliant leur premier effroi.

– Vous, les enfants, leur dit l'ours, faites-moi un peu tomber la neige qui reste prise dans ma fourrure !

Elles attrapèrent le balai et lui débarrassèrent le poil de toute neige, cependant qu'il grognait d'aise devant le bon feu. Tout à fait rassurées au bout d'un moment, les fillettes s'amusèrent bientôt avec ce grand pataud et se mirent à taquiner leur visiteur : elles enfonçaient leurs menottes dans sa fourrure et lui tiraient le poil, tambourinaient sur son dos avec leurs petits pieds, le bousculaient et le roulaient d'un côté sur l'autre, le fouettaient même avec une badine de noisetier, riant aux éclats de l'entendre grogner. L'ours les laissait faire de bonne grâce, s'exclamant seulement quand elles lui faisaient mal :

– Ne m'assassinez pas, les enfants ! Neigeblanche, Roserouge, écoutez ! Il ne faut pas tuer son fiancé !

Quand ce fut l'heure de dormir, avant d'aller se mettre au lit, la mère offrit à l'ours de rester :

– Tu peux bien te coucher là et dormir devant l'âtre, lui dit-elle, au moins tu seras à l'abri et protégé du froid !

Il resta donc, mais le jour blanchissait à peine quand les fillettes le laissèrent partir en lui ouvrant la porte ; et il s'en alla, trottant dans la neige, directement dans la forêt. Et depuis ce jour-là, chaque soir à la même heure, l'ours revint se coucher près du feu, en laissant les fillettes s'amuser avec lui autant qu'il leur plaisait ; on s'habitua même si bien à lui dans la chaumière, que le verrou n'était jamais tiré avant la venue tardive du noir compère.

Après le retour du printemps, lorsque déjà tout était vert dehors, l'ours, un matin, dit à Neigeblanche :

– Il faut à présent que je m'en aille, et je ne pourrai pas revenir de tout l'été.

– Pourquoi ? Où t'en vas-tu ainsi ? demanda la fillette.

– Dans la forêt : j'ai mes trésors à protéger et à garder contre les nains méchants, répondit-il. Durant l'hiver, quand la terre est gelée, il faut bien qu'ils restent dessous : ils ne peuvent pas sortir. Mais à présent que le soleil l'a bien chauffée et amollie, il leur est facile de s'ouvrir un passage et de monter à la surface, où ils fouillent partout pour voler. Et quand ils ont mis la main sur quelque chose et l'emportent dans leur monde souterrain, cela ne revoit pas souvent ni aisément la lumière du jour !

Neigeblanche se sentit toute triste de cet adieu. Dès qu'elle lui eut ouvert, l'ours se hâta de sortir, mais comme la porte n'était pas grande ouverte, il se prit la fourrure dans le loquet et s'écorcha un peu en passant ; alors il sembla à Neigeblanche que quelque chose comme de l'or avait brillé dans l'écorchure, mais c'était juste une impression et elle n'était pas sûre. L'ours s'éloigna précipitamment et bientôt, il eut disparu sous les arbres de la forêt.

À quelque temps de là, leur mère envoya les fillettes dans la forêt ramasser du bois mort ; elles y trouvèrent un gros arbre abattu, avec quelque chose qui bougeait et s'agitait dans l'herbe, près du tronc, sans qu'elles pussent distinguer ce que cela pouvait bien être. Approchant, elles virent que c'était un nain, vieux de figure et tout ridé, avec une longue, longue barbe blanche dont la pointe restait prise dans une fente du tronc ; tirant dessus, sautant et se débattant de droite et de gauche, le petit homme avait l'air d'un jeune chien au bout de sa corde, mais il n'arrivait pas à se tirer de là. Tournant ses yeux rouges et enflammés vers les fillettes, il glapit :

– Alors, qu'est-ce que vous avez à rester plantées là ! Vous ne pouvez pas venir me donner un coup de main, non ?

– Qu'est-ce qu'il t'arrive donc, petit homme ? questionna Roserouge.

– Stupide petite dinde, ne vois-tu pas que je voulais fendre cet arbre et faire du petit bois pour la cuisine ? Les grosses bûches, cela ne va pas chez nous : c'est tout juste bon pour nous calciner les petits plats que nous cuisons ! Parce que nous, nous ne mangeons pas en engloutissant des masses de nourritures comme vous autres, goinfres et grossiers personnages ! J'avais déjà bien engagé mon coin[1] dans le bois et tout serait allé pour le mieux, si ce maudit bois n'avait pas été si lisse : il a glissé dehors tout soudain et le tronc s'est resserré si rapidement que je n'ai pas eu le temps de dégager ma belle barbe blanche ; et maintenant elle est si fort coincée que je n'arrive pas à la retirer. Ah ! Il faut être bête comme les oies que vous êtes pour trouver cela drôle et en rire, avec vos faces plates, blêmes et niaises ! Pouah ! quelle laideur !

Les fillettes se donnèrent toutes les peines du monde, mais ne parvinrent pas à retirer la barbe, tellement elle était fermement prise.

– Attends, proposa Roserouge, je vais courir chercher de l'aide.

– Oh ! les idiotes, glapit le nain. Aller encore chercher du monde, c'est tout ce que vous trouvez ! Comme si je n'avais déjà pas assez et plus qu'assez de vous deux ici !

– Ne t'impatiente donc pas, dit Neigeblanche, je sais ce que nous allons faire.

1. Instrument de bois ou de métal en forme de coin utilisé pour fendre ou assembler ; de la même famille que cognée.

Elle tira les petits ciseaux qu'elle avait dans sa poche et coupa la pointe de la barbe. Sitôt libre, le nain attrapa son sac qui était resté entre les racines de l'arbre et qui était plein d'or, se le mit à l'épaule et partit en grommelant :
– Quelle race de brutes ! Me couper un bout de ma barbe ! Ma fierté ! Que le diable vous emporte !
Et il était déjà loin, sans avoir même accordé un regard aux deux fillettes.
Neigeblanche et Roserouge, quelques jours plus tard, partirent pêcher une friture ; mais quand elles arrivèrent à l'eau, il y avait là comme une grosse sauterelle qui sautait sur le bord et qui voulait plonger, eût-on dit. Elles y courent et que voient-elles ? C'est encore le nain, qu'elles reconnaissent aussitôt.

– Qu'est-ce que tu fabriques là ? lui demande Roserouge. Tu ne veux tout de même pas te jeter à l'eau ?
– Je ne suis pas encore complètement fou ! s'exclama le nain. Ne voyez-vous pas que c'est ce sacré poisson de malheur qui me tire dedans ?

Le petit homme s'était installé là pour pêcher, mais le vent avait si malencontreusement mêlé sa barbe avec sa ligne, que lorsqu'un gros poisson avait mordu et tiré sur le fil, il l'emporta avec plus de force que ne pouvait lui en opposer le faible nain, qui s'accrochait désespérément aux touffes d'herbes et aux joncs de la rive sans parvenir à s'y tenir. Il allait perdre la partie quand les fillettes arrivèrent à son secours et le retinrent sur le bord, s'efforçant ensuite de démêler le fil de sa barbe et sa barbe du fil. Mais à quoi bon ? Le fil et la barbe étaient noués ensemble, si étroitement et inextricablement, que leurs efforts restèrent vains. Une fois de plus, il ne leur resta qu'à sortir les petits ciseaux et à couper un petit peu de la barbe du nain, qui s'en indigna avec véhémence :

– Est-ce que ce sont des façons, horribles grenouilles, de massacrer ainsi le visage des gens ? Non contentes de m'avoir déjà défiguré en me coupant la pointe de ma barbe l'autre jour, voilà maintenant que vous taillez en plein dedans ! Comment oserai-je à présent me montrer devant mes frères ? Je voudrais que vous soyez obligées de courir et courir et courir jusqu'à n'avoir plus de semelles à vos chaussures !

Il se retourna alors, empoigna un sac de perles qu'il avait laissé dans les roseaux, et s'en fut sans ajouter un mot, disparaissant bientôt derrière une grosse pierre.

À quelque temps de là, ayant besoin de fil et d'aiguilles, de lacets et de rubans, la mère envoya ses fillettes à la ville voisine. Le chemin, pour s'y rendre, traversait une lande parsemée, ici et là, de grosses roches, et comme elles s'y avançaient, Neigeblanche et Roserouge observèrent le vol d'un aigle qui planait en tournoyant lentement dans le ciel et qui, finalement, fondit soudain et disparut derrière un rocher tout proche d'elles. Au même instant, elles entendirent un hurlement partir de là, et des gémissements pitoyables. Elles y coururent et virent, non sans effroi, que l'aigle s'était précipité sur leur vieille connaissance, le nain, qu'il s'apprêtait à enlever. N'écoutant que leur bon cœur, les fillettes s'accrochèrent au petit homme et le retinrent de toutes leurs forces, avec une telle obstination que l'aigle, à la fin, lâcha sa proie et repartit dans les hauteurs. À peine revenu de sa première épouvante, le nain se mit à glapir :

– Alors quoi ? Vous ne pouviez pas, non, vous conduire un peu plus proprement avec moi ? En tirant comme des folles sur mon petit habit, vous me l'avez troué et déchiré partout ! Des lourdaudes et des maladroites, voilà ce que vous êtes !

Et, reprenant son sac qui était plein de pierres précieuses, il disparut sous le rocher et regagna son antre souterrain.

Habituées à son ingratitude, les fillettes poursuivirent leur chemin et s'en allèrent à la ville faire leurs achats. Au retour, quand elles passèrent de nouveau sur la lande, elles tombèrent par surprise sur le nain, qui avait étalé devant lui, sur une petite plate-forme bien nette, les pierres précieuses de son sac, car il ne pensait pas que quelqu'un put passer encore par-là à une heure aussi tardive. Dans la lumière du couchant, les gemmes[2] étincelaient et jetaient mille feux de toutes les couleurs, rayonnaient avec un éclat si magnifique, que les fillettes restèrent clouées sur place par l'admiration.

– Qu'est-ce que vous fichez là, bayant aux corneilles ? glapit le nain si furieusement que son visage, d'ordinaire gris de cendre, en était vermillon.

Sa bouche se tordait déjà pour cracher de nouvelles injures quand soudain, avec un grognement puissant, un ours noir sortit de la forêt et arriva sur eux d'un trot rapide. Ce fut si vite fait que le nain, qui avait déjà bondi dans sa frayeur et qui voulait s'enfuir, n'eut pas le temps de regagner son trou ; l'ours était déjà là, devant lui, et lui coupait la retraite.

Affolé de terreur, le cœur glacé par le désespoir, le nain le supplia :

2. Pierres précieuses.

– Seigneur ours, mon cher seigneur ! Épargnez-moi ! Je vous donnerai mes trésors. Voyez comme elles sont belles, les pierres que j'ai là ! Laissez-moi seulement la vie. Un pauvre petit être comme moi, si minuscule, qu'est-ce que cela peut bien vous faire ? Entre vos dents, vous ne me sentiriez même pas !… Prenez-vous en plutôt à ces deux maudites gamines que voilà : c'est un morceau de roi pour vous ! Grasses et dodues comme des cailles ! Au nom du ciel, faites-en votre repas !

L'ours ne prêta pas la moindre attention à ces paroles et écrasa le mauvais petit être d'un seul coup de patte, le laissant raide mort.

Les fillettes avaient pris leurs jambes à leur cou, mais l'ours les appela :

– Neigeblanche ! Roserouge ! N'ayez pas peur ! Attendez-moi, je viens avec vous !

Reconnaissant sa voix, elles s'arrêtèrent dans leur fuite et l'ours arriva ; mais dès qu'il les eut rejointes, il perdit d'un seul coup sa peau d'ours, et elles eurent devant elles un beau jeune homme tout d'or vêtu.

– Je suis le fils d'un roi, leur expliqua-t-il, mais j'avais été changé en ours par ce nain maudit qui m'avait volé mon trésor, et j'étais obligé de courir les bois sous la forme d'un ours, tant que je n'aurais pas été délivré par sa mort. Maintenant, enfin, il a été puni comme il le convenait !

Neigeblanche devint son épouse et Roserouge celle de son frère. Quant aux trésors immenses que le nain avait accumulés dans son antre, ils se les partagèrent. Et la vieille maman vécut encore de longues et heureuses années de paix avec ses deux filles qu'elle était venue rejoindre, mais non sans emporter avec elle les deux rosiers de sa chaumière, qui fleurirent désormais devant leurs fenêtres, épanouissant chaque année leurs belles roses blanches et leurs belles roses rouges.

Raiponce

Traduction : Didier Debord.

À partir de 5 ans

6 min

Forêt
Tour

Jeune femme
Prince
Sorcière

Il était une fois un homme et une femme qui souhaitaient depuis fort longtemps avoir un enfant. Un jour, Dieu entendit leur prière et la femme vit enfin son ventre s'arrondir. Leur maison possédait vers l'arrière une petite fenêtre qui donnait sur un magnifique jardin richement orné de fleurs et de plantes d'une rare beauté. Le jardin était entouré d'un très haut mur et jamais personne n'avait eu l'audace de s'y aventurer, car il appartenait à une sorcière dotée de grands pouvoirs et que le monde entier redoutait. Un jour, alors qu'elle regardait par la fenêtre, la femme vit dans ce jardin le plus beau carré de raiponces qui lui ait jamais été donné de contempler. Les raiponces étaient si vertes et si fraîches que la femme ressentit aussitôt une irrésistible envie d'en manger. Cette envie grandit chaque jour davantage et la pauvre femme se mit à dépérir. Le mari s'en inquiéta fort :

– De quoi te languis-tu, ma bien-aimée ?

– Je mourrai si je ne mange pas de cette raiponce qui pousse dans le jardin derrière notre maison, répondit la femme.

« Je rapporterai de cette raiponce à ma femme avant qu'elle ne se laisse mourir, pensa l'homme qui lui vouait un tendre amour. Qu'importe ce qu'il m'en coûtera. »

Dès la tombée de la nuit, l'homme passa par-dessus le mur, arracha en toute hâte une poignée de raiponces et les rapporta à sa femme. Celle-ci en fit aussitôt une salade qu'elle mangea avec grand appétit. Mais elle trouva cette salade si bonne, si irrésistiblement bonne, que son envie n'en fit que croître et que son mari dut se résoudre à franchir de nouveau le mur pour l'apaiser. Le soir même, l'homme escalada le mur et sauta dans le jardin. Quelle ne fut pas sa frayeur quand il vit alors devant lui la sorcière qui le regardait méchamment !

– Comment oses-tu seulement venir dans mon jardin pour me voler mes raiponces ? lui demanda la sorcière. Ton audace te coûtera cher.

– Ne vous mettez pas en colère, dit l'homme. Je n'ai agi ainsi que par nécessité. Ma femme a vu votre raiponce par la fenêtre et elle mourra si elle ne peut pas en manger.

La sorcière s'apaisa alors et lui dit :

– S'il en est ainsi, je veux bien t'autoriser à prendre autant de raiponce que tu le veux, mais à une condition : tu me donneras l'enfant que ta femme mettra au monde. Je veux le rendre heureux et prendrai soin de lui comme une mère. De peur, l'homme promit tout ce que la sorcière lui demanda. Et c'est ainsi que quelques semaines plus tard, alors que la femme venait d'accoucher, la sorcière vint prendre l'enfant auquel elle donna le nom de Raiponce.

Raiponce était la plus belle enfant que le monde ait jamais portée. Quand elle eut douze ans, la sorcière l'enferma au milieu de la forêt dans une tour sans porte ni escalier, et avec une seule et étroite fenêtre en son sommet. Quand elle voulait y entrer, la sorcière appelait sous la fenêtre :

Raiponce, Raiponce.
Déroule jusqu'au sol ta longue tresse.

Raiponce avait en effet des cheveux magnifiques et fort longs, coiffés en une tresse qui semblait faite de milliers de fils d'or. Raiponce dénouait alors sa longue chevelure et l'enroulait autour de l'un des crochets de la fenêtre. Sa tresse effleurait le sol, vingt aunes plus bas, et la sorcière pouvait y grimper.

Quelques années plus tard, le fils d'un roi passa à cheval près de la tour de laquelle s'élevait un chant si plaisant et si pur qu'il arrêta son cheval pour mieux l'écouter. C'était Raiponce qui trompait sa solitude en faisant résonner sa tendre voix. Le fils du roi voulut monter jusqu'à elle, mais il ne trouva pas la porte qui lui eût permis d'entrer. Le jeune homme retourna certes à la maison, mais le chant lui avait à ce point échauffé le cœur qu'il ne se passa plus une journée sans qu'il ne retourne dans la forêt pour l'écouter. Un jour, alors qu'il s'était caché derrière un arbre, il vit arriver une sorcière. Arrivée au pied de la tour, il l'entendit prononcer ces mots :

Raiponce, Raiponce.
Déroule jusqu'au sol ta longue tresse.

Raiponce fit pendre sa chevelure et la sorcière y grimpa.

« Si c'est là l'échelle qui permet de monter, je tenterai ma chance dès demain », pensa le jeune homme.

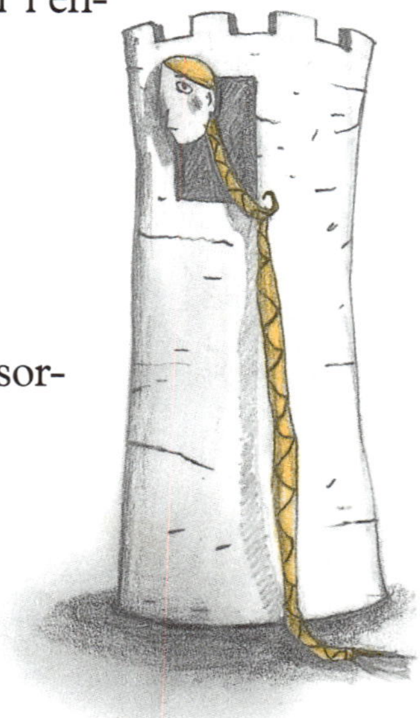

Et c'est ainsi que le lendemain, dès la tombée de la nuit, il alla au pied de la tour et appela :

Raiponce, Raiponce.
Déroule jusqu'au sol ta longue tresse.

Aussitôt, les cheveux effleurèrent le sol et le fils du roi y grimpa. Raiponce fut tout d'abord effrayée en voyant entrer un homme, mais le fils du roi lui parla avec gentillesse. Il lui dit combien son chant l'avait ému, au point qu'il lui avait fallu voir à qui appartenait cette belle voix. Raiponce sentit sa peur la quitter, et quand le jeune et beau garçon lui demanda si elle accepterait de le prendre pour mari, elle pensa qu'il l'aimerait davantage que la vieille sorcière. Elle acquiesça, posa sa main dans la sienne, et dit :

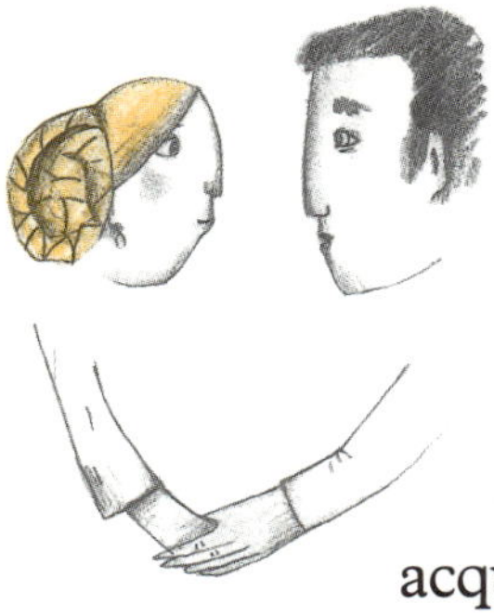

– Je veux bien partir avec toi, mais encore faudrait-il que je puisse quitter cette tour ? Apporte-moi un fil de soie chaque fois que tu reviendras et je m'en tresserai une échelle. Quand celle-ci sera terminée, je descendrai de la tour et tu m'emporteras sur ton cheval.
Ils convinrent qu'il reviendrait chaque soir, car la sorcière venait pendant la journée. Celle-ci ne remarqua d'ailleurs rien jusqu'au jour où Raiponce naïvement lui demanda.
– Dites-moi, comment se fait-il que vous me paraissiez beaucoup plus lourde que le fils du roi qui monte à moi en quelques instants seulement.
– Fille impie ! s'exclama la sorcière. Je croyais t'avoir mise à l'écart du monde, et voilà que tu me trahis !

De colère, la sorcière attrapa d'une main la belle tresse de Raiponce et se saisit de l'autre d'un ciseau. Quelques instants plus tard, la tresse gisait sur le sol. Impitoyable, la sorcière envoya en outre la pauvre Raiponce dans une contrée désolée où elle vécut dans la misère et la tristesse.

Le soir même, la sorcière attacha la tresse à l'un des crochets de la fenêtre, et, quand le fils du roi appela :

Raiponce, Raiponce.
Déroule jusqu'au sol ta longue tresse.

Elle la laissa pendre par la fenêtre. Le jeune homme ne trouva pas sa Raiponce bien-aimée au sommet de la tour, mais la sorcière qui le regardait avec méchanceté.

– Ha ha ! s'exclama-t-elle railleuse. Tu es venu chercher ta bien-aimée, mais l'oiseau n'est plus dans le nid et il ne chante plus. Le chat s'en est emparé. Et jamais plus tu ne verras Raiponce, car il va maintenant te crever les yeux avec ses griffes.

Fou de douleur et de désespoir, le fils du roi sauta de la tour. Et, s'il n'y laissa point la vie et échappa aux griffes de la sorcière, il n'en perdit pas moins la vue car les ronces dans lesquelles il tomba lui crevèrent les yeux.

Le malheureux erra longuement dans la forêt. Il se nourrissait de racines et de baies, et ses yeux aveugles ne cessaient de pleurer la perte de sa bien-aimée. C'est ainsi qu'après de longues années d'errance, il arriva dans la contrée désolée où

Raiponce menait une existence misérable avec les jumeaux, un garçon et une fille, qu'elle avait mis au monde. Il entendit soudain une voix, et cette voix lui était si familière qu'il se dirigea vers elle sans hésiter. Quand elle le reconnut, Raiponce se jeta dans les bras du fils du roi en pleurant. Deux de ses larmes coulèrent sur les yeux du prince qui retrouva soudain la vue.

Il emmena avec lui sa bien-aimée et leurs deux enfants, et, ensemble, ils entrèrent dans son royaume où ils furent accueillis avec joie et vécurent longtemps et très heureux.

Tom Pouce

Traduction : Armel Guerne, in Le Petit Chaperon rouge et autres contes*, collection « Étonnants Classiques »,*

À partir de 5 ans

11 min

Campagne
Maison

Bandits
Fils
Mère
Père

Un pauvre paysan était assis, le soir, au coin du feu, avec sa femme qui filait près de lui. Et tout en attisant le feu, il lui dit :

– Comme c'est triste, femme, que nous n'ayons pas d'enfant, tout est si morne chez nous, alors que chez les autres il y a de la joie et du mouvement !

– Hélas ! soupira la femme, n'en aurions-nous qu'un seul, et ne serait-il même pas plus grand que le pouce, j'en serais tout heureuse et nous l'aimerions de tout notre cœur !

Or, il se fit après cela que la femme tomba malade et mit au monde, après sept mois, un enfant parfaitement formé et bien vivant de tous ses membres, mais qui n'était pas plus grand que le pouce. Non, il n'était pas plus grand.

– Il est ainsi que nous l'avions souhaité, dirent les parents, et il sera notre enfant bien-aimé.

À cause de sa taille, ils l'appelèrent Tom Pouce et lui donnèrent tout ce qu'il fallait, ne le laissèrent manquer de rien ; mais l'enfant n'en demeura pas moins exactement tel qu'il était au jour de sa naissance : il ne grandissait pas. Son œil était brillant, son intelligence vive et ses gestes adroits, si bien que tout ce qu'il faisait, il le réussissait fort bien.

Un jour que le paysan s'apprêtait à sortir pour aller abattre du bois dans la forêt, il soupira :

– Si j'avais au moins quelqu'un pour m'aider et m'amener la charrette !

– Oh ! père, s'écria Tom Pouce je la conduirais bien, moi, la charrette, si vous le permettiez, et vous l'auriez en temps voulu dans la forêt.

– Mais tu es trop petit, dit le père en riant, comment veux-tu conduire le cheval et tirer sur les rênes ?

– Pas d'importance, père ! Si maman veut bien atteler, je me mettrai, moi, dans l'oreille du cheval et je lui crierai comment il devra marcher.

– Bon, dit le père, pour une fois on peut bien essayer.

La mère attela donc le cheval et mit Tom Pouce dans l'oreille de la bête, où le petit bout d'homme se mit à commander hue et dia, droite et gauche, guidant l'attelage comme s'il avait été un vrai charretier ; et la charrette suivit les bons chemins pour arriver au bon moment et à l'endroit voulu dans la forêt. Comme elle prenait le dernier tournant, et alors que le petit homme, dans l'oreille du cheval, commandait : « Ho ! ho ! là… », deux étrangers qui se trouvaient là restèrent bouche bée en voyant la chose.

– Bon sang ! qu'est-ce que c'est que cela ? s'exclama l'un d'eux. Voilà une charrette qui arrive, on entend la voix du cocher et il n'y a personne !

– Cela ne me paraît pas très normal non plus, dit l'autre ; suivons-la et nous verrons quand elle s'arrêtera.

Ils suivirent la charrette qui quitta le chemin pour s'enfoncer dans le sous-bois et venir s'arrêter exactement à la pile de bois. Tom Pouce, quand il vit son père, lui lança joyeusement :

– Tu vois, père, me voici avec la charrette. Maintenant, mets-moi par terre.

Le père retint son cheval au mors et, de l'autre main, extirpa son poucet de fils de l'oreille de la bête pour le poser à terre, où il alla, tout guilleret, s'asseoir et se reposer sur un brin de paille. En voyant le minuscule et hardi personnage, les deux inconnus en eurent la parole coupée d'étonnement, puis l'un d'eux tira son compagnon à part et lui dit :

– Écoute, avec ce petit compère notre fortune serait faite, rien qu'à le montrer dans une grande ville contre rétribution. Il nous faut l'acheter.

– Vends-nous le petit bonhomme, vinrent-ils dire au paysan, nous le soignerons bien.

– Non, répondit carrément le père, c'est mon cher petit, et pour tout l'or du monde je ne le céderai pas !

Mais Tom Pouce, en entendant la proposition, s'était empressé de grimper le long des habits de son père jusqu'à son épaule, où il courut lui chuchoter à l'oreille :

– Père, vous pouvez bien me vendre à eux : je ne serai pas long à revenir.

Sur quoi le père le vendit aux étrangers pour le prix d'une superbe pièce d'or.

– Où veux-tu qu'on te mette ? lui demandèrent-ils au moment de partir.

– Bah ! mettez-moi donc sur le rebord de votre chapeau, leur dit-il ; comme cela, je pourrai me promener tout autour et regarder le paysage.

L'un d'eux le posa donc sur le bord de son chapeau ; et après qu'il eut fait ses adieux à son père, Tom Pouce s'éloigna avec les deux inconnus qui cheminèrent tout le reste du jour sans s'arrêter une seule fois. Le soir venu, il leur dit :

– Hé, posez-moi donc un peu par terre, j'en ai besoin.
– Tu es très bien où tu es, répondit l'homme qui le portait. Fais ce que tu as à faire sans te gêner : les oiseaux ne se gênent pas non plus, à l'occasion.
– Mais non, mais non, insista le petit bout d'homme : je sais de quoi je parle et ce qui convient. Dépêchez-vous de me poser par terre.
L'homme enleva son chapeau et déposa Tom Pouce dans l'herbe, sur le bord du talus. Il courut aussitôt jusqu'à un champ tout proche, se faufila prestement parmi les mottes et s'enfila dans un trou de mulot qu'il avait remarqué d'avance.
– Bonsoir messieurs, leur cria-t-il à l'entrée de son trou. Continuez votre route sans moi !
Et il éclata d'un rire moqueur.
Les deux hommes sautèrent jusque-là et se mirent à fourrager dans le trou avec une baguette ; mais à quoi bon ? C'était peine perdue : le trou n'était pas grand d'orifice, mais il était profond, et Tom Pouce n'avait rien de plus facile que de s'y enfoncer à mesure. Quand l'obscurité fut complète, dehors, il fallut bien que les deux hommes abandonnassent leurs recherches. Ils finirent par rentrer chez eux, fort en colère mais bredouilles.
Tom Pouce se sortit de son trou dès qu'il eut constaté qu'ils étaient bien partis. « Trop dangereux de marcher à travers champs en pleine obscurité, se dit-il, on s'y casserait le cou ou une jambe comme rien ! » Par bonheur, il y avait justement là une coquille d'escargot, une coquille vide, et Tom Pouce s'y installa en disant :
– Dieu soit loué, je vais pouvoir passer la nuit tranquille !

Il commençait déjà à somnoler quand il entendit deux individus qui passaient sur le chemin en conversant.

– Que ce curé soit riche, d'accord, disait l'un. Qu'on puisse lui voler beaucoup d'or et d'argent, c'est entendu. Mais comment allons-nous nous y prendre ?

– Je vais vous le dire ! cria Tom Pouce de toutes ses forces.

– Qu'est-ce que c'est ? dit l'un des voleurs tout effrayé. J'ai entendu parler quelqu'un !

Ils s'immobilisèrent, prêtant l'oreille.

– Emmenez-moi avec vous, je vous aiderai, reprit Tom Pouce.

– Mais où es-tu donc ? demandèrent-ils.

– Vous n'avez qu'à baisser le nez et chercher par terre d'où vient la voix, leur dit-il.

Quand enfin ils le découvrirent, les voleurs l'élevèrent à la hauteur de leur visage et lui dirent :

– Toi, petit diablotin, comment voudrais-tu nous aider ?

– Très facile, leur répondit Tom Pouce : je me glisse entre les barreaux dans la chambre du curé, et une fois dedans, je vous passe tout ce que vous voulez.

– Allons-y, décidèrent-ils, nous verrons ce que tu es capable de faire.

Lorsqu'ils furent au presbytère, Tom Pouce se coula à l'intérieur et, une fois dans la chambre, cria de toute la force de ses poumons :

– Est-ce que vous voulez tout ce qu'il y a ici ?

Les voleurs, effrayés, le supplièrent bien vite de parler plus bas pour ne pas réveiller tout le monde. Mais Tom Pouce fit comme s'il n'avait rien entendu et leur cria de plus belle :

– Allons ! décidez-vous et dites-moi ce que je dois vous faire passer. Est-ce que vous voulez tout ce qu'il y a ici ?
Au bruit, la cuisinière qui dormait dans la chambre voisine sursauta dans son lit et prêta l'oreille. Les voleurs s'étaient sauvés un peu plus loin dans leur effroi, mais reprenant courage en voyant que rien ne bougeait, ils se rapprochèrent de nouveau, en se disant que le minuscule bonhomme n'avait voulu que s'amuser un peu à leur faire peur.
– Assez plaisanté, lui chuchotèrent-ils ; à présent, passe-nous quelque chose et ne fais pas de bruit.
De toute la force de sa voix, il leur cria en réponse :
– Tendez seulement vos mains, je vais tout vous passer, tout !
Cette fois, la servante qui écoutait entendit nettement la voix et ce qu'elle disait ; elle sauta vivement à bas de son lit et courut à la porte. Les deux voleurs prirent la fuite à toutes jambes, courant plus vite encore que s'ils avaient eu le diable à leurs trousses. La servante, qui n'avait rien pu voir, alla dans la cuisine pour s'allumer une chandelle ; et quand elle revint, Tom Pouce s'était caché dans le foin. Elle regarda et chercha, mais ne vit rien d'anormal et finit par penser qu'elle avait dû rêver. Et elle retourna se mettre au lit.
Tom Pouce, dans le foin blotti, s'était trouvé un fameux petit nid pour dormir, et ne songeait plus qu'à s'y bien reposer jusqu'au jour pour s'en retourner enfin près de ses parents. Mais les choses ne vont pas toujours comme on veut, ça non ! Et ce monde est toujours plein d'embûches et de tribulations !
Le jour blanchissait à peine quand la servante se leva, et son premier travail fut d'aller nourrir les bêtes ; elle sauta donc du lit pour aller directement à la grange prendre une bonne brassée de foin : et le foin qu'elle emporta était précisément

celui dans lequel le malheureux Tom Pouce s'était fait sa litière, où il dormait du plus profond sommeil. Il dormait même si bien qu'il ne s'aperçut de rien et ne se réveilla que sur la langue et entre les dents d'une vache, qui l'avait attrapé en même temps que son foin.

– Mon Dieu ! s'écria-t-il, me voilà au foulon[1] !

Mais il ne lui fallut pas longtemps pour comprendre où il se trouvait, et son premier souci fut d'éviter de se laisser broyer entre les dents de la vache ; après quoi, il lui fallut glisser au fond de la gorge et dans la panse de l'animal. « Le local manque de fenêtres, se dit-il, et le soleil n'y brille pas, mais on a aussi oublié la chandelle. » De toute manière, le séjour ne lui plaisait pas du tout. Mais le pire, c'était encore qu'il descendait toujours de nouvelles quantités de foin chez lui, et que sa place se réduisait à mesure.

– Arrêtez ! cria-t-il, n'envoyez plus de foin ! Ne m'envoyez plus de fourrage ! Ne m'en envoyez plus !

La servante, qui était en train de traire la vache, entendit cette voix sans voir personne, et comme cette voix ressemblait tout à fait à celle qu'elle avait entendue pendant la nuit, elle eut une telle frayeur et sursauta si violemment, qu'elle tomba de son tabouret à la renverse et répandit tout le lait par terre. Se relevant précipitamment, elle courut chez son maître et lui cria, tout essoufflée :

– Oh ! mon Dieu ! Oh ! mon Dieu ! Monsieur le curé, il y a la vache qui a parlé !

– Tu es folle, dit le prêtre, qui pourtant se rendit lui-même à l'étable pour se rendre compte de ce qu'il s'y passait.

1. Foulon : machine servant à fouler, écraser les étoffes.

Or, il y avait à peine mis le pied que Tom Pouce, de nouveau, criait à pleins poumons :
– Ne m'envoyez plus de foin ! Ne m'envoyez plus de fourrage !
Le curé prit peur à son tour et, pensant que c'était un méchant esprit qui avait pris possession de la vache, il ordonna qu'on l'abattît.
Ils l'égorgèrent donc, et la panse où se trouvait Tom Pouce fut jetée avec les déchets sur le fumier. Le petit bonhomme eut le plus grand mal à s'en dépêtrer, mais il finit par y parvenir, et juste comme il sortait la tête, voilà qu'un nouveau malheur tomba sur lui : un loup affamé survint, attiré par l'odeur, qui avala gloutonnement la panse avec son contenu. Indemne, mais englouti, le fier petit bonhomme ne perdit pas courage et se dit qu'il arriverait peut-être à s'entendre avec le loup.
– Cher loup, lui dit-il, je connais pour toi un magnifique festin.
– Ah ! répondit le loup, et où cela ?
– Dans telle et telle maison, expliqua Tom Pouce en indiquant précisément la maison de son père ; il te sera facile de t'y glisser la nuit par l'égout de la cuisine, et tu y trouveras à manger tant que tu en voudras : du lard et des saucisses et du gâteau, en veux-tu en voilà.
Le loup ne se le fit pas répéter, courut tout droit à la maison en question et s'y introduisit, la nuit, par le gros tuyau d'égout, qui semblait fait sur mesure pour lui. Une fois parvenu au garde-manger, il s'en donna à ventre que veux-tu. Quand enfin sa voracité fut satisfaite, il voulut repartir par le même chemin ; mais il s'était si bien rempli la panse qu'il ne

put jamais repasser par le même trou, devenu trop étroit. Il était prisonnier ; et c'était bien ce qu'avait escompté Tom Pouce, qui se mit alors à crier de toute la force de sa voix en menant, dans le ventre du loup, une danse et un chahut frénétiques.

– Vas-tu te tenir tranquille ? lui souffla le loup. Tu vas réveiller tout le monde ici !

– Dis donc ! lui répondit-il, tu t'es bien régalé, toi ! Moi je peux bien m'amuser un peu aussi !

Sur quoi il se remit de plus belle à faire du vacarme, tant et si bien que son père et sa mère, réveillés, coururent jusqu'à la cuisine et regardèrent par le trou de la serrure. Voyant que c'était le loup, ils revinrent en hâte chercher des armes, et l'homme prit une hache tandis que la femme prenait une faux.

– Garde la porte, dit le mari à sa femme en pénétrant dans la cuisine : je vais lui asséner un bon coup de hache, et s'il ne meurt pas du coup, tu n'auras qu'à l'achever en lui ouvrant le ventre.

En entendant la voix de son père, Tom Pouce lui cria :

– Père, cher père, c'est moi ! Je suis dans le ventre du loup.

– Dieu soit béni ! s'exclama le père tout heureux, notre cher petit est enfin retrouvé !

Il dit à sa femme de ranger sa faux qui pourrait blesser Tom Pouce, puis il s'avança en levant sa hache qu'il abattit sur la tête du loup, le tuant net du premier coup. Avec un grand couteau d'abord et des ciseaux ensuite, il ouvrit le ventre du loup précautionneusement et en extirpa le petit.

– Ah ! lui dit-il en le voyant, ce que nous avons pu être inquiets à ton sujet !
– Eh oui, père, dit Tom Pouce, j'ai pas mal voyagé de par le monde, mais Dieu merci, je respire le bon air de nouveau !
– Mais où donc es-tu allé ?
– Oh ! père, j'ai été dans un trou de souris, dans la panse d'une vache et dans le ventre du loup, mais à présent je reste avec vous.
– Et nous, pour tout l'or du monde, nous ne te vendrons jamais plus ! s'exclamèrent ses parents en l'embrassant et le serrant sur leur cœur.
Ils lui donnèrent à manger et à boire, et ils l'habillèrent de neuf, parce que son voyage lui avait usé et gâté son costume.

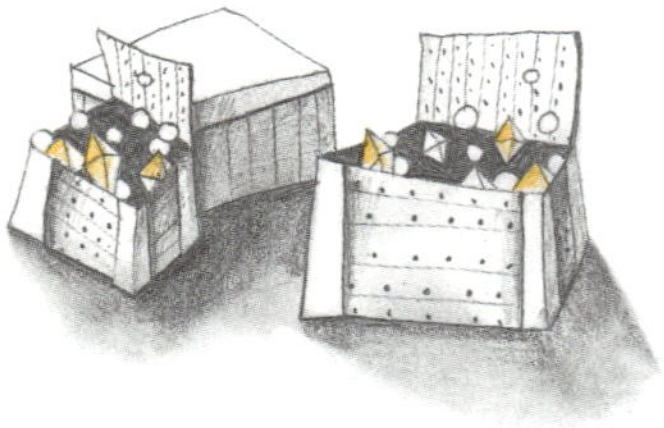

Jeannot et Margot

Traduction : Armel Guerne, in Le Petit Chaperon rouge et autres contes*, collection « Étonnants Classiques »,*

Jeannot et Margot sont aujourd'hui plus connus sous leurs prénoms d'origine : Hänsel et Gretel

À partir de 4 ans

15 min

Forêt
Maison

Frère
Sœur
Sorcière

Tout près d'une grande forêt vivaient un pauvre bûcheron, sa femme et leurs deux enfants : un garçon qui s'appelait Jeannot, et une fillette qui se nommait Margot. Le bûcheron gagnait si peu qu'il n'avait presque rien à leur donner à manger d'ordinaire, mais lorsqu'il y eut la famine dans la contrée, ce fut même le pain quotidien qui manqua. Un soir qu'il ne pouvait dormir à cause de ses soucis et qu'il se retournait dans son lit en soupirant à cause de ses tristes pensées, il dit à sa femme :

– Qu'allons-nous devenir ? Et comment pourrions-nous faire manger nos enfants quand nous n'avons rien à manger nous-mêmes ?

– Sais-tu quoi, mon homme ? Demain matin, de très bonne heure, nous emmènerons les enfants dans la forêt, là où elle est la plus épaisse. Nous leur préparerons un feu là-bas, et nous leur donnerons encore à chacun un dernier petit bout de pain, puis nous irons à notre travail et nous les laisserons seuls. Ils ne retrouveront plus le chemin de la maison et nous en serons débarrassés.

– Non, femme, je ne peux pas faire cela ! dit-il. Comment prendrais-je sur mon cœur de laisser mes enfants tout seuls dans la forêt, avec les bêtes sauvages qui ne tarderaient pas à venir les dévorer ?

– Idiot que tu es ! dit la femme. Nous allons donc mourir de faim tous les quatre, et il ne te reste plus qu'à raboter les planches pour nos cercueils !
Sans lui laisser ni trêve ni repos, elle continua et insista jusqu'à ce qu'il eût consenti.
– Mais quand même, dit l'homme, ces pauvres enfants me font regret.
Les deux enfants, qui ne pouvaient pas dormir à cause de la faim, avaient tout entendu de ce que la marâtre[1] avait dit à leur père. Margot, en pleurant des larmes amères, dit à Jeannot :
– À présent, c'en est fini de nous !
– Console-toi, Margot, ne te mets pas en peine, dit Jeannot : j'aurai tôt fait de nous tirer de là.
Et quand les parents furent endormis, il se glissa à bas du lit, enfila sa petite veste, courut jusqu'à la porte-coupée[2] dont il ouvrit le bas, et passa dehors. C'était en plein clair de lune et le gravier, devant la maison, faisait luire ses petits cailloux comme autant de sous neufs. Jeannot se baissa et en ramassa tant qu'il put en mettre dans ses petites poches ; puis il rentra et dit à Margot :
– Tranquillise-toi, ma chère petite sœur, tu peux dormir en paix et avoir confiance : Dieu ne nous abandonnera pas. Puis il se remit au lit.
À la pointe du jour, bien avant le lever du soleil, la femme s'en venait réveiller les deux enfants :
– Debout ! Debout, paresseux, leur dit-elle, nous allons dans la forêt pour y faire du bois. Ensuite elle leur donna à chacun un petit bout de pain en leur disant :
– Comme cela, vous aurez un petit quelque chose pour midi ; mais ne le mangez pas avant, parce qu'il n'y aura rien d'autre.

1. Belle-mère, par extension, mère méchante ou dénaturée.
2. Porte coupée en hauteur, pourvue de battants en partie basse et haute.

Margot serra[3] le pain sous son tablier puisque Jeannot avait les cailloux dans ses poches ; et en route pour la forêt. Après un petit bout de chemin, Jeannot s'arrêta et se retourna pour jeter un coup d'œil du côté de la maison, puis encore un peu plus loin, et encore, et encore il recommençait la même chose.

– Qu'est-ce que tu as à toujours regarder et traîner en arrière ? lui dit son père. Tâche de faire attention et n'oublie pas de faire marcher tes jambes !

– Oh ! père, c'est mon petit chat blanc que je regardais : il est monté sur le toit et veut me dire adieu.

– Idiot, dit la femme, ce n'est pas ton chat : c'est le soleil levant qui luit sur la cheminée !

Mais Jeannot n'avait ni regardé, ni vu son petit chat ; il avait seulement tiré chaque fois un petit caillou blanc de sa poche pour le jeter sur le chemin. Lorsqu'ils furent arrivés au beau milieu de la forêt, le père dit :

– À présent, les enfants, vous allez me ramasser du bois : je vais vous faire un feu pour que vous n'ayez pas froid.

Jeannot et Margot rapportèrent du bois mort et en firent tous les deux une petite montagne. Le feu fut allumé, et quand la flamme fut bien haute, la femme dit :

– Vous, les enfants, couchez-vous près du feu et reposez-vous pendant que nous allons plus loin faire du bois. Nous viendrons vous chercher quand nous aurons fini.

Jeannot et Margot se tinrent sagement près du feu, et quand ce fut midi, chacun mangea son petit bout de pain. Ils croyaient que leur père

3. Rangea.

n'était pas loin, parce qu'ils entendaient les coups de la cognée ; mais ce n'était pas sa hache qu'ils entendaient frapper : c'était une grosse branche qu'il avait attachée de telle sorte que le vent la fît battre çà et là. Et comme ils étaient restés là longtemps, ils eurent les yeux lourds de fatigue et ils finirent par s'endormir. Quand ils se réveillèrent, c'était déjà nuit noire. Margot commença à pleurer en disant :

– Comment allons-nous faire à présent pour sortir de la forêt ?

Mais Jeannot la réconforta et lui dit :

– Attends seulement que la lune se lève, ce ne sera pas long, et nous trouverons bien le chemin.

Et quand la pleine lune fut levée, Jeannot prit Margot par la main et emmena sa petite sœur en suivant le chemin tracé par les cailloux blancs, qui luisaient comme des sous neufs. Ils marchèrent toute la nuit et n'arrivèrent qu'à la pointe du jour devant la maison de leur père. Ils frappèrent à la porte et la femme vint ouvrir ; et quand elle vit que c'étaient Jeannot et Margot, elle s'écria :

– Méchants enfants ! Dormir si longtemps dans la forêt, en voilà des façons ! Nous avons cru que vous vouliez ne plus jamais revenir.

Le père, par contre, se réjouit de les revoir, car son cœur lui pesait de les avoir laissés comme cela, tout seuls.

Mais au bout de très peu de temps ce fut de nouveau la misère chez eux, et le besoin était dans tous les coins ; et de nouveau les enfants entendirent leur mère qui parlait avec leur père et qui lui disait :

– Voilà que tout est encore mangé : une demi-miche de pain, c'est tout ce qu'il nous reste, et après c'est fini la musique. Il faut expédier les enfants, mais cette fois nous les mènerons bien plus profond dans la forêt pour qu'ils n'arrivent pas à retrouver le chemin ; autrement, pas de salut pour nous. L'homme se sentit un gros poids sur le cœur et pensa : « Mieux vaudrait partager avec les enfants ta dernière bouchée ! » Sa femme ne voulut rien entendre de ce qu'il pouvait dire ; elle le rabroua, au contraire, le houspilla et l'accabla de reproches. Qui a dit A doit aussi dire B, et puisqu'il avait consenti la première fois, il fallut bien qu'il cédât la seconde aussi.

Mais les enfants ne dormaient pas non plus, et ils avaient surpris tout le dialogue. Aussi Jeannot se leva-t-il quand les vieux se furent endormis, comme la fois d'avant, voulant se glisser dehors. Mais cette fois la mère avait fermé les deux parties de la porte et il ne put sortir. Néanmoins, il réconforta sa petite sœur et lui dit :

– Ne t'inquiète pas, Margot, tu n'as pas besoin de pleurer et tu peux dormir tranquille : Dieu nous assistera encore.

Au petit matin, la femme vint tirer les enfants du lit, mais le petit bout de pain qu'ils reçurent était encore un plus petit bout que l'autre fois. En route vers la forêt, Jeannot l'émietta dans sa poche et s'arrêta de temps à autre pour en jeter une miette sur le chemin.

– Jeannot, qu'est-ce que tu restes en arrière à regarder n'importe quoi ? gronda le père. Allons, avance !

– C'est mon petit pigeon blanc que je regardais, dit Jeannot : il est perché sur le toit et veut me dire adieu.

– Idiot, ce n'est pas ton petit pigeon, dit la femme : c'est le soleil levant qui luit sur la cheminée !

Ce qui n'empêcha pas le garçon de jeter de place en place

toutes les miettes de son pain sur le chemin.
La femme emmena les enfants bien plus au cœur de la forêt, dans un endroit qu'ils n'avaient jamais vu de leur vie. Un grand feu fut préparé de nouveau et la mère leur dit :
– Restez là, les enfants, et quand vous serez fatigués, vous n'aurez qu'à dormir un peu : nous allons faire du bois un peu plus loin et ce soir, quand nous aurons fini, nous viendrons vous chercher.
Lorsque ce fut midi, Margot partagea son peu de pain avec Jeannot, puisqu'il avait semé son morceau miette par miette tout le long du chemin. Après, les enfants s'endormirent et le temps passa ; l'après-midi s'écoula, puis le soir, mais personne ne revint près des pauvres petits. Quand ils se réveillèrent enfin, c'était déjà nuit noire, et Jeannot consola sa petite sœur en lui disant :
– Attends seulement que la lune se lève, Margot, alors nous pourrons voir les miettes que j'ai répandues et qui nous montreront le chemin jusqu'à la maison.
La lune monta et ils se levèrent, mais ils ne trouvèrent plus une seule miette de pain nulle part, car les milliers de becs des milliers d'oiseaux qui volent tout partout, dans la forêt ou la campagne, les avaient avalées.
– Nous trouverons bien notre chemin quand même, va ! dit Jeannot à Margot.
Mais ils ne le trouvèrent pas. Ils marchèrent toute la nuit et encore toute la journée du matin jusqu'au soir, mais ils n'étaient toujours pas sortis de la grande forêt ; et comme ils n'avaient rien mangé que quelques rares petits fruits qu'ils avaient pu trouver par terre, quelle faim ils avaient ! Ils étaient tellement fatigués que leurs jambes ne voulaient plus

les porter. Alors ils se laissèrent tomber au pied d'un arbre et s'y endormirent. Le matin fut vite là, et c'était déjà leur troisième journée loin de la maison paternelle. Ils se remirent en marche, mais ce fut pour s'enfoncer toujours plus profondément dans la forêt ; s'il ne leur venait pas un prompt secours, ils allaient infailliblement mourir d'épuisement. Or, vers midi, ils aperçurent sur une branche un bel oiseau blanc comme neige, et il chantait si joliment qu'ils s'arrêtèrent pour l'écouter. Son chant fini, l'oiseau ouvrit ses ailes et voleta devant eux, et ils le suivirent jusqu'auprès d'une maisonnette, sur le toit de laquelle il alla se poser. En approchant encore, ils virent que la maisonnette avait des murs de pain d'épices et un toit de biscuit ; quant aux fenêtres, elles étaient de sucre filé.

– Nous allons croquer dedans, que c'en est une bénédiction ! Moi je mange un bout de toit, dit Jeannot, et toi, Margot, tu peux manger de la fenêtre, c'est tout sucré.

Il se mit sur la pointe des pieds pour atteindre le toit, et s'en cassa d'abord un petit bout pour voir si c'était bon, tandis que Margot s'agrippait à la fenêtre et se mettait à en grignoter. Alors une douce voix sortit de l'intérieur :

Et j'te grignote et grignotons,
Qui me grignote ma maison ?

Tranquillement, les enfants répondirent :

C'est le vent, c'est le vent,
C'est le céleste enfant.

Et ils continuèrent à manger sans se laisser troubler ni déranger. Jeannot, qui avait trouvé le toit fort à son goût, s'en cassa du coup un bon morceau, et Margot, de son côté, avait ôté de la fenêtre toute une belle vitre ronde, s'était assise par terre et s'en régalait tout son soûl. Mais voilà que la porte s'ouvre d'un coup, et qu'une vieille encore plus vieille que les pierres s'avance à petits pas dehors, en béquillant sur sa béquille. Jeannot et Margot en furent si violemment épouvantés qu'ils en laissèrent tomber ce qu'ils avaient dans les mains. Mais la vieille branla tête et dit :

– Hé, hé ! mes chers enfants, qui vous a amenés ici ? Mais entrez donc, voyons ! et restez chez moi, il ne vous arrivera rien de mal.

Elle les prit par la main tous les deux et les conduisit dans sa maisonnette. Là, ils eurent devant eux de bonnes choses à manger, du lait et des crêpes au sucre, des pommes et des noix ; puis ils eurent deux beaux petits lits blancs pour se coucher, et ils se crurent au ciel.

Mais si la vieille avait été si aimable, c'était seulement pour faire semblant : en réalité c'était une méchante sorcière qui guettait les enfants, et c'était justement pour les attirer qu'elle avait construit sa maisonnette de pain d'épices.

Une fois qu'ils étaient en son pouvoir, elle les tuait, les faisait cuire et les mangeait, ce qui était pour elle un jour de fête. Les sorcières ont les yeux rouges et la vue si basse qu'elles n'y voient que de tout près ; mais elles ont une espèce de flair, comme les animaux, et elles savent très bien quand on approche d'elles. Ainsi quand Jeannot et Margot arrivèrent dans les environs, elle avait ricané méchamment et dit en se réjouissant d'avance :

– Je les tiens, ceux-là, ils ne m'échapperont plus !

Le lendemain matin, très tôt, elle se leva avant le réveil des enfants, et quand elle les vit dormir si gentiment, avec leurs bonnes joues rouges, elle se chuchota à elle-même : « Un fameux morceau que je vais avoir là ! » Alors elle empoigna Jeannot de ses mains sèches et le porta dans une petite remise où elle l'enferma derrière une porte grillée : il pouvait bien crier tant qu'il voulait, cela ne servait à rien. Ensuite elle revint secouer Margot pour la réveiller, et elle lui cria :

– Debout, paresseuse, puise de l'eau et fais cuire quelque chose de bon pour ton frère qui est là-bas, dans la remise, où il faut qu'il engraisse. Parce que dès qu'il sera assez dodu, je le mangerai.

Et Margot eut beau pleurer très amèrement, cela ne servit à rien et rien n'y fit : elle dut faire ce que la méchante sorcière voulait. Dès lors, pour le malheureux Jeannot, fut préparée la meilleure cuisine ; Margot, par contre, n'avait rien que les os à sucer, ou la carapace des écrevisses. Chaque matin, la vieille se traînait jusqu'à la petite remise et criait :

– Jeannot, passe-moi tes doigts dehors, que je tâte pour savoir si tu seras bientôt assez gras.

Mais Jeannot lui tendait un petit os, et la vieille, avec sa vue trouble, ne voyait rien et croyait que c'était son doigt, s'étonnant qu'il ne voulût toujours pas engraisser. Au bout de quatre semaines, comme il était toujours aussi maigre, la vieille s'impatienta et ne voulut pas attendre plus longtemps.

– Holà, Margot ! cria-t-elle à la fillette, tâche de ne pas traîner et apporte de l'eau ! Maigre ou gras, le Jeannot, je le tue demain pour le faire cuire.

Ah ! comme elle se désola, la pauvre petite sœur, quand elle dut porter de l'eau ! Et comme elles ruisselaient, les larmes, tout le long de ses joues !

– Mon Dieu, mon Dieu, gémissait-elle, viens donc à notre secours ! Si seulement les bêtes sauvages dans la forêt nous avaient dévorés, au moins nous serions morts ensemble !

– Épargne-moi tes piailleries, dit la vieille, cela ne sert à rien du tout.

Le lendemain, de très bonne heure, Margot fut dehors et dut suspendre le chaudron rempli d'eau et allumer le feu dessous.

– Avant tout, dit la vieille, nous allons faire cuire le pain : j'ai déjà fait chauffer le four et la pâte est pétrie.

Et elle poussa la malheureuse Margot devant l'entrée du four, où l'on voyait déjà sortir les flammes du grand feu qui brûlait.

– Faufile-toi dedans, dit la sorcière, et vois un peu si c'est assez chaud pour qu'on enfourne le pain.

Oui, et quand Margot serait dedans, elle fermerait la porte sur elle et pousserait encore le feu pour qu'elle y rôtisse, et alors elle la mangerait aussi. Mais Margot avait compris ce qu'elle avait dans l'idée, et elle dit :

– Je ne sais pas comment m'y prendre pour entrer là-dedans. Que faut-il faire ?

– Stupide dinde ! s'exclama la vieille, l'ouverture est bien assez grande ! Regarde : je pourrais moi-même y passer !

Et en même temps, elle s'accroupissait devant le four et s'y poussait à petits coups pour y engager la tête. Alors Margot la poussa un grand coup pour la faire basculer dedans, ferma la porte de fer et bloqua le gros verrou. Houlà ! quels hurlements affreux elle se mit à pousser là-dedans ! Mais Margot s'éloigna de toute la vitesse de ses petites jambes et il fallut bien que la maudite sorcière brûlât et pérît misérablement. Margot s'était précipitée directement vers Jeannot, ouvrant bien vite la petite remise en lui criant :

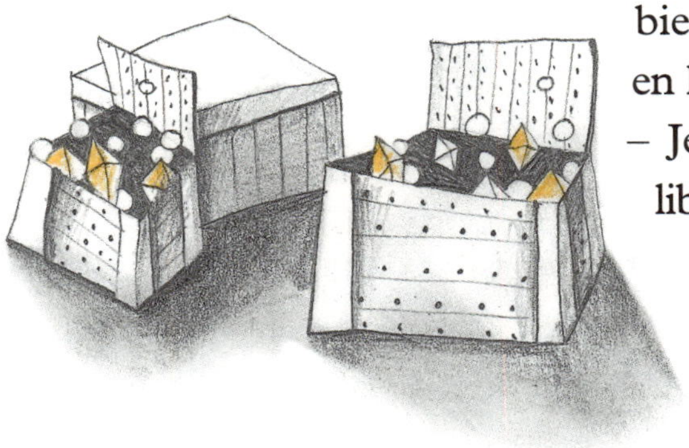

– Jeannot, nous sommes libres ! La vieille sorcière est morte !

Tel un oiseau hors de sa cage, il était sorti dès que la porte s'était ouverte ; et quelle joie pour eux ! et comme ils tombèrent dans les bras l'un de l'autre, s'embrassèrent et gambadèrent comme des fous ! Maintenant qu'ils n'avaient plus rien à craindre, ils entrèrent dans la maison de la sorcière, où il y avait dans tous les coins des coffres pleins de perles et de pierres précieuses.

– C'est encore mieux que les petits cailloux blancs ! remarqua Jeannot, tout en en remplissant ses poches à craquer.

– Moi aussi, je veux rapporter quelque chose à la maison, dit Margot, qui en prit plein son tablier.
– Mais à présent allons-nous-en, dit Jeannot, parce qu'il faut d'abord sortir de cette forêt de sorcières.
Ils s'en allèrent et marchèrent pendant quelques heures, mais là, ils furent arrêtés par une large rivière.
– Nous ne pouvons pas traverser, dit Jeannot : je ne vois ni pont, ni gué.
– Et pas le plus petit bateau non plus, ajouta Margot. Mais je vois là un canard blanc, et si je lui demande, il va bien nous aider.

Canard blanc, canard blanc,
Ici Margot et Petit-Jean.
Aucun sentier et pas de pont,
Porte-nous sur ton beau dos rond.

Ainsi avait-elle appelé, et le canard s'était aussi approché. Jeannot s'installa sur son dos, se tournant aussitôt pour dire à sa petite sœur de venir s'y asseoir aussi.
Non, non, dit-elle, ce serait trop lourd pour le petit canard : il faut qu'il nous porte l'un après l'autre pour traverser.
Et c'est ce que fit le brave petit canard ; et quand ils furent de l'autre côté, ils marchèrent encore un petit moment, et voilà qu'autour d'eux la forêt était de moins en moins étrangère, plus connue et toujours plus connue à mesure qu'ils avançaient, jusqu'au moment qu'ils aperçurent de loin la maison de leur père.
Ils y coururent, entrèrent en trombe dans la chambre et se jetèrent au cou de leur père. Le pauvre homme n'avait

pas eu une heure de bon temps depuis qu'il avait laissé ses enfants dans la forêt ; mais la femme était morte. En secouant son tablier, Margot fit cascader les perles et les pierres précieuses qui roulèrent de tous côtés, cependant que Jeannot les tirait par poignées de ses poches et les faisait rouler aussi. De leurs soucis, dès lors, ils ne surent plus rien ; et ils vécurent ensemble en perpétuelle joie.

Mon conte est fini, trotte la souris, celui qui la prendra pourra se faire un grand bonnet, un grand bonnet de sa fourrure, et puis voilà !

Contes d'ANDERSEN

H*ans Christian Andersen (1805-1875)*
Fils d'un cordonnier, Hans Christian Andersen est un jeune Danois autodidacte et ambitieux qui tente sa chance, sans grand résultat, dans le théâtre puis dans la poésie. C'est seulement grâce aux contes pour enfants qu'il publie entre 1835 et 1872, qu'il connaît enfin le succès et se forge une renommée mondiale. Contrairement à Perrault ou aux frères Grimm, les contes d'Andersen ne sont pas inspirés seulement de légendes anciennes et de la tradition orale ; s'y mêlent également des éléments de la propre vie de l'écrivain.

L’Intrépide Soldat de plomb

Traduction : Jean Renaud.

À partir de 5 ans

7 min

Égouts
Maison

Ballerine
Soldat de plomb

Il était une fois vingt-cinq petits soldats. Ils étaient tous frères, nés d'une vieille cuillère de plomb. Ils portaient leur fusil au bras et regardaient droit devant eux ; leur uniforme, rouge et bleu, était très élégant. La toute première chose qu'ils entendirent quand on souleva le couvercle de la boîte où ils étaient couchés, ce fut un cri : « Des soldats de plomb ! » qu'un petit garçon poussa en battant des mains ; on les lui avait offerts pour son anniversaire, et il se mit à les aligner sur la table. Chacun des soldats était le fidèle portrait de l'autre, un seul était un peu différent : il n'avait qu'une jambe, parce qu'il avait été moulé le dernier et qu'il ne restait plus assez de plomb. Cependant il se tenait aussi solidement sur son unique jambe que les autres sur deux, et c'est justement son histoire qui est la plus singulière.

Sur la table où ils étaient alignés, il y avait beaucoup d'autres jouets ; mais ce qui attirait surtout le regard, c'était un joli château en papier. Par les petites fenêtres on voyait jusque dans les salles. Dehors, de petits arbres entouraient un petit miroir figurant un lac. Des cygnes de cire y nageaient en contemplant leur reflet. Tout cela était ravissant, mais ce qui l'était plus encore, c'était une petite demoiselle debout devant la porte ouverte du château ; elle aussi était découpée dans du papier, mais elle portait une jupe de la plus fine mousseline et un petit ruban bleu sur l'épaule. Une paillette scintillante était fixée au beau milieu du ruban, une paillette aussi grande que son visage. La petite demoiselle avait les deux bras tendus, car c'était une ballerine, et elle levait si haut l'une de ses jambes que le soldat de plomb ne l'aperçut même pas et crut que, tout comme lui, elle n'avait qu'une seule jambe.

« Voilà une femme pour moi ! pensa-t-il, mais elle est très distinguée, elle habite un château, moi je n'ai qu'une boîte et nous sommes vingt-cinq à la partager, ce n'est pas un endroit pour elle ! Tout de même, il faut que je tâche de faire connaissance ! »

Et il s'étendit de tout son long derrière une tabatière qui se trouvait sur la table ; de là il pouvait observer l'exquise petite demoiselle qui continuait de se tenir sur une jambe sans perdre l'équilibre.

Le soir, tous les soldats de plomb regagnèrent leur boîte, tous sauf un, et les gens de la maison allèrent se coucher. C'est alors que les jouets commencèrent à s'amuser, tant à se rendre visite qu'à faire la guerre ou aller au bal ; les soldats de plomb faisaient du bruit dans leur boîte, car ils voulaient se joindre aux autres, mais ils ne parvenaient pas à soulever le couvercle. Le casse-noisettes faisait des cabrioles, le crayon plaisantait sur l'ardoise ; le vacarme était tel que le canari se réveilla et se mit à bavarder à son tour, et en vers, s'il vous plaît ! Les deux seuls qui ne bougeaient pas, c'étaient le soldat de plomb et la petite ballerine ; elle se tenait bien droite sur la pointe du pied, les deux bras écartés ; lui, tout aussi intrépide sur son unique jambe, ne la quittait pas un instant des yeux.

Minuit sonna et clac ! le couvercle de la tabatière sauta, car elle ne contenait pas du tabac, non, mais un petit diable tout noir : c'était une boîte à malice.

– Soldat de plomb ! dit le diable, veux-tu bien détourner les yeux !

Mais le soldat de plomb fit semblant de ne pas entendre.

– Bon, attends un peu demain ! dit le diable.

Au matin, quand les enfants montèrent, on posa le soldat de plomb sur le rebord de la fenêtre et, était-ce à cause du diable ou d'un courant d'air, la fenêtre s'ouvrit brusquement et le soldat tomba, tête la première, du troisième étage. Ce fut une chute effroyable, et il se retrouva la jambe en l'air, posé sur sa casquette et la baïonnette plantée entre les pavés. La bonne et le petit garçon descendirent aussitôt le chercher ; ils manquèrent plusieurs fois de lui marcher dessus et, pourtant, ils ne le virent pas. Si le soldat de plomb avait crié : « Je suis là ! » ils l'auraient sans doute trouvé, mais il ne lui parut pas convenable de se mettre à crier tout haut, alors qu'il était en uniforme.

Puis voilà qu'il commençât à pleuvoir, chaque goutte tombait plus dru que la précédente, et bientôt ce fut une violente averse ; après la pluie, arrivèrent deux gamins des rues.

– Regarde ! dit l'un d'eux, un soldat de plomb ! On va le faire naviguer !

Ils firent un petit bateau avec du papier journal et y déposèrent le soldat, qui se mit à voguer dans le caniveau. Les deux garçons couraient à

côté de lui en battant des mains. Mon Dieu ! Que de vagues dans ce caniveau, et quel courant ! C'est qu'il avait beaucoup plu. Le bateau en papier était ballotté de tous les côtés et parfois il tournait sur lui-même ; malgré sa frayeur, le soldat restait intrépide, il ne bronchait pas et regardait droit devant lui, le fusil au bras.

Soudain le bateau entra sous une longue dalle recouvrant le caniveau ; il y faisait aussi noir que s'il avait été dans sa boîte. « Où finira ma course ? se demanda-t-il, tout ça, c'est la faute du diable ! Hélas, si seulement la petite demoiselle était avec moi, il pourrait bien faire deux fois plus noir ! »

C'est à ce moment-là que surgit un énorme rat d'égout qui logeait sous la dalle.

– As-tu un passeport ? demanda le rat. Fais voir ton passeport !

Mais le soldat de plomb se tut et serra son fusil encore plus fort. Le bateau fila, et le rat, derrière, grinçait des dents en criant aux bouts de bois et aux brins d'herbe :

– Arrêtez-le ! Arrêtez-le ! Il n'a pas payé la douane ! Il n'a pas montré de passeport !

Mais le courant devenant de plus en plus fort, le soldat de plomb apercevait déjà la lumière du jour ; soudain, il entendit un grondement terrible, de quoi effrayer le plus brave qui soit. Pensez donc ! Le caniveau, au bout de la dalle, se déversait tout droit dans un large canal ; c'était aussi dangereux pour le soldat et son bateau en papier que de descendre, pour nous, à bord d'un véritable navire, une grande chute d'eau.

Or, il en était déjà si proche qu'il ne pouvait plus s'arrêter. Le bateau fut projeté en avant, le malheureux soldat de plomb se tint aussi raide qu'il put, personne ne pourrait lui reprocher d'avoir cligné des yeux. Le bateau tournoya trois ou quatre fois, se remplit d'eau jusqu'au bord, il ne pouvait que sombrer… Le soldat de plomb avait de l'eau jusqu'au cou, et le bateau s'enfonçait toujours davantage ; le papier se défaisait de plus en plus ; l'eau recouvrit la tête du soldat… Alors il pensa à la charmante petite ballerine qu'il ne verrait jamais plus, et une chanson tinta à ses oreilles :

Danger, danger, guerrier !
La mort va t'emporter !

Puis le papier se déchira, le soldat de plomb passa au travers… et il fut, aussitôt, avalé par un gros poisson.
Oh, comme il faisait noir là-dedans ! C'était encore pire que sous la dalle du caniveau, et on était tellement à l'étroit. Mais le soldat de plomb était intrépide et il resta couché de tout son long, le fusil au bras.
Le poisson s'agitait, faisait les mouvements les plus terrifiants ; finalement il se tint tout à fait tranquille, il fut traversé comme par un éclair. La lumière brilla avec éclat, et quelqu'un s'écria :
– Un soldat de plomb !
Le poisson avait été pêché, apporté au marché, vendu et monté à la cuisine où la bonne l'ouvrait avec un grand couteau. Elle prit le soldat par la taille entre ses deux doigts et le porta au salon où tout le monde voulut voir cet homme si remarquable qui avait voyagé dans le ventre d'un poisson ; mais le soldat de plomb n'était pas fier du tout. On le plaça sur la table et le soldat de plomb réalisa qu'il se trouvait dans le même salon qu'auparavant ; il vit les mêmes enfants, et les

mêmes jouets étaient sur la table ; le joli château et la charmante petite ballerine ; elle se tenait toujours sur une seule jambe et levait l'autre très haut ; elle aussi était intrépide. Le soldat de plomb en était ému, il fut sur le point de verser des larmes de plomb, mais cela ne se faisait pas. Il la regarda, elle le regarda, mais ils ne dirent rien.

À cet instant, l'un des petits garçons prit le soldat et le jeta dans le poêle, sans aucune raison ; c'était sûrement encore la faute du diable de la tabatière.

Le soldat de plomb fut tout ébloui et ressentit une chaleur épouvantable, mais venait-elle du feu ou de l'amour, il ne le savait pas. Il avait perdu toutes ses couleurs, cela s'était-il produit pendant le voyage ou à cause du chagrin ? Personne ne pouvait le dire. Il regarda la petite demoiselle, elle le regarda, et il se sentit fondre… Cependant il demeurait intrépide, le fusil au bras. Alors une porte s'ouvrit, le vent s'empara de la ballerine et, telle une sylphide, elle s'envola jusque dans le poêle auprès du soldat de plomb, elle s'enflamma et disparut. Puis le soldat fondit et il n'en resta qu'un petit tas, et quand la bonne, le lendemain, vida les cendres, elle ne trouva rien d'autre qu'un petit cœur de plomb ; de la ballerine, en revanche, il ne restait que la paillette calcinée, noire comme du charbon.

La Bergère et le Ramoneur

Traduction : D. Soldi, E. Grégoire, L. Moland, in Poucette et autres contes, *collection « Le Livre de poche Jeunesse »,*

À partir de 5 ans

8 min

Chambre

Bergère
Diable
Ramoneur
Vieux
Chinois

Avez-vous jamais vu une de ces armoires antiques, toutes noires de vieillesse, décorées d'arabesques et de feuillage ? C'était précisément une de ces armoires qui se trouvait dans la chambre : elle venait de la trisaïeule, et de haut en bas elle était ornée de roses et de tulipes sculptées. Mais ce qu'il y avait de plus bizarre, c'étaient les arabesques d'où sortaient de petites têtes de cerfs avec leurs grandes cornes. Au milieu de l'armoire on voyait sculpté un homme étrange : il ricanait toujours, car on ne pouvait pas dire qu'il riait. Il avait des jambes de bouc, de petites cornes sur la tête et une longue barbe. Les enfants l'appelaient le Grand-général-commandant-en-chef-Jambe-de-Bouc, un nom long et difficile à dire mais que peu de gens ont eu l'honneur de porter. Enfin, il était là, les yeux toujours fixés sur la console placée sous la grande glace, où se tenait debout une gracieuse petite bergère de porcelaine. Elle portait des souliers dorés, une robe parée d'une rose toute fraîche, un chapeau d'or et une houlette : elle était charmante. À côté d'elle se trouvait un petit ramoneur noir comme du charbon, mais pourtant de porcelaine aussi. Il était aussi gentil, aussi propre que vous et

moi ; car ce n'était en réalité qu'une statue de ramoneur. Le fabricant de porcelaine aurait tout aussi bien pu faire de lui un prince ; cela lui était bien égal.

Il tenait gracieusement son échelle sous son bras, et sa figure était rose et blanche comme celle d'une petite fille ; ce qui était plutôt un défaut car on aurait pu y mettre un peu de noir. Il touchait presque la bergère : on les avait mis là ensemble, et ils s'étaient fiancés. Aussi l'un convenait très bien à l'autre : c'étaient des jeunes gens faits de la même porcelaine, tous deux également faibles et fragiles.

Non loin d'eux se trouvait une autre figure trois fois plus grande : un vieux Chinois qui savait hocher la tête. Lui aussi était en porcelaine ; il prétendait être le grand-père de la petite bergère, mais il n'avait jamais pu le prouver. Il soutenait qu'il avait tout pouvoir sur elle, et c'est pourquoi il avait répondu par un aimable hochement de tête au Grand-général-commandant-en-chef-Jambe-de-Bouc qui avait demandé la main de la petite bergère.

– Quel mari tu auras là ! dit le vieux Chinois, quel mari ! Je crois bien qu'il est en acajou. Il fera de toi madame la Grande-générale-commandante-en-chef-Jambe-de-Bouc ; son armoire est pleine d'argenterie, sans compter ce qu'il a caché dans les tiroirs secrets.

– Je n'entrerai jamais dans cette sombre armoire, dit la petite bergère ; j'ai entendu dire qu'il y a dedans onze femmes de porcelaine.

– Eh bien, tu seras la douzième, dit le Chinois. Cette nuit, dès que la vieille armoire craquera, on fera la noce, aussi vrai que je suis un Chinois.

Et là-dessus il hocha la tête et s'endormit.

Mais la petite bergère pleurait en regardant son bien-aimé ramoneur.

– Je t'en prie, dit-elle, aide-moi à m'échapper dans le monde, nous ne pouvons plus rester ici.

– Je veux tout ce que tu veux, dit le petit ramoneur. Sauvons-nous tout de suite ; je pense bien que je saurai te nourrir avec mon métier.

– Pourvu que nous descendions sans accident de la console, dit-elle. Je ne serai jamais tranquille tant que nous ne serons pas hors d'ici.

Il la rassura et lui montra comment elle devait poser son petit pied sur les rebords sculptés et sur le feuillage doré. Il l'aida aussi avec son échelle, et bientôt ils atteignirent le plancher. Mais en se retournant vers la vieille armoire, ils virent que tout y était en révolution. Les cerfs sculptés allongeaient la tête, dressaient leurs bois et se tordaient le cou. Le Grand-général-commandant-en-chef-Jambe-de-Bouc fit un bond et cria au vieux Chinois :

– Les voilà qui se sauvent ! ils se sauvent !

Alors ils eurent peur et se réfugièrent dans le tiroir sous le rebord de la fenêtre.

Là se trouvaient trois ou quatre jeux de cartes dépareillés et incomplets, puis un petit théâtre qui avait été construit tant bien que mal. On y jouait précisément une comédie, et toutes les dames, qu'elles appartiennent à la famille des carreaux ou des piques, des cœurs ou des trèfles, étaient assises aux premiers rangs et s'éventaient avec leurs tulipes ; et derrière elles se tenaient tous les valets, qui avaient à la fois une tête en l'air et l'autre en bas, comme sur les cartes à jouer. Il s'agissait dans la pièce de deux jeunes gens qui s'aimaient,

mais qui ne pouvaient arriver à se marier. La bergère pleura beaucoup, car elle croyait que c'était sa propre histoire.
– Ça me fait trop de mal, dit-elle, il faut que je quitte ce tiroir.
Mais lorsqu'ils mirent de nouveau le pied sur le plancher et qu'ils jetèrent les yeux sur la console, ils aperçurent le vieux Chinois qui s'était réveillé et se démenait violemment.
– Voilà le vieux Chinois ! s'écria la petite bergère, et elle tomba sur ses genoux de porcelaine, tout à fait désespérée.
– J'ai une idée, dit le ramoneur. Nous allons nous cacher au fond de la grande potiche qui est là dans le coin. Nous y coucherons sur des roses séchées et des lavandes, et s'il vient, nous lui jetterons du sel dans les yeux.
– Non, ce serait inutile, lui répondit-elle. Je sais que le vieux Chinois et la potiche ont été fiancés, et il reste toujours un fond d'amitié après de pareilles relations, même longtemps après. Non, il ne nous reste pas d'autre ressource que de nous échapper dans le monde.
– En as-tu réellement le courage ? dit le ramoneur. As-tu songé comme le monde est grand, et que nous ne pourrons plus jamais revenir ici ?
– J'ai pensé à tout, répliqua-t-elle.
Le ramoneur la regarda longuement, puis il dit :
– Le meilleur chemin pour moi est par la cheminée. As-tu réellement le courage de te glisser avec moi dans le poêle et de grimper le long des tuyaux ? C'est par là seulement que nous arriverons dans la cheminée, et là je saurai bien me retourner. Il faudra monter aussi haut que nous pourrons et tout à fait en haut il y a un trou par lequel nous entrerons dans le monde.

Il la conduisit à la porte du poêle :

– Dieu ! qu'il fait noir ! s'écria-t-elle.

Cependant elle l'y suivit, et de là dans les tuyaux, où il faisait une nuit noire comme la suie.

– Nous voilà maintenant dans la cheminée, dit-il. Regarde, regarde là-haut la magnifique étoile qui brille.

Il y avait en effet au ciel une étoile qui semblait par son éclat leur montrer le chemin : ils grimpaient toujours. C'était une route terrible, si haute, si haute ! mais il la soulevait, il la soutenait et lui montrait les meilleurs endroits où mettre ses petits pieds de porcelaine.

Ils arrivèrent ainsi jusqu'au bord de la cheminée où ils s'assirent pour se reposer, tant ils étaient fatigués : et il y avait de quoi !

Le ciel avec toutes ses étoiles s'étendait au-dessus d'eux, et les toits de la ville s'inclinaient bien au-dessous. Ils promenèrent leur regard très loin autour d'eux, bien loin dans le monde. La petite bergère ne l'aurait jamais cru si vaste : elle appuyait sa petite tête sur la poitrine du ramoneur et pleurait si fort que ses larmes tachèrent sa ceinture.

– C'est trop, dit-elle ; c'est plus que je n'en puis supporter. Le monde est trop immense. Oh ! que ne suis-je encore sur la console près de la glace ! Je ne serai pas heureuse avant d'y être retournée. Je t'ai suivi dans le monde ; maintenant ramène-moi là-bas, si tu m'aimes véritablement.

Et le ramoneur la raisonna ; il lui rappela le vieux Chinois, et le Grand-général-commandant-en-chef-Jambe-de-Bouc. Mais elle sanglotait si fort, et elle embrassa si bien son petit ramoneur qu'il ne put faire autrement que de lui céder, quoique ce fût insensé.

Ils se mirent à descendre à grand-peine par la cheminée, se glissèrent dans les tuyaux, et arrivèrent au poêle. Ce n'était pas un voyage d'agrément, et ils s'arrêtèrent à la porte du poêle noir pour écouter ce qui se passait dans la chambre. Tout y était bien tranquille : ils mirent la tête dehors pour voir. Hélas ! le vieux Chinois gisait au milieu du plancher. Il était tombé en bas de la console en voulant les poursuivre, et il s'était brisé en trois morceaux : tout le dos s'était détaché du reste du corps, et la tête avait roulé dans un coin. Le Grand-général-commandant-en-chef-Jambe-de-Bouc gardait toujours la même position et réfléchissait.

– C'est terrible, dit la petite bergère, le vieux grand-père s'est brisé, et c'est nous qui en sommes la cause ! Oh ! je ne survivrai jamais à ce malheur !

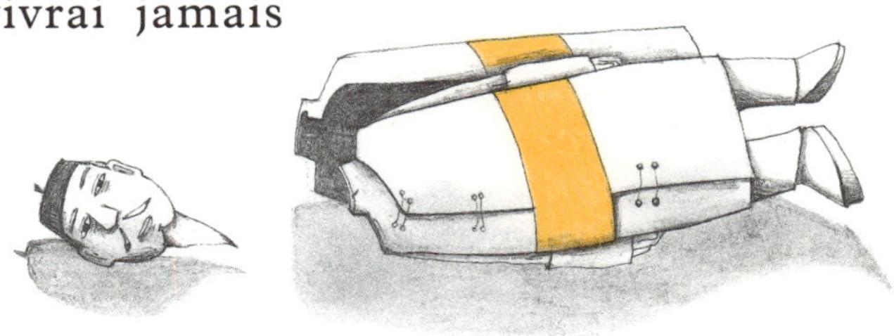

Et elle tordait ses petites mains.

– On pourra encore le recoller, dit le ramoneur ; oui, on pourra le recoller. Allons, ne te désole pas ; si on lui recolle le dos et qu'on lui met une bonne attache à la nuque, il sera aussi solide que s'il était tout neuf, et pourra encore nous dire une foule de choses désagréables.

– Tu crois ? dit-elle.

Et ils remontèrent sur la console, à leur place.

– Voici où nous en sommes, dit le ramoneur ; nous aurions pu nous épargner toute cette peine.

– Oh ! si seulement notre vieux grand-père était recollé ! dit la bergère. Est-ce que ca coûtera cher ?

Et le grand-père fut recollé. On lui mit aussi une bonne attache dans le cou, et il fut comme neuf. Seulement il ne pouvait plus hocher la tête.

– Vous faites bien le fier, depuis que vous avez été cassé, lui dit le Grand-général-commandant-en-chef-Jambe-de-Bouc. Il me semble que vous n'avez aucune raison de vous tenir si raide ; enfin, voulez-vous me donner la main, oui ou non ?

Le ramoneur et la petite bergère jetèrent sur le vieux Chinois un regard attendrissant : ils avaient peur qu'il ne se mît à hocher la tête ; mais il ne le pouvait pas, et il aurait eu honte qu'on sache qu'il avait une attache dans le cou.

Grâce à cette infirmité, les deux jeunes gens de porcelaine restèrent ensemble ; ils bénirent l'attache du grand-père et s'aimèrent jusqu'au jour fatal où ils furent eux-mêmes brisés.

La Petite Fille aux allumettes

Traduction : D. Soldi, E. Grégoire, L. Moland, in Poucette et autres contes, *collection « Le Livre de poche Jeunesse », © Hachette Livre.*

À partir de 6 ans

4 min

Rue

Fillette

Comme il faisait froid ! La neige tombait et la nuit n'était pas loin ; c'était le dernier soir de l'année, la veille du Jour de l'an. Au milieu de ce froid et de cette obscurité, une petite fille marchait dans la rue, la tête et les pieds nus. Elle avait, il est vrai, des pantoufles en quittant la maison, mais elles ne lui avaient pas servi longtemps : c'étaient de grandes pantoufles que sa mère avait déjà usées, si grandes que la petite les perdit en se pressant pour traverser la rue entre deux voitures. L'une resta introuvable ; quant à l'autre, un gamin l'emporta, disant qu'il en ferait un berceau quand, plus tard, il aurait des enfants.

La petite fille cheminait avec ses petits pieds nus, tout rouge et bleu de froid ; elle avait dans son vieux tablier une quantité d'allumettes, et elle en portait un paquet à la main. C'était pour elle une mauvaise journée ; pas d'acheteurs, donc pas le moindre sou. Elle avait bien faim et bien froid, bien misérable mine. Pauvre petite ! Les flocons de neige tombaient sur ses longs cheveux blonds, si gentiment bouclés autour de son cou ; mais pensait-elle seulement à ses cheveux bouclés ? Les lumières brillaient aux fenêtres, l'odeur des rôtis se répandait dans la rue ; c'était la veille du Jour de l'an : voilà à quoi elle songeait.

Elle s'assit, blottie dans un coin, entre deux maisons. Le froid la saisit de plus en plus, mais elle n'osait pas retourner chez elle : elle rapportait ses allumettes, et pas la plus petite pièce de monnaie. Son père la battrait ; et, du reste, chez elle, est-ce qu'il ne faisait pas froid aussi ? Ils logeaient sous le toit, et le vent soufflait au travers, bien qu'on ait bouché les plus grandes fentes avec de la paille et des chiffons. Ses petites mains étaient presque mortes de froid. Hélas ! qu'une petite allumette leur ferait du bien ! Si elle osait en tirer une seule du paquet, la frotter sur le mur et réchauffer ses doigts ! Elle en tira une : pffft... comme elle brillait ! comme elle brûlait ! C'était une flamme chaude et claire pareille à une petite chandelle qu'elle couvrit de sa main. Quelle drôle de lumière ! Il semblait à la petite fille qu'elle était assise devant un grand poêle de fer orné de boules de cuivre étincelant. Le feu y brûlait si magnifique, il chauffait si bien ! Mais quoi ? La petite étendait déjà ses pieds pour les chauffer aussi quand la flamme s'éteignit, le poêle disparut : elle était assise, un petit bout de l'allumette brûlée à la main.

Elle en frotta une seconde, qui brûla, qui brilla, et, là où la lueur tomba sur le mur, il devint transparent comme une gaze. La petite pouvait voir l'intérieur d'une salle où la table était couverte d'une nappe blanche, éblouissante de fines porcelaines, et sur laquelle une oie rôtie, farcie de pruneaux et de pommes, fumait avec un parfum délicieux. Ô surprise ! ô bonheur ! Tout à coup l'oie sauta de son plat et roula sur le plancher, la fourchette et le couteau dans le dos, jusqu'à la pauvre fille. L'allumette s'éteignit : elle n'avait devant elle que le mur épais et froid.

En voilà une troisième allumée. Aussitôt elle se vit assise sous un magnifique arbre de Noël ; il était plus beau et plus grand encore que celui qu'elle avait vu, à la Noël dernière, à travers la porte vitrée, chez le riche marchand. Mille chandelles brûlaient sur les branches vertes, et des images de toutes couleurs, comme celles qui ornent les fenêtres des magasins, semblaient lui sourire. La petite éleva les deux mains : l'allumette s'éteignit ; toutes les chandelles de Noël montaient, montaient, et elle s'aperçut que c'était des étoiles. L'une d'elles tomba en traçant une longue raie de feu dans le ciel. « C'est quelqu'un qui meurt », se dit la petite ; car sa vieille grand-mère, qui seule avait été bonne pour elle, mais qui n'était plus, lui répétait souvent : « Lorsqu'une étoile tombe, c'est qu'une âme monte vers Dieu. »

Elle frotta encore une allumette sur le mur : il se fit une grande lumière au milieu de laquelle elle vit la grand-mère debout, avec un air si doux, si radieux !

– Grand-mère, s'écria la petite, emmène-moi. Lorsque l'allumette s'éteindra, je sais que tu n'y seras plus. Tu disparaîtras comme le poêle de fer, comme l'oie rôtie, comme le bel arbre de Noël.

Vite elle frotta le reste du paquet, car elle tenait à garder sa grand-mère, et les allumettes répandirent un éclat plus vif que celui du jour. Jamais la grand-mère n'avait été si grande ni si belle. Elle prit la petite fille sur son bras, et toutes les deux s'envolèrent joyeuses au milieu de ce rayonnement, si haut, qu'il n'y avait plus ni froid, ni faim, ni angoisse ; elles étaient chez Dieu.

Mais dans le coin entre les deux maisons, quand vint la froide matinée, la petite fille était assise, les joues toutes rouges, un sourire à la bouche… morte, morte de froid, le dernier soir de l'année. Le Jour de l'an se leva sur le petit cadavre, assis là avec les allumettes, dont un paquet avait été presque tout brûlé.

– Elle a voulu se réchauffer ! dit quelqu'un.

Personne ne sut quelles belles choses elle avait vues et au milieu de quelle splendeur elle était entrée avec sa vieille grand-mère dans la nouvelle année.

La Petite Sirène

Traduction : P. G. La Chesnais, in Contes,

À partir de 6 ans

37 min

Mer
Navire
Palais

Prince
Princesse
Sirènes
Sorcière

Loin en mer, l'eau est bleue comme les pétales du plus beau bleuet, et claire comme le verre le plus pur, mais elle est profonde, trop profonde pour qu'aucune ancre puisse atteindre le fond : il faudrait poser un grand nombre de tours d'église les unes sur les autres pour monter du fond à la surface. C'est là, en bas, que les ondins ont leur demeure.

Mais n'allez pas croire qu'il y a là seulement un sol nu de sable blanc ; non, il y pousse les arbres et plantes les plus étranges, dont les tiges et les feuilles sont si souples qu'elles s'agitent au moindre mouvement de l'eau, comme si elles étaient vivantes. Tous les poissons, grands et petits, se glissent entre les branches, comme ici les oiseaux dans l'air. À l'endroit le plus profond se trouve le château du roi de la mer, les murs sont en corail, et les hautes fenêtres pointues en ambre jaune transparent, et le toit est fait de coquillages qui s'ouvrent et se ferment selon le courant de l'eau ; c'est d'un bel effet, car chaque coquillage renferme des perles brillantes, dont une seule serait un ornement superbe dans la couronne d'une reine.

Le roi de la mer était veuf depuis de nombreuses années, et sa vieille mère tenait sa maison ; c'était une femme intelligente, mais fière de sa noblesse, c'est pourquoi elle portait douze huîtres sur sa queue, les autres personnes de qualité n'en devaient porter que six. D'ailleurs elle méritait de grands éloges, parce qu'elle aimait beaucoup les petites princesses marines, filles de son fils. Elles étaient six charmantes enfants, mais la plus jeune était la plus belle de toutes, sa peau était d'un blanc éclatant comme une feuille de rose, ses yeux aussi bleus que l'océan le plus profond, mais, de même que ses sœurs, elle n'avait pas de pieds. Son corps se terminait en queue.

Toute la longue journée elles pouvaient jouer en bas, dans les grandes salles du château, où des fleurs vivantes poussaient sur les murs. Les grandes fenêtres d'ambre jaune étaient ouvertes, et les poissons entraient en nageant, comme chez nous les hirondelles volent à l'intérieur, quand nous ouvrons, mais les poissons nageaient tout droit aux petites princesses, mangeaient dans leur main, et se laissaient caresser.

En dehors du château était un grand jardin avec des arbres rouge feu et bleu sombre, les fruits resplendissaient comme l'or et les fleurs comme des flammes, et elles remuaient constamment leurs tiges et leurs pétales. Le sol était du sable le plus fin, mais bleu, comme le soufre qui brûle. Sur tout cela une étrange lueur bleue était répandue, on aurait cru que l'on se trouvait très haut dans l'air et que l'on ne voyait rien que le ciel au-dessus et au-dessous de soi, et non que l'on était au fond de la mer. Par calme plat, on pouvait apercevoir le soleil, qui semblait une fleur pourpre dont la corolle dispensait toute la lumière.

Chacune des petites princesses avait dans le jardin son petit coin, où elle pouvait creuser et planter comme elle voulait. L'une donnait à son berceau de fleurs la forme d'une baleine, une autre préférait qu'il ressemblât à une petite ondine, mais la plus jeune fit le sien tout rond comme le soleil, et n'eut que des fleurs à l'éclat rouge, telles que lui. Elle était une singulière enfant, tranquille et réfléchie, et tandis que ses sœurs ornaient leur petit domaine avec les objets les plus bizarres qu'elles avaient eus des navires sombrés, elle ne voulait avoir, en dehors des fleurs rouges qui rappelaient le soleil de là-haut, qu'une belle statue de marbre ; c'était un délicieux jeune garçon taillé dans la claire pierre blanche, et tombé au fond de la mer par suite d'un naufrage. Elle planta près de la statue un saule pleureur rouge qui poussa magnifiquement, et fit retomber ses branches fraîches autour du garçon jusqu'au sol de sable bleu, où l'ombre apparaissait violette, et s'agitait comme les branche ; on aurait dit que la cime et les racines jouaient et s'embrassaient.

La petite ondine n'avait pas de joie plus grande que d'entendre parler du monde des hommes, là-haut ; la vieille grand-mère dut raconter tout ce qu'elle savait sur les bateaux et les villes, les hommes et les animaux, la petite trouvait surtout merveilleux que les fleurs, sur la terre, eussent un parfum, elles n'en avaient pas au fond de la mer, et que les forêts fussent vertes, et que les poissons que l'on voyait sur les branches pussent chanter si haut et si joliment que c'était un plaisir de les entendre ; c'était les petits oiseaux que la grand-mère appelait poissons, car autrement elle n'aurait pas été comprise, puisque les filles n'avaient jamais vu d'oiseau.

– Quand vous aurez quinze ans, dit la grand-mère, il vous sera permis de sortir au-dessus de la mer, de monter sur les rochers au clair de la lune, et de voir les grands vaisseaux qui passent, vous verrez des forêts et des villes !

Au cours de l'année, l'une des sœurs eut quinze ans, mais les autres… chacune avait un an de moins que la précédente, la plus jeune devait donc attendre cinq ans encore avant de pouvoir monter du fond de la mer et regarder comment c'est chez nous. Mais chacune promettait aux autres de raconter ce qu'elle aurait vu et ce qu'elle aurait trouvé le mieux le premier jour ; car leur grand-mère ne leur en racontait pas assez, elles voulaient en savoir beaucoup plus long.

Aucune n'était aussi impatiente que la plus jeune, elle qui, justement, devait encore attendre le plus longtemps, et qui était si calme et pensive. Souvent, la nuit, elle restait à la fenêtre ouverte, et regardait en haut à travers l'eau bleu sombre, que les poissons battaient de leurs nageoires et de leur queue. Elle pouvait voir la lune et les étoiles, dont la lueur était bien pâle, il est vrai, mais qui, à travers l'eau, paraissaient beaucoup plus grandes qu'à nos yeux ; s'il glissait sous elles comme un gros nuage, elle savait que c'était ou bien une baleine qui nageait au-dessus d'elle, ou bien peut-être un vaisseau avec beaucoup d'hommes qui ne se doutaient sûrement pas qu'une ravissante ondine était sous eux, les mains tendues vers la quille.

L'aînée des princesses eut quinze ans, et put monter à la surface de la mer.

Lorsqu'elle revint, elle avait beaucoup à raconter, mais le plus délicieux, dit-elle, était de s'étendre au clair de lune sur un banc de sable dans la mer paisible et de voir près de la côte la grande ville où scintillaient les lumières comme des centaines d'étoiles, d'entendre la musique et le bruit et le vacarme des voitures et des gens, de voir les nombreuses tours d'églises et les clochers, et d'écouter les cloches sonner ; précisément parce qu'elle ne pouvait pas y aller, c'était cela surtout qu'elle regrettait.

Oh, comme la plus jeune sœur fut attentive, et lorsqu'elle resta ensuite, le soir, à sa fenêtre ouverte, et regarda en haut à travers l'eau bleu sombre, elle se représenta la grande ville avec tout son bruit et son vacarme, et il lui sembla pouvoir entendre les cloches d'église dont le son descendait jusqu'à elle.

L'année suivante il fut permis à la seconde sœur de monter à travers l'eau et de nager où elle voudrait. Elle atteignit la surface juste au moment où le soleil se couchait, et trouva que ce spectacle était le plus magnifique. Tout le ciel semblait être d'or, dit-elle, et les nuages, elle ne pouvait assez les décrire ! Ils avaient vogué au-dessus d'elle, rouges et violets, mais bien plus rapide qu'eux volait, comme un grand voile blanc, un groupe de cygnes blancs au-dessus de l'eau, à l'endroit où était le soleil ; elle s'était mise à nager de ce côté, mais le soleil s'était enfoncé, et la lueur rose s'était éteinte sur la surface de la mer et sur les nuages.

L'année suivante, la troisième sœur monta là-haut, elle était la plus hardie de toutes, aussi nagea-t-elle vers un large fleuve qui se jetait dans la mer. Elle vit de charmantes collines vertes avec des vignes, des châteaux et des fermes se montrant au milieu de superbes forêts ; elle entendit tous les oiseaux chanter, et le soleil était si ardent qu'elle dut plusieurs fois plonger sous l'eau pour rafraîchir son visage brûlant. Dans une petite baie elle rencontra toute une bande d'enfants ; ils étaient tout nus et clapotaient dans l'eau ; elle voulut jouer avec eux, mais ils se sauvèrent effrayés ; et il vint une petite bête noire, c'était un chien, mais elle n'avait jamais vu de chien ; il aboyait si terriblement après elle qu'elle prit peur et se réfugia vers la pleine mer, mais jamais elle ne pourrait oublier les superbes forêts, les collines vertes et les jolis enfants qui savaient nager sur l'eau, bien qu'ils n'eussent pas de queue de poisson.

La quatrième sœur ne fut pas si hardie, elle resta en pleine mer, et dit que c'était là, précisément, ce qu'il y avait de plus beau : on voyait jusqu'à de nombreuses lieues autour de soi, et le ciel, au-dessus, était comme une grande cloche de verre. Elle avait vu des vaisseaux, mais de très loin, ils avaient l'air de goélands, les amusants dauphins avaient fait des culbutes, et les grandes baleines avaient fait jaillir l'eau par leurs évents, on aurait dit des centaines de jets d'eau de tous les côtés.

Et le tour vint à la cinquième sœur ; son jour de naissance tombait en hiver, aussi vit-elle ce que les autres n'avaient

pas vu la première fois. La mer était complètement verte, et çà et là se dressaient de grands icebergs, dont chacun avait l'air d'une perle, dit-elle, bien qu'il fût beaucoup plus grand que les tours d'églises construites par les hommes. Ils avaient les formes les plus étranges et brillaient comme des diamants. Elle s'était assise sur l'un d'eux, et tous les bateaux à voiles s'écartaient avec effroi de l'endroit où elle était assise et laissait voler au vent ses longs cheveux ; et vers le soir le ciel se chargea de nuages, il y eut des éclairs et du tonnerre, et la mer noire souleva haut les grands blocs de glace qui brillaient sous les éclairs rouges. Sur tous les vaisseaux on carguait les voiles, on était tremblant et inquiet, mais elle était bien tranquille sur son iceberg flottant, et regardait la ligne bleue de l'éclair fulgurer en zigzag et tomber dans la mer illuminée.

La première fois que l'une des sœurs montait au-dessus de l'eau, chacune était toujours ravie de ce qu'elle avait vu de beau et de nouveau, mais comme ensuite, en qualité de grandes filles, elles pouvaient monter là-haut tant qu'elles voulaient, cela leur devenait indifférent, elles avaient de nouveau envie d'être chez elles, et au bout d'un mois elles disaient que c'était tout de même là que c'était le plus beau, et que l'on était très bien chez soi.

Maintes fois, le soir, les cinq sœurs se prirent par le bras et montèrent ensemble au-dessus de l'eau ; elles avaient des voix délicieuses, plus belles que celles d'aucun humain, et lorsqu'un orage menaçait, et qu'elles pouvaient croire que des vaisseaux sombreraient, elles nageaient devant les vaisseaux et chantaient superbement la beauté du fond de la mer, et invitaient les marins à ne pas craindre d'y venir ; mais les marins ne comprenaient pas leurs paroles, ils croyaient que c'était l'orage, et il ne leur était pas donné de voir non plus la splendeur d'en bas, car lorsque le vaisseau sombrait, les hommes étaient noyés, et ne parvenaient que morts dans le château du roi de la mer.

Lorsque ainsi, le soir, bras dessus bras dessous, les sœurs montaient en haut à travers la mer, la petite sœur restait toute seule et les suivait des yeux, et elle avait comme une envie de pleurer, mais l'ondine n'a pas de larmes, et souffre d'autant plus.

– Ah, que n'ai-je quinze ans ! disait-elle, je sais que j'aimerai ce monde de là-haut, et les humains qui l'habitent !

Enfin elle eut quinze ans.

– Eh bien, tu vas t'émanciper, dit sa grand-mère, la vieille reine douairière. Viens que je te pare comme tes autres sœurs.

Et elle lui posa sur la tête une couronne de lis blancs, mais chaque pétale de la fleur était une demi-perle ; et la vieille lui fit attacher huit grandes huîtres à la queue pour montrer son haut rang.

– Ça fait mal ! dit la petite ondine.

– Il faut souffrir pour être belle, dit la vieille.

Oh, comme la petite aurait voulu se débarrasser de ces ornements et ôter sa lourde couronne ; les fleurs rouges de son jardin la paraient bien mieux, mais elle n'osait pas changer.

– Adieu, dit-elle, et, légère comme une bulle, elle s'éleva au travers de l'eau.

Le soleil venait de se coucher lorsqu'elle sortit la tête à la surface, mais tous les nuages brillaient encore comme les roses et l'or, et au milieu de l'air rose pâle étincelait l'étoile du soir claire et charmante. L'air était doux et frais, et la mer tout à fait calme. Un grand vaisseau à trois mâts était là, et une seule voile était dehors, car il n'y avait pas un souffle de vent, et çà et là sur les cordages et les vergues étaient assis les matelots. On jouait de la musique et on chantait, et à mesure que le soir s'assombrissait, des centaines de lumières de diverses couleurs furent allumées ; on aurait dit que les drapeaux de toutes les nations flottaient dans l'air. La petite ondine nagea jusqu'à la fenêtre du salon, et chaque fois que l'eau la soulevait, elle put voir par les carreaux transparents les nombreuses personnes élégantes, mais le plus beau de tous était le jeune prince aux grands yeux noirs ; il ne devait guère avoir plus de seize ans, c'était son jour de naissance, et c'est pourquoi il y avait fête. Les matelots dansaient sur le pont, et lorsque le jeune prince s'y présentait, des centaines de fusées étaient lancées, elles brillaient comme le plein jour, et la petite ondine, tout effrayée, plongeait sous l'eau, mais ne tardait pas à sortir de nouveau la tête, et alors il lui semblait que toutes les étoiles du ciel tombaient sur elle. Jamais elle n'avait vu pareille magie de feu. De grands soleils tournoyaient, de superbes poissons de feu se balançaient dans l'air bleu, et tout se répétait dans l'eau calme et claire. Sur le vaisseau lui-même, il faisait si clair que l'on pouvait voir le moindre cordage, à plus forte raison les gens. Oh, comme le jeune prince était beau, et il serrait la main des gens, riait et souriait, tandis que la musique résonnait dans l'admirable nuit.

Il se fit tard, mais la petite ondine ne pouvait détacher ses yeux du vaisseau et du charmant prince. Les lumières de couleurs variées furent éteintes, les fusées n'étaient plus lancées, on ne tirait plus de coups de canon, mais un grondement provenait des profondeurs de l'océan. Elle restait sur l'eau, balancée par les vagues, en sorte qu'elle pouvait voir dans le salon ; mais le vaisseau prit une allure plus rapide, une voile après l'autre fut déployée, les vagues devinrent plus fortes, de grands nuages s'assemblèrent, des éclairs luirent au loin. Oh, un temps épouvantable s'annonçait ! Aussi, les matelots carguèrent les voiles. Le bateau vola d'une course folle, ballotté sur la mer furieuse, les vagues s'élevaient comme de grandes montagnes noires qui voulaient rouler sur le mât, mais le vaisseau plongeait comme un cygne entre les hautes lames, et se laissait de nouveau soulever par le gonflement des eaux. La petite ondine trouvait que c'était là une course amusante, mais les marins n'étaient pas de cet avis, le vaisseau craquait à grand bruit, les épais madriers ployaient sous les coups puissants, la mer assaillait le vaisseau, le mât fut brisé au milieu comme un simple roseau, et le vaisseau pencha sur le côté, tandis que l'eau pénétrait dans la cale. La petite ondine vit alors que les gens étaient en danger, elle dut elle-même faire attention aux poutres et débris du vaisseau qui traînaient sur l'eau. Un instant l'obscurité fut si noire qu'elle ne voyait plus rien, mais s'il venait un éclair, il faisait si clair de nouveau qu'elle reconnaissait tout le monde sur le vaisseau ; chacun se débrouillait de son mieux ; elle cherchait surtout le prince, et elle le vit, lorsque le vaisseau fut brisé, s'enfoncer dans la mer profonde. Sur le moment, elle fut très contente, puisqu'il allait ainsi descendre vers elle, mais elle se rappela que les hommes ne pouvaient pas vivre dans l'eau, et qu'il ne pouvait venir que mort dans le château de son père.

Non, il ne fallait pas qu'il mourût ; elle nagea donc au milieu des poutres et madriers épars sur la mer, oublia complètement qu'elle pouvait en être écrasée, plongea profondément, et revint en haut parmi les vagues, et arriva enfin jusqu'au jeune prince, qui ne pouvait presque plus nager dans la mer déchaînée, ses bras et ses jambes commençaient à être épuisés, ses beaux yeux se fermaient, il serait mort, si la petite ondine n'avait pas été là. Elle tint sa tête au-dessus de l'eau, et avec lui se laissa pousser par les vagues où elles voulaient.

Le matin, le mauvais temps passa ; du vaisseau l'on n'apercevait pas le moindre débris, le soleil se leva sur l'eau, rouge et brillant, on aurait dit que les joues du prince étaient par là ranimées, mais ses yeux demeurèrent clos ; l'ondine baisa son beau front haut, et repoussa en arrière ses cheveux mouillés ; elle trouvait qu'il ressemblait à la statue de marbre qu'elle avait en bas, dans son petit jardin, elle le baisa de nouveau, et souhaita qu'il pût vivre.

Et elle vit devant elle la terre ferme, de hautes montagnes bleues sur les cimes desquelles brillait la neige, comme s'il y avait là des cygnes ; près de la côte s'étendaient de ravissantes forêts vertes, et devant elles était une église ou un couvent, elle ne savait pas au juste, mais c'était un bâtiment. Des citronniers et des orangers poussaient dans le jardin, et devant la porte se dressaient de hauts palmiers. La mer formait ici une petite anse, qui était tout à fait calme, mais très profonde, jusqu'à la roche couverte de fin sable blanc ; c'est là que nagea l'ondine avec le beau prince, elle le déposa sur le sable, et eut surtout soin que sa tête fût haute et reçût la lumière chaude du soleil.

Mais les cloches sonnèrent dans le grand bâtiment blanc, et de nombreuses jeunes filles traversèrent le jardin. Alors la petite ondine alla nager à quelque distance, derrière de hautes pierres qui émergeaient de l'eau, couvrit ses cheveux et sa poitrine avec de l'écume de mer, afin que personne ne pût voir son petit visage, et observa qui allait venir auprès du pauvre prince.

Une jeune fille ne tarda pas à s'en approcher, elle parut très effrayée, mais seulement un instant, et alla chercher d'autres personnes, et l'ondine vit le prince s'animer, il souriait à tout le monde autour de lui, mais à elle il ne sourit pas, il ne savait pas, d'ailleurs, qu'elle l'avait sauvé ; elle se sentit si désolée que, lorsqu'il fut conduit dans le grand bâtiment, elle plongea dans l'eau, toute triste, et rentra chez elle, dans le château de son père.

Toujours elle avait été calme et songeuse, mais elle le devint alors bien davantage. Ses sœurs lui demandèrent ce qu'elle avait vu, la première fois qu'elle était montée là-haut, mais elle ne raconta rien.

Le matin ou le soir, bien souvent, elle retourna où elle avait quitté le prince. Elle vit les fruits du jardin mûrir, elle vit qu'ils étaient cueillis et que la neige fondait sur les hautes montagnes, mais elle ne voyait pas le prince, et rentrait toujours encore plus désolée. Sa seule consolation était de s'asseoir dans son petit jardin et d'entourer de ses bras la belle statue de marbre qui ressemblait au prince, mais elle ne soignait pas ses fleurs, elles poussaient au hasard, jusque dans les allées, et entrelaçaient leurs longues tiges et leur feuillage aux branches des arbres, en sorte que l'endroit était sombre.

Enfin elle ne put plus y tenir, et conta son histoire à l'une de ses sœurs, et aussitôt toutes les autres la connurent, mais personne d'autre qu'elles, et deux ondines qui la dirent seulement à leurs amies les plus intimes. L'une de celles-ci savait qui était le prince, elle avait vu aussi la fête sur le vaisseau, savait d'où venait le prince, et où était son royaume.
– Viens, petite sœur, dirent les autres princesses, et, les bras sur les épaules les unes des autres, elles montèrent en une longue rangée devant l'endroit où elles savaient que se trouvait le château du prince.
Ce château était construit en pierres jaune clair brillantes, avec de grands escaliers de marbre, dont l'un descendait à la mer. De splendides coupoles dorées s'élevaient sur le toit, et entre les colonnes qui étaient sur tout le tour du monument, des statues de marbre avaient l'air d'être vivantes. Par les vitres claires des hautes fenêtres on voyait l'intérieur de salles magnifiques, où de précieux tapis et rideaux de soie étaient accrochés, et tous les murs décorés de grandes peintures que l'on avait grand plaisir à regarder. Au milieu de la plus grande salle jaillissait un grand jet d'eau qui s'élevait haut sous la coupole de verre du plafond, et par elle le soleil illuminait l'eau et les plantes ravissantes qui poussaient dans le grand bassin.
La petite ondine savait donc enfin où habitait le prince, et elle vint là sur l'eau bien souvent le soir et la nuit ; elle nageait beaucoup plus près de la terre que n'avait osé le faire aucune des autres, elle alla même jusque dans l'étroit canal qui était sous la superbe terrasse de marbre dont l'ombre se prolongeait sur l'eau. Elle se plaçait là et regardait le jeune prince, qui croyait être tout seul au clair de la lune.

Elle le vit bien des soirs voguer avec de la musique à bord de son superbe bateau où flottaient les drapeaux ; elle jetait un coup d'œil entre les roseaux verts, et le vent soufflait dans son long voile d'un blanc d'argent ; si quelqu'un le voyait, on croyait que c'était un cygne qui déployait ses ailes.

Elle entendit bien souvent les pêcheurs, la nuit, lorsqu'ils étaient en mer avec des torches, dire beaucoup de bien du jeune prince, et elle se réjouissait de lui avoir sauvé la vie lorsqu'il dérivait à demi mort sur les vagues, et elle songeait comme il avait bien reposé, la tête sur sa poitrine, et comme alors elle lui avait donné un baiser bien senti ; lui ne savait rien de tout cela, et ne pouvait même pas rêver d'elle.

Elle en vint de plus en plus à aimer les hommes, de plus en plus elle désira pouvoir monter parmi eux ; leur monde lui semblait beaucoup plus grand que le sien ; ils pouvaient sur des vaisseaux courir la mer, ils pouvaient monter sur les hautes montagnes par-delà les nuages, et les terres qu'ils possédaient s'étendaient, avec des forêts et des champs, plus loin qu'elle ne pouvait voir. Il y a beaucoup de choses qu'elle aurait voulu savoir, mais ses sœurs n'avaient pas réponse à tout ; elle interrogea donc sa vieille grand-mère, qui connaissait bien le monde d'en haut ; elle l'appelait très justement les terres au-dessus de la mer.

– Lorsque les hommes ne se noient pas, demanda la petite ondine, peuvent-ils vivre toujours, est-ce qu'ils ne meurent pas, comme nous, ici, dans la mer ?

– Si ! dit la vieille, ils doivent aussi mourir, et la durée de leur vie est même plus courte que la nôtre. Nous pouvons vivre trois cents ans, mais lorsque nous cessons d'exister ici, nous devenons seulement écume sur l'eau, nous n'avons même pas une tombe ici, en bas, au milieu de ceux qui nous sont chers. Nous n'avons pas d'âme immortelle, nous ne reprenons jamais vie, nous sommes comme le roseau vert, une fois qu'il est coupé, il ne peut jamais reverdir ! Les hommes, au contraire, ont une âme, qui vit toujours, qui vit après que le corps est devenu terre ; elle s'élève dans l'air lumineux jusqu'à toutes les étoiles brillantes ! De même que nous émergeons de la mer et voyons les terres des hommes, de même ils montent vers des lieux inconnus et délicieux que nous ne verrons jamais.

– Pourquoi n'avons-nous pas d'âme immortelle ? demanda la petite ondine attristée, je donnerais toutes les centaines d'années que j'ai à vivre pour être une personne humaine rien qu'un seul jour, et avoir ensuite part au monde céleste !

– Il ne faut pas penser à cela, dit la vieille, notre vie est de beaucoup meilleure et plus heureuse que celle des hommes, là-haut !

– Il faut donc que je meure et disparaisse comme écume sur la mer, que je renonce à entendre la musique des vagues, à voir les fleurs ravissantes et le soleil rouge ! Ne puis-je rien faire pour avoir une âme immortelle ?

– Non, dit la vieille, à moins qu'un homme t'aime plus que père et mère, qu'il te soit attaché de toute sa pensée et de tout son amour, et qu'il fasse mettre par le prêtre sa main droite dans la tienne en promettant de t'être fidèle ici et dans toute l'éternité, alors son âme se déverserait dans ton corps, et tu prendrais part au bonheur des hommes. Il te donnerait une âme et conserverait pourtant la sienne. Mais c'est impossible ! Ce qui est charmant ici dans la mer, ta queue de

poisson, est justement ce qu'on trouve laid là-haut sur la terre, ils n'y entendent rien, ils croient qu'il faut avoir deux lourdes colonnes, qu'ils appellent des jambes, pour être beau !
La petite ondine soupira et regarda tristement sa queue de poisson.
– Soyons satisfaites, dit la vieille, nous pouvons sauter et nous ébattre pendant les trois cents ans que nous avons à vivre, c'est une assez bonne durée, on pourra se reposer ensuite avec satisfaction dans sa tombe. Nous aurons bal de la cour, ce soir !
Ce fut une splendeur, il est vrai, telle qu'on ne la voit jamais sur la terre. Murs et plafond dans la grande salle de danse étaient de verre épais, mais clair. Plusieurs centaines de coquilles colossales, roses et vert pré, étaient rangées de chaque côté ; il en émanait une flamme bleue qui éclairait toute la salle et brillait à travers les murs, en sorte que la mer, au-dehors, était illuminée ; on pouvait voir les innombrables poissons, petits et grands, qui nageaient vers le mur de verre ; sur les uns, les écailles luisaient rouge pourpre, sur d'autres, elles semblaient argent et or. La salle était traversée en son milieu par un large fleuve ruisselant, et c'était là que dansaient ondins et ondines sur leurs propres chants délicieux. Les habitants de la terre n'ont pas de si belles voix. La petite ondine était celle qui chantait le mieux de tous, et l'on battait des mains pour l'applaudir ; elle en éprouva de la joie en son cœur, un instant, car elle savait qu'elle avait la plus belle voix qui fût sur la terre et dans la mer ! Mais elle ne tarda pas à penser de nouveau au monde au-dessus d'elle ; elle ne pouvait oublier le beau prince et la douleur de ne pas posséder, comme lui, une âme immortelle. Et elle se glissa hors du

château de son père, et tandis que tout y était chant et gaieté, elle s'assit tristement dans son petit jardin. Alors elle entendit sonner du cor à travers l'eau, et elle se dit :
« Voilà sûrement qu'il vogue là-haut, celui que j'aime plus que père et mère, à qui ma pensée est attachée, et dans la main de qui je mettrais le bonheur de ma vie. Je veux tout oser pour le gagner, lui et une âme immortelle ! Pendant que mes sœurs dansent dans le château de mon père, je vais aller trouver la sorcière marine ; j'en ai toujours eu peur, mais elle pourra peut-être me conseiller et m'aider. »
Et la petite ondine sortit de son jardin et se dirigea vers le gouffre mugissant derrière lequel habitait la sorcière. Jamais elle n'avait encore été par là, il n'y poussait pas de fleurs, pas d'herbe marine ; seul et nu, le sable gris s'étendait vers le gouffre, où l'eau, avec des grondements de roue de moulin, tourbillonnait en arrachant tout ce qu'elle saisissait et l'emportant vers les profondeurs ; il fallait que la petite ondine traversât ces terribles tourbillons pour arriver dans le district de la sorcière, et sur un long parcours il n'y avait pas d'autre chemin qu'au-dessus de la vase chaude bouillonnante, que la sorcière appelait sa tourbière. On parvenait ainsi à sa maison qui était au milieu d'une étrange forêt. Tous les arbres et buissons étaient des polypes, moitié plantes, moitié animaux, qui semblaient des serpents à centaines de têtes poussant dans la terre ; toutes les branches étaient de longs bras visqueux aux doigts souples comme des vers, qui remuaient depuis la racine jusqu'à l'extrémité. Tout ce qu'ils pouvaient saisir dans la mer, ils l'enlaçaient fortement et ne le lâchaient jamais. La petite ondine demeura tout effrayée devant cette forêt ; son cœur battait de crainte, elle fut sur le point de s'en

retourner, mais elle pensa au prince et à l'âme de l'homme, et elle reprit courage. Elle attacha bien serrés sur sa tête ses longs cheveux flottants afin de ne pas laisser prise par là aux polypes, elle joignit ses mains sur sa poitrine, et vola ainsi à travers l'eau, comme le poisson sait voler, au milieu des affreux polypes qui tendaient vers elle leurs bras et leurs doigts agiles. Elle vit que chacun de ces bras et doigts tenait, comme un lien de fer, quelque objet saisi. Des hommes naufragés, descendus à cette profondeur, apparaissaient à l'état de squelettes blancs dans les bras des polypes. Ils serraient des gouvernails, des caisses, des cadavres d'animaux terrestres, et une petite ondine qu'ils avaient prise et étouffée, c'était là le plus épouvantable.

Puis s'ouvrit dans la forêt un grand espace visqueux où s'ébattaient de grandes couleuvres d'eau qui montraient leur vilain ventre jaunâtre. Au milieu de la place s'élevait une maison faite de blancs ossements humains, c'était là qu'était la sorcière marine, elle donnait à manger à un crapaud sur ses lèvres, comme les hommes font manger du sucre à un petit canari. Elle appelait les vilaines couleuvres grosses et grasses ses petits poussins, et les laissait se vautrer sur sa vaste poitrine fongueuse.

– Je sais bien ce que tu veux, dit la sorcière, c'est bête de ta part, mais ta volonté sera faite tout de même, car elle causera ton malheur, ma charmante princesse. Tu voudrais te défaire de ta queue de poisson et avoir à la

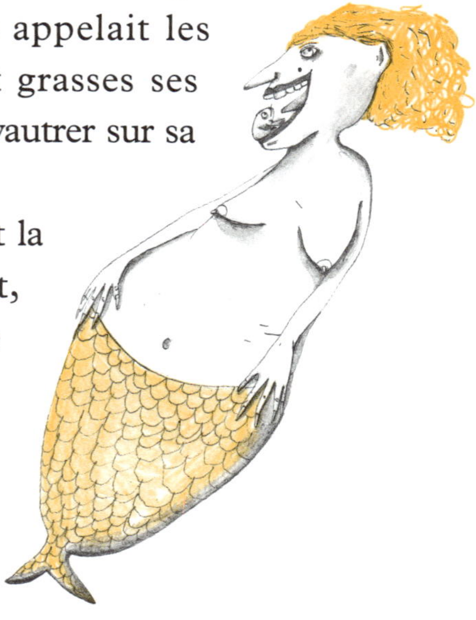

place deux moignons avec quoi marcher comme les hommes, afin que le jeune prince puisse devenir amoureux de toi et que tu puisses avoir et lui, et une âme immortelle ! Et la sorcière eut un rire si fort et si laid que le crapaud et les couleuvres tombèrent et se mirent à grouiller par terre.

– Tu viens au bon moment, dit-elle, demain, au lever du soleil, je n'aurais pas pu t'aider avant une année entière. Je vais te composer une boisson, avec elle tu nageras, avant que le soleil soit levé, jusqu'à la terre, où tu t'assiéras au bord et la boiras, ta queue alors se divisera et s'étriquera en ce que les hommes appellent de jolies jambes, mais ça fait du mal, c'est comme si une épée effilée te fendait. Tous ceux qui te verront diront que tu es la plus ravissante enfant des hommes qu'ils ont vue. Tu conserveras ta démarche souple, aucune danseuse ne sera souple comme toi, mais chaque pas que tu feras sera comme si tu marchais sur un couteau tranchant, qui ferait couler ton sang. Si tu veux souffrir tout cela, je viendrai à ton aide.

– Oui ! dit la petite ondine, la voix tremblante. Elle pensait au prince et à l'âme immortelle qu'elle voulait obtenir.

– Mais rappelle-toi, dit la sorcière, que lorsque tu auras pris la forme humaine, tu ne pourras jamais plus redevenir ondine ! Jamais tu ne pourras redescendre vers tes sœurs dans le château de ton père, et si tu ne gagnes pas l'amour du prince, de sorte qu'il oublie pour toi père et mère, s'attache à toi de toute sa pensée, et fasse unir vos mains par le prêtre pour que vous soyez mari et femme, tu n'auras pas d'âme immortelle ; le premier matin après qu'il aura été marié avec une autre, ton cœur se brisera, et tu deviendras écume sur la mer.

– Je le veux ! dit la petite ondine. Elle était pâle comme une morte.

– Mais il faut aussi que tu me payes, dit la sorcière, et ce n'est pas peu que je demande. Tu as la voix la plus ravissante parmi tous ceux qui sont ici, au fond de la mer, et sans doute crois-tu pouvoir charmer le prince avec cette voix, mais il faut me la donner. Je veux avoir ce que tu as de mieux pour ma précieuse boisson ; je dois t'y donner de mon propre sang, pour qu'elle soit acérée comme une épée à double tranchant.

– Mais si tu prends ma voix, dit la petite ondine, qu'est-ce qu'il me restera ?

– Ta charmante personne, dit la sorcière, ton allure ondoyante et tes yeux qui parlent, c'est assez pour séduire un cœur d'homme. Allons, ne perds pas courage, tends-moi ta langue, je la couperai en paiement, et tu auras la puissante boisson.

– Soit ! dit la petite ondine. Et la sorcière prit sa marmite pour faire bouillir la boisson magique.

– La propreté est une bonne chose, dit-elle, et elle frotta la marmite avec les couleuvres nouées ensemble, puis elle s'écorcha sa propre poitrine et fit couler son sang noir.

La vapeur eut les formes les plus étranges, il y avait de quoi vous terrifier. À tout instant la sorcière ajoutait quelque nouvel ingrédient, et lorsque le tout fut bien bouillant, on aurait dit des larmes de crocodile. Enfin la boisson fut à point, elle avait l'aspect de l'eau la plus pure.

– La voilà, dit la sorcière, et elle coupa la langue de la petite ondine, qui alors fut muette, et ne put ni chanter ni parler.

– Si les polypes t'attrapaient quand tu traverseras ma forêt, tu n'as qu'à leur jeter une goutte de cette boisson, et leurs bras et leurs doigts se briseront en mille morceaux.

Mais la petite ondine n'en eut pas besoin, les polypes s'écartèrent devant elle, effrayés, lorsqu'ils virent la boisson lumineuse briller dans sa main comme une étoile étincelante. Elle eut ainsi bientôt traversé la forêt, la tourbière et le gouffre grondant.

Elle put voir le château de son père ; les lumières étaient éteintes dans la grande salle de danse ; tout le monde dormait sûrement, et elle n'osa pas s'y présenter, maintenant qu'elle était muette et allait se séparer d'eux à jamais. Il lui sembla que son cœur allait se briser de chagrin. Elle se glissa dans le jardin, cueillit une fleur du parterre de chacune de ses sœurs, lança du doigt mille baisers vers le château, et monta au travers de la mer bleu sombre.

Le soleil n'était pas encore levé lorsqu'elle vit le château du prince ; elle monta le magnifique escalier de marbre. La lune brillait, merveilleusement claire. La petite ondine but la brûlante et âpre boisson, et ce fut comme si une épée à double tranchant avait fendu son corps délicat, elle s'évanouit et resta comme une morte. Lorsque le soleil resplendit sur la mer, elle se réveilla, et ressentit une douleur aiguë, mais devant elle se tenait le charmant jeune prince qui la regardait de ses yeux noirs, si fixement qu'elle baissa les siens, et vit que sa queue de poisson avait disparu, et qu'elle avait les plus jolies petites jambes blanches qu'aucune petite fille pouvait avoir ; mais elle était complètement nue, aussi s'enveloppa-t-elle dans sa longue chevelure. Le prince lui demanda qui elle était, et comment elle était venue là, et elle le regarda très doucement, mais d'un air désolé de ses yeux bleu sombre, car elle ne pouvait pas parler. Alors il la prit par la main et la conduisit au château. À chaque pas qu'elle faisait, c'était, ainsi que la sorcière l'en avait prévenue, comme si elle avait marché sur des aiguilles et des couteaux affilés, mais elle supportait cela volontiers ; la main dans la main du prince, elle monta aussi légèrement qu'une bulle d'air, et lui et tout le monde admirèrent sa démarche gracieuse et ondoyante.

Elle eut de précieux vêtements de soie et de mousseline ; elle était au château la plus belle de toutes, mais elle était muette, et ne pouvait ni chanter ni parler. De jolies esclaves vêtues de soie et d'or s'avancèrent et chantèrent pour le prince et ses parents royaux. L'une d'elles chantait mieux que toutes les autres, et le prince battit des mains et lui sourit, et la petite ondine fut attristée, elle savait qu'elle aurait chanté beaucoup mieux encore. Elle se disait : « Oh, s'il savait que, pour être auprès de lui, j'ai cédé ma voix à tout jamais ! » Ensuite les esclaves dansèrent des danses gracieuses et légères, accompagnées d'une admirable musique. Alors la petite ondine leva ses beaux bras blancs, se dressa sur la pointe de ses pieds, se balança doucement, et dansa comme personne encore n'avait dansé ; à chaque mouvement son charme devenait plus sensible et ses yeux parlaient plus profondément au cœur que le chant des esclaves. Tout le monde était ravi, surtout le prince, qui l'appela son petit enfant trouvé, et elle dansa de plus en plus, bien que, chaque fois que son pied touchait la terre, ce fût comme si elle eût marché sur des couteaux affilés. Le prince dit qu'elle resterait toujours près de lui, et il lui permit de dormir à sa porte sur un coussin de velours.

Il lui fit faire un costume d'homme, afin qu'elle l'accompagnât à cheval. Ils couraient à travers des forêts embaumées, où les branches vertes lui frappaient les épaules, et les petits oiseaux chantaient derrière le frais feuillage. Avec le prince elle grimpa sur les hautes montagnes, et ses pieds délicats saignaient, tellement que les autres pouvaient le voir, mais elle en riait et suivait le prince jusqu'aux sommets où l'on voyait les nuages voguer au-dessous de soi comme s'ils étaient une troupe d'oiseaux partis pour les pays étrangers.

La nuit, au château du prince, lorsque les autres dormaient, elle descendait au large escalier de marbre, et cela rafraîchissait ses pieds brûlants de les tenir dans l'eau de mer froide, et alors elle songeait à ceux d'en bas, dans les profondeurs.

Une nuit, ses sœurs arrivèrent bras dessus, bras dessous, elles chantaient un chant très triste en nageant à la surface de l'eau, et elle leur fit signe ; et les sœurs la reconnurent et dirent combien elle leur avait fait de peine à toutes. Elles vinrent la voir chaque nuit depuis lors, et une nuit elle vit, de bien loin, la vieille grand-mère, qui n'avait pas été au-dessus de la mer depuis de nombreuses années, et le roi de la mer avec sa couronne sur la tête ; ils tendaient les mains vers elle, mais n'osaient pas approcher de la terre autant que ses sœurs.

De jour en jour elle devenait plus chère au prince, il l'aimait comme on peut aimer un bon enfant affectueux, mais il n'avait pas la moindre idée d'en faire sa reine, et il fallait qu'elle devînt sa femme, sans quoi elle n'aurait pas une âme immortelle, et, le matin qui suivrait son mariage, deviendrait écume sur la mer.

– N'est-ce pas moi que tu aimes le plus de toutes ? semblaient dire les yeux de la petite ondine, lorsqu'il la prenait dans ses bras et lui baisait son beau front.

– Oui, tu m'es la plus chère, disait le prince, car c'est toi qui as le meilleur cœur. C'est toi qui m'es le plus dévouée, et tu ressembles à une jeune fille que j'ai vue une fois, mais que sûrement je ne retrouverai jamais. J'étais sur un vaisseau qui échoua. Les vagues me jetèrent à la côte près d'un saint temple desservi par des jeunes filles ; la plus jeune me trouva là et me sauva la vie ; je ne l'ai vue que deux fois ; elle était la seule que je pouvais aimer d'amour en ce monde, mais tu lui ressembles ; en mon âme, tu relègues presque son image ; elle appartient au saint temple, et c'est pourquoi mon heureuse fortune t'a envoyée à moi, jamais nous ne nous séparerons !

« Hélas, il ne sait pas que je lui ai sauvé la vie ! se dit la petite ondine. Je l'ai porté sur la mer jusqu'à la forêt où se trouve le temple, j'étais derrière l'écume et je regardais si personne n'allait venir. J'ai vu la jolie fille qu'il aime plus que moi ! »

Et l'ondine soupira profondément, elle ne pouvait pas pleurer.

« La fille appartient au saint temple, a-t-il dit, elle ne sortira jamais dans le monde ; ils ne se rencontreront plus, je suis près de lui, je le vois tous les jours, je le soignerai, je l'aimerai, je lui dévouerai ma vie ! »

Or, le prince va se marier, il épousera la fille du roi voisin, racontait-on, c'est pourquoi il arme un si magnifique vaisseau. Le prince voyage pour visiter le pays du roi voisin, à ce qu'on dit, mais c'est bien pour voir la fille du roi voisin, il emmènera une grande suite ; mais la petite ondine branlait la tête et riait ; elle connaissait les idées du prince beaucoup mieux que tous les autres.

– Il faut que je parte, lui avait-il dit, il faut que j'aille voir la belle princesse, mes parents l'exigent, mais me forcer à l'amener ici comme ma fiancée, ils ne le veulent pas. Je ne peux pas l'aimer, elle ne ressemble pas à la belle fille du temple, à laquelle tu ressembles ; si je devais un jour choisir une fiancée, ce serait plutôt toi, mon enfant trouvé, muette aux yeux qui parlent !

Et il baisa ses lèvres rouges, joua avec ses longs cheveux, et posa sa tête sur son cœur, qui se mit à rêver de bonheur humain et d'âme immortelle.

– Tu n'as pas peur de la mer, au moins, mon enfant muet ! dit-il, lorsqu'ils furent sur le magnifique vaisseau qui devait le conduire dans le pays du roi voisin, et il lui parla d'orage et de bonace, d'étranges poissons des profondeurs, et de ce que les plongeurs y avaient vu, et elle sourit de son récit, elle mieux renseignée que personne sur le fond de la mer.

Dans la nuit claire, lorsque tout le monde dormait, excepté l'homme qui était à la barre, elle se tenait contre le plat-bord, et cherchait à travers l'eau claire, et il lui semblait apercevoir le château de son père, au sommet duquel la vieille grand-mère, sa couronne d'argent sur sa tête, avait les yeux fixés en haut, vers la quille du vaisseau. Et les sœurs montèrent à la surface de l'eau, et regardèrent tristement la petite ondine, et tordirent leurs mains blanches, elle leur fit signe, leur sourit, et voulait raconter que tout allait bien et heureusement pour elle, mais le mousse s'approcha et les sœurs plongèrent, et le garçon crut que la blancheur qu'il avait aperçue était de l'écume sur la mer.

Le lendemain matin, le vaisseau entra dans le port de la ville splendide du roi voisin. Toutes les cloches des églises sonnaient, et des hautes tours on sonnait dans des trompettes, pendant que les soldats étaient alignés sous les drapeaux flottants avec leurs baïonnettes reluisantes. C'était tous les jours fête, dîners et bals se succédaient, mais la princesse n'était pas encore là, elle était élevée loin de là, disait-on, dans un saint temple où elle apprenait toutes les vertus royales. Enfin elle arriva.

La petite ondine était impatiente de voir sa beauté, et dut lui rendre justice, elle n'avait jamais vu plus charmante personne. La princesse avait la peau blanche et délicate, et derrière ses longs cils foncés souriaient des yeux bleu sombre fidèles.

– C'est toi ! dit le prince. Toi qui m'as sauvé lorsque j'étais étendu sur la côte comme un cadavre ! Et il pressa dans ses bras sa fiancée rougissante.

– Oh, je suis trop heureux, dit-il à la petite ondine, ma meilleure espérance, que je n'ai jamais osé concevoir, est remplie. Tu te réjouiras de mon bonheur, toi qui, entre tous, as le plus d'affection pour moi.

Et la petite ondine lui baisa la main, mais il sembla que déjà son cœur se brisait. Le matin qui suivrait la noce devait lui donner la mort et la réduire en écume sur la mer.

Toutes les cloches des églises sonnaient, les hérauts à cheval parcouraient les rues et proclamaient les fiançailles. Sur tous les autels brûlaient des huiles parfumées dans de précieuses lampes d'argent, les prêtres agitèrent des encensoirs, et les deux fiancés se tendirent la main et furent bénis par l'évêque. La petite ondine, en robe de soie et d'or, tenait la traîne de la mariée, mais son oreille n'entendait pas la musique de fête, son œil ne voyait pas la sainte cérémonie, elle pensait à sa nuit de mort, à tout ce qu'elle avait perdu en ce monde.

Le soir même les mariés montèrent à bord du vaisseau, les canons tonnèrent, tous les drapeaux flottèrent. Au milieu du vaisseau était dressée une tente royale d'or et de pourpre, et avec les plus délicieux coussins où le couple pouvait dormir dans la nuit calme et fraîche.

Les voiles se gonflèrent au vent, et le vaisseau glissa légèrement et sans grand mouvement sur la mer limpide.

Lorsqu'il fit sombre, des lampes de multiples couleurs furent allumées, et les marins dansèrent des danses joyeuses sur le pont. La petite ondine dut penser à la première fois qu'elle avait émergé de la mer, et vu le même faste et la même joie, et elle se lança en tourbillon dans la danse, se balança comme se balance le cygne quand il est poursuivi, et tout le monde l'admira et l'acclama, jamais elle n'avait dansé si admirablement ; ses pieds délicats étaient comme meurtris par des couteaux affilés, mais elle ne le sentait pas ; elle était plus douloureusement meurtrie au cœur. Elle savait que c'était le dernier soir qu'elle voyait celui pour qui elle avait abandonné sa famille et son foyer, donné sa voix exquise, et souffert tous les jours des tourments infinis, sans qu'il s'en doutât. C'était la dernière nuit qu'elle respirait le même air que lui, qu'elle voyait la mer profonde et le ciel bleu étoilé ; une nuit éternelle sans pensée ni rêve l'attendait, elle qui n'avait pas d'âme, qui ne pouvait en gagner une.

Et tout, sur le vaisseau, fut joie et gaieté, jusque longtemps après minuit, elle dansa et rit avec la pensée de la mort dans son cœur. Le prince embrassait sa charmante épousée, qui jouait avec ses cheveux noirs, et, se tenant par le bras, ils allèrent reposer dans la magnifique tente.

Le silence et le calme s'établirent sur le vaisseau, il n'y avait que l'homme à la barre, la petite ondine posa ses bras blancs sur le plat-bord, et regarda vers l'orient, épiant l'aube ; elle savait que le premier rayon de soleil allait la tuer. Elle vit alors ses sœurs émerger de la mer, elles étaient pâles comme elle ; leurs beaux cheveux longs ne flottaient plus au vent, ils étaient coupés.

– Nous les avons donnés à la sorcière, pour qu'elle fasse que tu ne meures pas cette nuit. Elle nous a donné un poignard, le voici, vois-tu comme il est aiguisé ?

Avant que le soleil se lève, il faut que tu l'enfonces dans le cœur du prince, et quand son sang chaud jaillira sur tes pieds, ils s'uniront en une queue de poisson et tu redeviendras ondine, tu pourras descendre dans l'eau vers nous et vivre tes trois cents ans avant d'être écume morte de mer salée. Dépêche-toi ! il faut qu'il meure, ou toi, avant que le soleil se lève. Notre vieille grand-mère a tant de chagrin que ses cheveux blancs sont tombés, comme les nôtres sont tombés sous les ciseaux de la sorcière. Tue le prince et reviens ! Dépêche-toi, vois-tu la lueur rouge au ciel ? Dans quelques minutes le soleil va se lever, et alors tu dois mourir !

Et elles poussèrent un profond soupir et disparurent dans les vagues.

La petite ondine écarta le rideau de pourpre de la tente, et vit la charmante mariée qui dormait, la tête contre la poitrine du prince. Elle se baissa, mit un baiser sur le beau front du jeune homme, regarda le ciel où l'aube luisait de plus en plus, regarda le poignard aiguisé, puis de nouveau fixa les yeux sur le prince, qui prononça en rêve le nom de son épousée, sa pensée n'était que pour elle, et le poignard trembla dans la main de l'ondine..., mais elle le jeta bien loin dans les vagues, qui luirent rouge à l'endroit où il tomba, comme si des gouttes de sang avaient monté à la surface de l'eau, et elle sentit son corps se dissoudre en écume.

Et le soleil s'éleva sur la mer, ses rayons tombèrent doux et chauds sur la froide écume marine, et la petite ondine ne sentit pas la mort, elle vit le clair soleil, et au-dessus d'elle planaient des centaines de charmants êtres transparents ; elle pouvait à travers eux voir les voiles blanches du vaisseau et les nuages rouges du ciel, leurs voix étaient mélodieuses, mais si immatérielles qu'aucune oreille humaine ne pouvait les entendre, de même qu'aucun œil terrestre ne pouvait les voir ; sans ailes ils flottaient dans l'air en vertu de leur légèreté. La petite ondine s'aperçut qu'elle avait un corps tel que le leur, et qu'elle s'élevait de plus en plus haut au-dessus de l'écume.

– Vers qui est-ce que je monte ? dit-elle, et sa voix résonna comme celle des autres êtres, si immatérielle qu'aucune musique de l'air ne peut la rendre.

– Vers les filles de l'air ! répondirent les autres. L'ondine n'a pas d'âme immortelle, ne peut jamais en avoir à moins de gagner l'amour d'un homme ; son existence éternelle dépend d'un vouloir étranger. Les filles de l'air n'ont pas non plus d'âme immortelle, mais elles peuvent s'en créer une elles-mêmes par de bonnes actions. Nous volons vers les pays chauds où l'air empesté tue les hommes, nous y soufflons la fraîcheur. Nous répandons dans l'air le parfum des fleurs et envoyons réconfort et guérison. Lorsque nous nous sommes efforcées pendant trois cents ans de faire autant de bien que nous pouvons, nous acquérons une âme immortelle et prenons part au bonheur éternel des hommes. Tu t'es efforcée de même que nous, pauvre petite ondine, de tout ton cœur. Tu as souffert et accepté la douleur, et tu t'es élevée au monde des esprits de l'air, tu peux maintenant par de bonnes actions te créer dans trois cents ans une âme immortelle.

Et la petite ondine leva ses bras blancs vers le soleil de Dieu, et pour la première fois elle sentit des larmes.

Sur le vaisseau il n'y avait aucun bruit ni mouvement ; elle vit le prince avec sa belle épousée qui la cherchaient des yeux, ils observaient avec tristesse l'écume des vagues, comme s'ils avaient su qu'elle aurait dû devenir écume sur la mer. Invisible, elle baisa le front du jeune homme, lui sourit, et avec les autres enfants de l'air monta sur le nuage rose qui voguait dans les hauteurs.

– Dans trois cents ans nous entrerons ainsi dans le royaume de Dieu !

– Nous pouvons y arriver aussi plus tôt, murmura l'une d'elles. Nous pénétrons invisibles dans les maisons des hommes, où il y a des enfants, et pour chaque jour où nous trouvons un bon enfant qui donne de la joie à ses parents et mérite leur amour, Dieu abrège notre temps d'épreuve.

L'enfant ne sait pas quand nous volons dans la salle, et quand nous sourions de joie à sa vue, nous gagnons un an sur les trois cents, mais quand nous voyons un enfant vilain et méchant, il nous faut pleurer de tristesse, et chaque larme ajoute un jour à notre temps d'épreuve !

La Princesse au petit pois

Traduction : D. Soldi, E. Grégoire, L. Moland, in Poucette et autres contes*, collection « Le Livre de poche Jeunesse »,*

À partir de 5 ans

2 min

Château

Prince
Princesse
Reine

Il était une fois un prince qui se cherchait une princesse, mais il voulait une vraie princesse. Il courut le monde pour en trouver une, mais jamais il n'était satisfait : les princesses ne manquaient pas, mais comment être sûr que c'étaient de vraies princesses ? Il y avait toujours quelque chose qui n'allait pas. Alors il revint chez lui, bien triste, car il lui fallait une vraie princesse.

Un soir, il faisait un temps horrible : les éclairs, le tonnerre, la pluie à torrent… c'était épouvantable ! Quelqu'un frappa à la porte de la ville et le vieux roi alla ouvrir.

C'était une princesse. Mais grand Dieu ! comme la pluie et l'orage l'avaient arrangée ! L'eau ruisselait de ses cheveux et de ses vêtements, entrait par la pointe de ses souliers, et sortait par le talon. Elle disait pourtant qu'elle était vraiment princesse.

« C'est ce que nous saurons bientôt ! » pensa la vieille reine, mais elle ne dit rien. Elle entra dans la chambre à coucher, ôta toute la literie, et mit un pois au fond du lit. Ensuite elle prit vingt matelas, qu'elle étendit sur le pois, et encore vingt édredons qu'elle entassa par-dessus les matelas.

C'était là que devait coucher la princesse. Le lendemain matin, on lui demanda comment elle avait passé la nuit.

– Très mal ! répondit-elle ; à peine si j'ai fermé les yeux de toute la nuit ! Dieu sait ce qu'il y avait dans le lit ; c'était quelque chose de dur. J'en ai des bleus sur tout le corps. Quel supplice !

À cette réponse, on reconnut que c'était une véritable princesse, puisqu'elle avait senti un pois à travers vingt matelas et vingt édredons. Quelle femme, sinon une princesse, pouvait avoir la peau aussi délicate ?

Le prince, bien convaincu que c'était une vraie princesse, la prit pour femme, et le pois fut placé dans le musée, où il doit se trouver encore, si personne ne l'a pris.

Et cela, c'est une vraie histoire.

Le Briquet

Traduction : Jean Renaud.

À partir de 6 ans

12 min

Auberge
Caverne
Ville

Chiens
Princesse
Reine
Roi
Soldat
Sorcière

Un soldat s'en venait au pas sur la grand-route : une, deux ! une, deux ! Il portait son sac sur le dos et un sabre au côté, car il avait fait la guerre et maintenant il rentrait chez lui. En chemin, il rencontra une vieille sorcière ; elle était hideuse, sa lèvre inférieure lui pendait jusque sur la poitrine. Voici ce qu'elle lui dit :

– Bonsoir, soldat ! Comme tu as un beau sabre et un grand sac, tu m'as l'air d'un véritable fantassin ! Écoute, je vais te donner autant d'argent que tu en voudras !

– Je te remercie, vieille sorcière ! répondit le soldat.

– Vois-tu ce grand arbre ? dit la sorcière, il est complètement creux ! Tu vas grimper jusqu'en haut, là tu verras un trou par lequel tu pourras te laisser glisser et descendre tout au fond ! Je vais te passer une corde autour de la taille pour pouvoir te remonter quand tu m'appelleras !

– Et qu'est-ce que je vais faire au fond de l'arbre ? demanda le soldat.

– Chercher de l'argent ! dit la sorcière. Sache que, quand tu arriveras au fond, tu seras dans une grande galerie éclairée par plus de cent lampes. Alors, tu verras trois portes que tu pourras ouvrir facilement, la clef est dessus. Si tu entres dans la première chambre, tu trouveras un grand coffre. Un chien est assis dessus ; il a des yeux grands comme des tasses à thé, mais ne t'en soucie pas ! Je vais te donner mon tablier bleu à carreaux que tu étendras par terre ; empare-toi du chien, pose-le sur mon tablier, ouvre le coffre et prends autant de pièces que tu voudras. Elles sont toutes de cuivre. Mais si tu préfères l'argent, entre dans la chambre suivante ; seulement, là, il y a un chien qui a des yeux grands comme des roues de moulin ; tu n'as pas plus à t'en soucier, pose-le sur mon tablier et prends des pièces d'argent. Par contre, si tu veux de l'or, tu peux aussi en avoir autant que tu pourras en porter. Il te suffit d'entrer dans la troisième chambre. Mais le chien qui est là sur le coffre a des yeux grands chacun comme la Tour Ronde. Un véritable chien, crois-moi ! Mais tu n'as absolument pas besoin de t'inquiéter ! Pose-le simplement sur mon tablier, il ne te fera aucun mal, et prends dans le coffre autant d'or que tu voudras !

– Ce n'est pas si mal que ça ! dit le soldat. Mais qu'est-ce qu'il faudra que je te donne à toi, vieille sorcière ? Car tu voudras sûrement quelque chose, j'imagine !

– Non, dit la sorcière, je ne veux pas un seul écu. Tu n'auras qu'à me rapporter un vieux briquet que ma grand-mère a oublié la dernière fois qu'elle est descendue dans l'arbre !

– Bon ! Attache-moi la corde autour de la taille ! dit le soldat.

– La voici ! dit la sorcière. Et voici mon tablier bleu à carreaux.

Puis le soldat grimpa dans l'arbre, se laissa tomber dans le trou et se retrouva, comme la sorcière l'avait dit, dans la grande galerie illuminée.

Il ouvrit alors la première porte. Hou ! Le chien aux yeux aussi grands que des tasses à thé était là et le regardait fixement.

– Tu es une brave bête ! lui dit le soldat en le posant sur le tablier de la sorcière.

Et il prit autant de pièces de cuivre qu'il pouvait en fourrer dans sa poche. Ensuite il ferma le coffre, reposa le chien dessus et entra dans la deuxième chambre. Oh là là ! Le chien aux yeux grands comme des roues de moulin, assis sur le coffre, le fixait intensément.

– Ne me regarde pas tant que ça ! lui dit le soldat. Tu pourrais attraper mal aux yeux !

Il posa le chien sur le tablier de la sorcière, mais en ouvrant le coffre, il vit une telle quantité de pièces d'argent qu'il jeta toutes celles de cuivre et remplit d'argent sa poche et son sac. Puis il entra dans la troisième chambre. Et là c'était horrible ! Le chien qui se trouvait là avait vraiment des yeux grands comme la Tour Ronde et ils lui tournaient dans la tête comme des roues !

– Bonsoir ! dit le soldat en portant la main à sa casquette, car il n'avait encore jamais vu de chien pareil.

Mais après l'avoir observé un peu, il pensa que cela suffisait, le déposa par terre et ouvrit le coffre. Dieu du ciel ! Que d'or ! Avec cela il pourrait acheter tout Copenhague et les cochons en sucre des pâtissières, tous les soldats de plomb, les fouets et les chevaux à bascule du monde entier ! C'était un véritable trésor !… Alors le soldat jeta toutes les pièces d'argent dont il avait rempli sa poche et son sac et prit de l'or à la place ; il en remplit toutes ses poches, son sac, sa casquette et ses bottes, au point qu'il avait grand peine à marcher ! Cette fois, il en avait, des écus ! Il reposa le chien sur le coffre, ferma la porte et cria dans l'arbre :

– Remonte-moi, vieille sorcière !

– As-tu le briquet ? demanda-t-elle.

– Ma foi ! dit le soldat, je l'avais complètement oublié.

Et il alla chercher le briquet. La sorcière le hissa et il se retrouva sur la grand-route, les poches, les bottes, la casquette et le sac pleins d'or.

– Que vas-tu faire de ce briquet ? demanda le soldat.

– Ça ne te regarde pas ! dit la sorcière. Maintenant que tu as de l'argent, donne-moi le briquet !

– Taratata ! dit le soldat, veux-tu me dire tout de suite ce que tu vas en faire, ou je tire mon sabre et je te coupe la tête !

– Non, dit la sorcière.

Alors le soldat lui coupa la tête et elle s'écroula. Il mit tout son or dans le tablier, en fit un baluchon qu'il jeta sur son dos, fourra le briquet dans sa poche et s'en alla tout droit vers la ville.

C'était une très belle ville, et il descendit dans la plus jolie des auberges, exigea les meilleures chambres et ses plats préférés, car il était riche maintenant, avec tous les écus qu'il avait récoltés.

Le valet qui devait cirer ses bottes, trouva effectivement qu'elles étaient bien vieilles et ridicules pour un monsieur aussi fortuné et, le lendemain, le soldat se procura des bottes toutes neuves et des habits fort élégants ! Il était donc devenu un monsieur distingué, et les gens lui parlèrent de tout ce qu'il y avait de superbe dans leur ville, et de leur roi, et de la ravissante princesse qui était sa fille.

– Où peut-on la voir ? demanda le soldat.

– Il est absolument impossible de la voir ! dirent-ils tous. Elle habite un grand château aux toits de cuivre, entouré de nombreuses murailles et de tours ! Personne, hormis le roi, n'ose se rendre chez elle, parce qu'on a prédit qu'elle épouserait un simple soldat et que le roi ne supporte pas cette idée !

« J'aimerais quand même bien la voir », pensa le soldat, mais il lui fut impossible d'en obtenir la permission.

Alors, il mena joyeuse vie, alla au théâtre, roula carrosse dans le parc royal, donna aux pauvres beaucoup d'argent, ce qui était un beau geste ! Il savait bien, après les jours qu'il avait passés, combien il est dur de ne pas avoir le moindre sou !... Désormais il était riche et bien habillé, et il eut beaucoup d'amis qui, tous, disaient qu'il était un homme charmant, un vrai gentilhomme, et le soldat s'en trouvait très flatté. Or, comme il dépensait de l'argent tous les jours et qu'il ne se souciait pas d'en gagner, il ne lui resta bientôt plus que deux écus en poche. Il lui fallut quitter les belles chambres où il logeait pour en prendre une toute petite sous les toits, brosser lui-même ses bottes et les recoudre avec une aiguille à repriser ; et aucun de ses amis ne vint le voir, car il y avait trop d'étages à monter.

Un soir, il faisait très sombre, et il n'avait même pas de quoi s'acheter une chandelle, quand il se souvint d'une bougie minuscule qu'il avait gardée avec le briquet trouvé dans l'arbre creux. Il sortit le briquet et le bout de chandelle, mais au moment même où il battit le briquet et fit jaillir l'étincelle du silex, la porte s'ouvrit brusquement et le chien aux yeux grands comme des tasses à thé apparut devant lui et dit :

– Qu'ordonne mon maître ?

– Quoi ! dit le soldat, en voilà un drôle de briquet, si je peux avoir tout ce que je veux de cette façon-là ! Apporte-moi de l'argent ! dit-il au chien.

Et hop ! le voilà parti, hop ! le voilà revenu, tenant une grande bourse pleine d'écus dans sa gueule.

Le soldat comprenait maintenant l'importance de ce briquet extraordinaire ! S'il le battait une fois, c'était le chien assis sur le coffre aux pièces de cuivre qui venait ; s'il le battait deux fois, c'était celui qui gardait les pièces d'argent, et s'il le battait trois fois, celui qui gardait l'or… Le soldat redescendit donc dans les belles chambres, remit les bons habits ; tous ses amis le reconnurent aussitôt, et l'aimèrent de nouveau…

Puis, un jour, il se remit à penser à la princesse : c'est quand même bizarre qu'on ne puisse pas la voir ! Elle est si ravissante, à ce que tout le monde dit ! Mais à quoi bon, si elle doit rester tout le temps enfermée dans le grand château aux toits de cuivre et aux innombrables tours… Est-ce que je ne peux vraiment pas la voir ?… Où est mon briquet ? Il le battit, et hop ! le chien aux yeux grands comme des tasses à thé arriva.

– Il est vrai qu'on est au milieu de la nuit, dit le soldat, mais je voudrais tellement voir la princesse, rien qu'un petit instant !

Le chien sortit immédiatement et, avant même que le soldat n'ait le temps de réfléchir, il le vit de retour avec la princesse ; elle était endormie sur le dos du chien, et si ravissante que

quiconque pouvait voir que c'était une vraie princesse. Le soldat n'y tint pas, il fallut qu'il l'embrasse...

Ensuite, le chien courut ramener la princesse, mais le lendemain matin, alors que le roi et la reine prenaient le thé avec elle, elle dit qu'elle avait fait un rêve étrange pendant la nuit, elle avait rêvé d'un chien et d'un soldat. Elle avait chevauché le chien, et le soldat l'avait embrassée.

– Voilà une bien belle histoire ! dit la reine.

Mais une des vieilles dames de la cour dut veiller au chevet de la princesse la nuit suivante, pour voir si ce n'était vraiment qu'un rêve.

Le soldat mourait tellement d'envie de revoir la ravissante princesse que le chien revint cette nuit-là, la prit sur son dos et courut tant qu'il put. Mais la vieille dame de cour enfila des bottes de marin et courut tout aussi vite à leurs trousses. En les voyant disparaître dans une grande maison, elle pensa : « Maintenant je sais où c'est ! » Et, avec un morceau de craie, elle traça une grande croix sur la porte. Puis elle rentra se coucher, et le chien revint avec la princesse. Mais quand il vit la croix sur la porte de la maison du soldat, il prit lui aussi un morceau de craie et fit des croix sur toutes les portes de la ville. Au petit matin, le roi, la reine, la vieille dame de cour et tous les officiers vinrent voir où la princesse était allée !

– C'est là ! dit le roi en apercevant la première porte avec une croix.

– Non, c'est ici, mon cher époux ! dit la reine qui voyait la seconde porte avec une croix.

– Mais il y en a une là, et il y en a une là ! dirent-ils tous. Où qu'ils regardent, il y avait une croix sur la porte. Alors ils comprirent qu'il était inutile de chercher davantage.

Toutefois, la reine était une femme astucieuse, qui savait faire bien d'autres choses que se promener en carrosse. Elle prit ses grands ciseaux d'or, découpa des morceaux dans une grande pièce de soie, puis cousit un joli petit sac : elle le remplit de grains de sarrasin très fins, l'attacha sur le dos de la princesse et perça un petit trou dans le sac afin que les grains s'écoulent le long du chemin que suivrait la princesse.

La nuit le chien revint, prit la princesse sur son dos et l'emporta en courant auprès du soldat qui l'aimait tant qu'il aurait voulu être un prince pour pouvoir l'épouser.

Le chien ne remarqua pas du tout les grains qui tombèrent sur le chemin. Le matin, le roi et la reine n'eurent aucun mal à voir où leur fille était allée ; ils s'emparèrent du soldat et l'enfermèrent dans un cachot sombre et lugubre, en lui disant :

– Demain, tu seras pendu !

Ce n'était pas réjouissant à entendre, et il avait oublié son briquet chez lui. Le lendemain matin, entre les barreaux de la petite fenêtre, il aperçut les gens qui se hâtaient hors de la ville pour le voir pendre. Il entendit les tambours et vit les soldats qui avançaient au pas. Tout le monde courait ; dans la foule, il remarqua un petit apprenti cordonnier, en tablier de cuir et en savates, qui galopait si vite qu'une de ses chaussures vola et retomba près du mur du cachot.

– Hé ! l'apprenti cordonnier ! Ne te presse pas tant ! lui dit le soldat, ça ne commencera pas avant que je n'arrive ! Mais si tu veux courir à l'auberge où j'habitais et me rapporter mon briquet, je te donnerai quatre écus. Mais, surtout, ne traîne pas en route !

L'apprenti cordonnier voulait bien les quatre écus, il partit comme une flèche chercher le briquet, le donna au soldat et… nous allons voir ce que nous allons voir…

En dehors de la ville, on avait dressé un grand gibet, autour duquel se tenaient les soldats et des centaines de milliers de personnes. Le roi et la reine siégeaient sur un trône magnifique, juste en face des juges et de tout le Conseil.

Le soldat était déjà en haut de l'échelle mais, lorsqu'on s'apprêta à lui passer la corde au cou, il dit qu'on permettait toujours à un condamné sur le point de subir sa peine d'exprimer un souhait. Il aurait bien voulu fumer une pipe, une dernière pipe, avant de quitter ce monde.

Le roi ne voulut pas le lui refuser, et le soldat prit son briquet et le battit : une fois, deux fois, trois fois ! et voilà tous les chiens, celui aux yeux grands comme des tasses à thé, celui aux yeux comme des roues de moulin, et celui qui avait des yeux aussi grands que la Tour Ronde !

– Aidez-moi, pour qu'on ne me pende pas ! dit le soldat, et les chiens se précipitèrent sur les juges et tous les membres du Conseil, attrapant l'un par les jambes, l'autre par le nez, et les lancèrent si haut en l'air qu'en retombant ils se brisèrent en morceaux.

– Je ne veux pas ! dit le roi, mais le plus gros des chiens s'empara en même temps de lui et de la reine, et les lança en l'air à leur tour. Alors les soldats furent épouvantés et tout le peuple cria :

– Petit soldat, tu seras notre roi et tu épouseras la ravissante princesse !

Puis on fit monter le soldat dans le carrosse du roi et les trois chiens dansèrent devant en criant : « Hourra ! » Les garçons sifflèrent dans leurs doigts et les soldats présentèrent les armes. La princesse sortit du château aux toits de cuivre et devint reine, ce qui lui fit grand plaisir ! Les noces durèrent huit jours, et les chiens prirent aussi place à table, écarquillant et roulant leurs yeux énormes.

Le Camarade de voyage

Traduction : Jean Renaud.

À partir de 7 ans

31 min

Campagne
Ville

Camarade
Jeune homme
Princesse
Roi
Sorcière

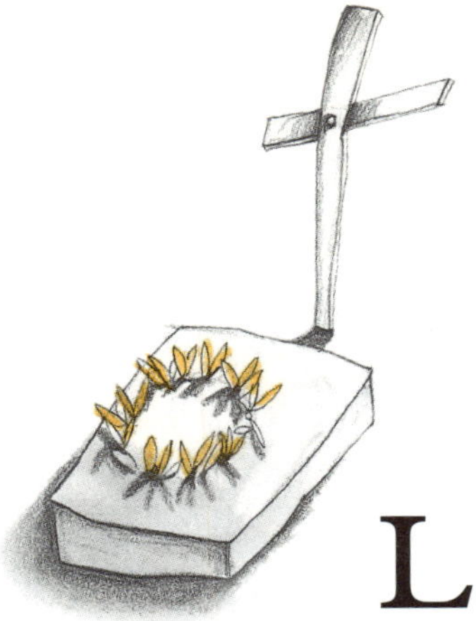

Le pauvre Johannes était bien triste, son père était très malade et ne survivrait pas. Ils n'étaient que tous les deux dans la petite pièce ; la lampe sur la table allait s'éteindre...

– Tu as été un bon fils, Johannes ! dit le père malade. Le bon Dieu t'aidera sûrement à faire ton chemin en ce monde !

Il le regarda de ses yeux graves et doux, respira profondément et mourut. Son visage était paisible, on aurait dit qu'il dormait. Johannes pleurait, il n'avait plus personne au monde maintenant, son père et sa mère étaient morts et il n'avait ni frère ni sœur. Pauvre Johannes ! Agenouillé devant le lit, il embrassait la main de son père mort et pleurait bien des larmes amères, puis, ses yeux finirent par se fermer et il s'endormit.

Il fit alors un rêve étrange : il vit le soleil et la lune s'incliner devant lui et il vit son père, de nouveau en pleine santé, il l'entendit rire comme il riait toujours quand il était vraiment content. Une ravissante jeune fille, qui portait une couronne d'or sur ses beaux cheveux longs, tendit la main à Johannes, et son père lui dit :

– Tu vois la fiancée que tu as trouvée ? C'est la plus charmante du monde.

Puis il se réveilla, toutes ces beautés avaient disparu, son père gisait, mort et glacé, dans le lit, personne n'était auprès d'eux ; Johannes était bien malheureux !

Quelques jours plus tard, il suivait le cercueil, il ne verrait plus ce bon père qu'il avait tant aimé ; il entendit la terre qu'on jetait sur le cercueil, en aperçut le dernier coin, mais à la pelletée suivante celui-ci aussi disparut. Il eut l'impression que son cœur allait se briser, tant il avait de peine. Autour de lui, on chantait un psaume si beau à entendre que les larmes vinrent aux yeux de Johannes, et pleurer lui fit du bien. Le soleil brillait délicieusement sur les arbres verdoyants comme s'il voulait lui dire : « Ne sois pas si triste, Johannes ! Tu vois comme le ciel bleu est beau ; ton père est là-haut maintenant, il prie le bon Dieu pour que tout aille toujours bien pour toi ! »

– Je serai bon ! dit Johannes, ainsi je monterai aussi au ciel près de mon père, et quelle joie ce sera de nous revoir ! J'aurai tant de choses à lui raconter, et lui en aura tant à me montrer, à m'apprendre sur les charmes célestes, tout comme il m'a enseigné sur terre. Oh, quel bonheur ce sera !

Johannes se représentait tout cela si nettement qu'il en souriait tandis que les larmes coulaient encore sur ses joues. Les petits oiseaux gazouillaient dans les marronniers : « Cui-cui ! Cui-cui ! » Johannes les vit s'envoler des arbres verts pour s'en aller loin de par le monde, et il eut bien envie, lui aussi, de prendre son envol. Mais d'abord, il tailla une grande croix de bois pour la mettre sur la tombe de son père et lorsqu'il l'y apporta, le soir, la tombe était sablée et fleurie. C'était l'œuvre des amis de la famille, montrant leur attachement à ce cher père qui n'était plus.

Le lendemain matin de bonne heure, Johannes fit son petit baluchon, serra dans sa ceinture tout son héritage, qui consistait en cinquante écus et quelques pièces d'argent ; il voulait parcourir le monde. Avant de partir, il se rendit sur la tombe de son père et dit :

– Adieu, cher père, je m'efforcerai d'être un homme bon, ainsi tu peux prier pour que tout aille bien pour moi !

Dans le champ où marchait Johannes, les fleurs étaient si fraîches et si gracieuses en s'inclinant au vent qu'elles semblaient dire :

– Bienvenue dans la verdure ! N'est-ce pas joli ici ?

Johannes se retourna une dernière fois pour voir la vieille église de son village. Alors il aperçut, en haut du clocher, avec son petit bonnet rouge, le lutin de l'église qui se protégeait le visage du soleil en repliant son bras. Johannes lui fit un signe d'adieu et le petit bonhomme agita son bonnet, posa la main sur son cœur et lui envoya quantité de baisers pour lui montrer qu'il lui voulait du bien et lui souhaiter un heureux voyage.

Johannes songeait à tout ce qu'il allait voir de beau dans le vaste monde, et il s'éloigna. Jamais encore il n'était allé si loin. Il ne connaissait pas les villes qu'il traversait, ni les gens qu'il rencontrait. Il était ailleurs désormais, bien loin de chez lui, parmi les étrangers.

La première nuit, il coucha sur une meule de foin en plein champ. Il trouva cela très agréable, le roi n'avait pas mieux. Le champ tout entier, avec son joli ruisseau sous le ciel bleu, faisait une belle chambre à coucher. L'herbe verte, avec ses petites fleurs rouges et blanches, faisait comme un tapis, et, pour faire sa toilette, il avait le ruisseau avec son eau limpide et fraîche, où les roseaux inclinaient la tête pour dire bonjour et bonsoir. La lune était une vraie grande lampe de chevet, tout là-haut sous le plafond bleu, et elle ne risquait pas de mettre le feu aux rideaux ! Johannes pouvait dormir tranquille. C'est ce qu'il fit et il ne se réveilla qu'au lever du soleil, quand les petits oiseaux chantèrent autour de lui : « Bonjour ! Bonjour ! Tu n'es pas levé ? »

En passant près d'un cimetière, il remarqua que certaines tombes étaient couvertes de hautes herbes. Johannes pensa à celle de son père qui viendrait à leur ressembler, puisqu'il n'était plus là pour la sarcler et la décorer. Il se baissa, arracha l'herbe, redressa les croix de bois renversées et remit en place les couronnes que le vent avait fait tomber, en pensant que quelqu'un ferait peut-être de même sur la tombe de son père.

À la porte du cimetière, un vieux mendiant était appuyé sur sa béquille ; Johannes lui donna les pièces d'argent qu'il avait et poursuivit sa route.

Vers le soir, le temps devint épouvantable. Johannes se dépêcha et il atteignit une petite église isolée ; par chance, la porte était entrouverte et il se faufila à l'intérieur pour attendre que l'orage se calme.

« Je vais me mettre là dans un coin, pensa-t-il, je suis très fatigué et j'ai bien besoin de me reposer un peu. » Il faisait nuit noire et il ne tarda pas à s'endormir et à rêver, tandis qu'au dehors le tonnerre grondait et les éclairs se succédaient. Lorsqu'en pleine nuit il se réveilla, l'orage était passé et la lune l'éclairait par les fenêtres. Au milieu de l'église, il y avait un cercueil ouvert, avec un mort à l'intérieur. Johannes n'avait pas peur du tout, il savait bien que les morts ne font aucun mal ; ce sont les vivants, quand ils sont méchants, qui font du mal. Et justement, deux hommes bien vivants, deux méchants de ce genre, se tenaient près du mort qu'on avait déposé dans l'église avant de le mettre en terre ; ils voulaient lui faire du mal, ne pas le laisser en repos dans son cercueil, mais le jeter hors de l'église !

– Pourquoi voulez-vous faire ça ? demanda Johannes. Laissez-le reposer en paix !

– Tu parles ! répondirent les deux individus. Il nous a roulés ! Il nous doit de l'argent, il n'a pas pu le rembourser et maintenant, il est mort par-dessus le marché : nous n'aurons pas un sou. Nous voulons nous venger, il restera comme un chien à la porte de l'église !

– Je n'ai que cinquante écus, dit Johannes, c'est tout mon héritage, mais je vous les donnerai volontiers si vous me promettez sur l'honneur de laisser ce pauvre mort en paix. Je me débrouillerai bien sans cet argent ; je suis en bonne santé, plein de vigueur, et je suis sûr que le Ciel me viendra en aide.

– Bon, dirent les deux autres, si tu veux payer ses dettes de cette façon, nous ne lui ferons rien, tu peux y compter !

Ils empochèrent l'argent de Johannes, rirent bien fort de sa bonté et s'en allèrent. Johannes remit le cadavre en place dans le cercueil, lui joignit les mains, dit adieu et s'engagea dans la grande forêt.

Tout autour de lui, entre les arbres, il voyait de petits elfes jouer gaiement dans la lumière de la lune. Certains d'entre eux n'étaient pas plus grands que le doigt, leurs longs cheveux blonds étaient retenus par un peigne d'or, et ils se balançaient deux par deux sur les grosses gouttes de rosée posées sur les feuilles et l'herbe haute ; parfois la goutte roulait et ils tombaient parmi les grands brins d'herbe, et les autres petits êtres riaient et criaient. C'était extrêmement amusant ! Ils chantaient, et Johannes reconnaissait parfaitement tous les jolis airs qu'il avait appris dans son enfance. De grandes araignées bigarrées, une couronne d'argent sur la tête, devaient tisser d'un buisson à l'autre de longs ponts suspendus et des palais qui, avec la rosée, semblaient faits de verre scintillant au clair de lune. Cela dura ainsi jusqu'au lever du soleil. Alors les petits elfes se glissèrent dans les boutons de fleurs, et le vent emporta les ponts et les châteaux qui s'envolèrent comme de grandes toiles d'araignée.

Johannes était sorti de la forêt quand une forte voix d'homme cria derrière lui :

– Holà ! Camarade ! Où te mène ton voyage ?

– Je vais de par le vaste monde ! dit Johannes. Je n'ai ni père ni mère, je suis un pauvre gars, mais le bon Dieu m'aidera sûrement !

– Moi aussi, je m'en vais de par le monde, dit l'étranger, faisons donc route ensemble !

– D'accord ! dit Johannes

Et ils partirent tous les deux. Ils se prirent bientôt d'amitié l'un pour l'autre, et Johannes remarqua que l'étranger était beaucoup plus malin que lui, il avait fait presque le tour du monde et savait parler de tout.

Le soleil était déjà haut lorsqu'ils s'assirent sous un grand arbre pour déjeuner. Au même moment, une vieille femme arriva. Elle était très vieille et marchait toute courbée, appuyée sur une béquille, portant sur son dos un fagot de bois qu'elle avait ramassé dans la forêt. Son tablier était relevé, et Johannes vit que trois grandes baguettes de fougère et de saule en dépassaient. Alors qu'elle était tout près d'eux, un de ses pieds glissa et elle tomba à la renverse en poussant un grand cri : elle s'était cassé la jambe.

Johannes voulait qu'ils la portent tout de suite chez elle, mais l'étranger ouvrit son sac, en sortit un pot et déclara qu'il avait là une pommade capable de lui guérir la jambe en un rien de temps, de sorte qu'elle pourrait rentrer chez elle toute seule, comme si elle n'avait jamais eu la jambe cassée. Mais en échange, il voulait qu'elle lui donne les trois baguettes qu'elle avait dans son tablier.

– C'est cher payé, dit la vieille en hochant bizarrement la tête ; elle ne tenait guère à se séparer de ses baguettes, mais ce n'était pas drôle non plus de rester par terre, la jambe cassée. Elle lui donna donc les baguettes et, dès qu'il lui eut frotté la jambe avec la pommade, la vieille se releva et marcha bien mieux qu'avant.

– Que veux-tu faire de ces baguettes ? demanda Johannes à son camarade.

– Ça fait un beau bouquet ! répondit-il. Il me plaît bien, tu sais, je suis un drôle de type !

Puis ils firent encore un bon bout de chemin.

– Oh, le temps se couvre ! dit Johannes en montrant du doigt devant eux. Voilà de gros nuages bien menaçants !

– Mais non, dit le camarade de voyage, ce ne sont pas des nuages, ce sont des montagnes ; de grandes montagnes superbes, là-haut l'air est pur, on est au-dessus des nuages ! C'est magnifique, crois-moi ! Demain, sans doute, nous aurons atteint cette partie du monde !

Ce n'était pas aussi près qu'il y paraissait ; ils marchèrent une journée entière avant d'arriver aux montagnes où les

sombres forêts poussaient droit vers le ciel et où il y avait des rochers grands comme une ville entière. Ce serait sûrement une rude montée pour parvenir tout en haut, aussi Johannes et son camarade de voyage entrèrent-ils dans une auberge afin de bien se reposer et de rassembler des forces pour la marche du lendemain.

Dans la grande salle de l'auberge, il y avait beaucoup de monde car on donnait un spectacle de marionnettes. Un homme venait d'installer son petit théâtre, et les gens s'asseyaient tout autour pour voir la comédie ; au premier rang, un vieux boucher corpulent avait pris la meilleure place ; son gros bouledogue, qui avait l'air féroce, était assis à côté de lui et ouvrait de grands yeux, comme tous les autres spectateurs.

Le spectacle commença. C'était une belle histoire, avec un roi et une reine, une gentille comédie, pas triste du tout. À un moment, la reine se leva et se mit à marcher… Et alors, Dieu sait ce qui passa par la tête du gros bouledogue, mais il bondit sur la scène et saisit la reine par la taille, et l'on entendit un craquement sinistre.

Le malheureux propriétaire du théâtre en fut tout effrayé. Il était consterné pour sa reine, car c'était la plus ravissante de toutes ses marionnettes. Aussi, quand les gens s'en allèrent, le camarade de voyage lui proposa-t-il de la réparer ; il sortit son pot et enduisit la poupée de la pommade qui avait guéri la pauvre vieille à la jambe cassée. Aussitôt graissée, la poupée se retrouva non seulement intacte mais, en plus, elle était maintenant capable de remuer elle-même tous ses membres, il n'était plus nécessaire de tirer sur les ficelles pour la faire bouger. On aurait dit un être vivant.

Le propriétaire du petit théâtre de marionnettes en fut

enchanté, il n'avait plus besoin de tenir cette poupée-là puisqu'elle pouvait danser toute seule, ce dont les autres étaient bien incapables.

La nuit venue, alors que les gens de l'auberge étaient couchés, quelqu'un se mit à pousser des soupirs si profonds et pendant si longtemps que tout le monde se leva pour voir qui cela pouvait être. L'homme qui avait donné la comédie alla à son petit théâtre, car c'était de là que provenaient les soupirs. Toutes les marionnettes en bois gisaient pêle-mêle ; le roi et les gardes soupiraient lamentablement en regardant fixement de leurs grands yeux de verre, ils auraient tant voulu qu'on les graisse un peu comme la reine, pour pouvoir aussi remuer tout seuls. La reine tomba à genoux et tendit sa jolie couronne d'or d'un air suppliant :

– Prenez la, dit-elle, et, en échange enduisez mon époux et mes courtisans !

Alors le propriétaire du théâtre promit tout de suite au camarade de voyage de lui donner toute la recette du lendemain soir s'il acceptait de graisser quatre ou cinq de ses plus belles marionnettes ; mais le camarade répondit qu'il ne demandait que le grand sabre que l'autre portait au côté et, dès qu'il l'eut obtenu, il graissa six poupées qui dansèrent aussitôt avec tant de grâce que toutes les jeunes filles présentes se mirent également à danser. Le cocher et la cuisinière entamèrent une valse, le valet et la femme de chambre en firent autant, et ainsi de suite, jusqu'à la pelle à feu et les pincettes qui s'enlacèrent puis s'écroulèrent dès les premiers sauts. Oh, ce fut une nuit très gaie, une véritable fête…

Le lendemain matin, Johannes et son camarade quittèrent toute cette compagnie ; ils gravirent les hautes montagnes et traversèrent les grandes forêts de sapins. Ils montèrent si haut que les clochers des églises, tout en bas au-dessous d'eux, finirent par avoir l'air de petites baies rouges perdues dans la verdure. Ils pouvaient voir très loin, à des lieues à la ronde, des pays dans lesquels ils n'étaient jamais allés ! Le soleil brillait chaleureusement dans la fraîcheur de l'air bleu et Johannes n'avait encore jamais vu autant de merveilles à la fois. Il entendait les chasseurs souffler dans leurs cors entre les monts : c'était si beau que des larmes de joie lui venaient aux yeux. Le camarade de voyage, lui aussi, contemplait les forêts et les villes dans la chaleur du soleil. À cet instant, ils entendirent un chant étrange et merveilleux au-dessus de leurs têtes et, levant les yeux, il virent un grand cygne blanc planer dans les airs : il était superbe et chantait comme jamais ils n'avaient encore entendu chanter un oiseau. Mais le chant s'affaiblit de plus en plus, le bel oiseau pencha la tête, descendit lentement et tomba mort à leurs pieds.

– Deux ailes magnifiques, dit le camarade de voyage, grandes et blanches comme celles de cet oiseau, elles ont de la valeur : je vais les emporter ! Tu vois, c'est heureux que j'aie gagné un sabre !

Et, d'un coup, il trancha les deux ailes du cygne mort et les emporta.

Ils firent des lieues et des lieues à travers les montagnes, jusqu'à ce qu'enfin ils aperçoivent devant eux une grande ville avec plus de cent tours qui brillaient comme argent au soleil. Au centre de la ville se dressait un magnifique château de marbre, aux toits d'or rouge, c'était le palais du roi.

Johannes et son camarade de voyage ne voulurent pas tout de suite entrer dans la ville, ils s'arrêtèrent à l'auberge en dehors pour faire un brin de toilette, car ils souhaitaient avoir belle allure quand ils seraient dans les rues. L'aubergiste leur raconta que le roi était un brave homme qui ne faisait jamais de mal à personne mais que sa fille, en revanche, était une méchante princesse. Elle ne manquait pas de charme : aucune jeune fille n'était plus belle et plus gracieuse qu'elle ; mais à quoi bon, puisque c'était une vraie sorcière qui avait causé la mort de tant de beaux princes. Elle avait donné à tout le monde le droit de la demander en mariage ; quiconque pouvait venir, prince ou gueux, c'était sans importance. Il devait simplement répondre à trois questions qu'elle lui posait : s'il y parvenait, elle l'épouserait et il régnerait sur tout le pays après la mort de son père, mais s'il ne parvenait pas à deviner les réponses, elle le ferait pendre ou décapiter. La ravissante princesse était abominable ! Son père, le vieux roi, en était très affligé mais il ne pouvait rien faire, car il avait dit un jour qu'elle pourrait agir à sa guise avec ses prétendants et se choisir un mari comme bon lui semblerait. Chaque fois qu'un prince venait demander la main de la princesse, il n'arrivait pas à donner les réponses, et il était pendu ou avait la tête tranchée ; on avait beau l'avertir à temps, il ne pouvait s'empêcher de faire sa demande. Le vieux roi était si navré de tout ce malheur et de cette désolation que, tous les ans, il restait une journée entière à genoux avec tous ses soldats, à prier pour que la princesse devienne bonne, mais elle ne changeait pas. En signe de deuil, les vieilles femmes coloraient l'eau de vie en noir avant de la boire.

– L'affreuse princesse ! dit Johannes. Elle mériterait d'être fouettée. Si j'étais le roi, je lui en ferais baver !

Au même moment, on entendit des gens, dehors, crier hourra ! La princesse passait et elle était vraiment si ravissante que tout le monde oubliait sa méchanceté et l'acclamait. Douze jolies demoiselles, toutes en robe de soie blanche, une tulipe d'or à la main, montaient des chevaux d'un noir de jais à ses côtés. La princesse, quant à elle, avait un cheval tout blanc, paré de diamants et de rubis ; son amazone était d'or pur et la cravache qu'elle tenait à la main avait l'air d'un rayon de soleil ; la couronne d'or sur sa tête semblait faite de petites étoiles venues du ciel et sa cape était cousue de milliers d'ailes de papillons. Cependant la princesse elle-même était bien plus belle encore que tous ses vêtements.

Quand Johannes l'aperçut, son visage devint rouge comme sang qui coule, et c'est à peine s'il put dire un mot. La princesse ressemblait tout à fait à l'adorable jeune fille couronnée d'or dont il avait rêvé la nuit de la mort de son père. Il la trouva si belle qu'il ne put s'empêcher de l'aimer. Il se dit qu'il n'était certainement pas vrai qu'elle puisse être une méchante sorcière faisant pendre ou décapiter les gens s'ils ne devinaient pas ce qu'elle exigeait. « Quiconque a le droit de la demander en mariage, même le plus pauvre gueux ; je vais monter au château, c'est plus fort que moi ! »

Tout le monde lui dit de ne pas faire cela, il aurait sûrement le même sort que tous les autres. Son camarade de voyage le lui déconseilla aussi, mais Johannes était persuadé que tout irait bien, il brossa ses chaussures et son habit, se lava le visage et les mains, peigna ses beaux cheveux blonds et entra tout seul dans la ville pour monter au château.

– Entrez ! dit le vieux roi quand Johannes frappa à la porte…

Johannes ouvrit et le vieux roi, en robe de chambre et en pantoufles brodées, vint à sa rencontre ; il avait sa couronne d'or sur la tête, son sceptre dans une main et sa pomme d'or dans l'autre.

– Attendez un peu ! dit-il.

Et il mit la pomme sous son bras pour pouvoir lui tendre la main. Mais dès qu'il apprit que c'était un prétendant, il se mit à pleurer si fort que le sceptre et la pomme tombèrent par terre et qu'il dut s'essuyer les yeux avec sa robe de chambre. Pauvre vieux roi !

– Renonce ! dit-il. Ça tournera mal pour toi comme pour tous les autres. Tu n'as qu'à venir voir !

Et il conduisit Johannes dans le jardin d'agrément de la princesse. Le spectacle était épouvantable ! À chaque arbre étaient pendus trois ou quatre fils de rois qui avaient demandé la main de la princesse mais n'avaient pas su deviner la réponse à ses questions. Chaque fois que le vent soufflait, tous les ossements s'entrechoquaient, si bien que les petits oiseaux, effrayés, n'osaient jamais venir dans ce jardin ; toutes les fleurs avaient pour tuteurs des os humains, et des têtes de morts grimaçaient dans les pots. Tel était le jardin de la princesse !

– Tu vois ! dit le vieux roi. Tu finiras comme tous ceux qui sont ici. Renonce donc ! Tu me rends vraiment malheureux, ça me fend le cœur !

Johannes baisa la main du bon vieux roi, affirmant que tout irait bien puisqu'il aimait tant la ravissante princesse.

À ce moment, la princesse elle-même, suivie de toutes ses dames d'honneur, entra à cheval dans la cour du château. Ils sortirent donc au devant d'elle pour la saluer. Elle était vraiment charmante, elle tendit la main à Johannes et il en fut épris encore plus qu'avant. Elle ne pouvait décidément pas être une méchante sorcière, comme tout le monde le disait. Ils montèrent dans la salle, et des petits pages offrirent des confitures et des biscuits aux épices, mais le vieux roi était si triste qu'il ne pouvait rien manger…

Il fut décidé que Johannes reviendrait au château le lendemain matin. Alors, les juges et tout le Conseil seraient réunis, et entendraient comment il se sortirait de son épreuve. S'il répondait juste, il lui faudrait revenir deux fois, mais personne n'avait encore deviné ne serait-ce que la première réponse, c'est pourquoi ils avaient tous perdu la vie.

Johannes ne s'inquiétait pas du tout de la façon dont cela se passerait pour lui ; il était tout content, il ne pensait qu'à la ravissante princesse, convaincu que le bon Dieu l'aiderait, mais comment, il n'en avait aucune idée et préférait ne pas y songer. Il dansa tout le long du chemin en rentrant à l'auberge, où son camarade de voyage l'attendait.

Johannes n'en finissait pas de raconter comment la princesse l'avait reçu et combien elle était charmante. Il avait déjà hâte d'être au lendemain, de monter au château et de tenter sa chance.

Mais le camarade de voyage, attristé, hochait la tête.

– J'ai tant d'amitié pour toi ! dit-il. Nous aurions pu rester ensemble longtemps encore, et voilà que je vais te perdre. Mon pauvre, cher Johannes, je pleurerais volontiers mais je ne veux pas troubler ta joie en cette dernière soirée qui nous reste. Soyons gais, très gais ! Demain, quand tu seras parti, j'aurai le droit de pleurer !

Tout le monde dans la ville avait appris qu'un nouveau prétendant s'était présenté et les gens en furent tellement désolés que ce fut comme une journée de deuil : le théâtre resta fermé, toutes les pâtissières nouèrent un crêpe noir autour de leurs petits cochons en sucre, le roi et les pasteurs s'agenouillèrent dans l'église… Telle était la désolation car il était impossible qu'un meilleur sort que celui des autres prétendants soit réservé à Johannes.

Dans la soirée, le camarade de voyage prépara un grand bol de punch et dit à Johannes que maintenant il fallait être bien gai et boire à la santé de la princesse. Mais lorsque Johannes eut bu deux verres, il eut tellement sommeil qu'il fut incapable de garder les yeux ouverts et il s'endormit. Le camarade de voyage le leva doucement de sa chaise, l'allongea sur son lit et, quand il fit nuit noire, il prit les deux grandes ailes qu'il avait coupées au cygne, se les attacha solidement aux épaules, mit dans sa poche la plus grande des baguettes que lui avait cédées la vieille femme à la jambe cassée, ouvrit la fenêtre et s'envola au-dessus de la ville jusqu'au château, où il s'assit dans un coin, juste sous la fenêtre de la chambre de la princesse.

Toute la ville était silencieuse ; l'horloge sonna minuit moins le quart, la fenêtre s'ouvrit et la princesse s'envola en grand manteau blanc avec de longues ailes noires, au-dessus de la ville, vers une haute montagne. Le camarade de voyage se rendit invisible, de sorte qu'elle ne pouvait pas du tout le voir, et il vola derrière elle en la fouettant si fort que le sang coulait là où il frappait. Le vent s'engouffrait dans le manteau de la princesse, qui se déployait de tous côtés comme une grande voile de navire, et la lune brillait au travers.

– Comme il grêle ! Comme il grêle ! disait la princesse à

chaque coup de baguette qu'elle recevait. Quand elle parvint devant la montagne, il y eut comme un roulement de tonnerre et la montagne s'ouvrit pour laisser entrer la princesse. Comme il était invisible, le camarade de voyage la suivit à l'intérieur. Ils parcoururent un long couloir dont les murs étincelaient de milliers d'araignées rougeoyantes qui couraient sur les parois. Puis ils entrèrent dans une grande salle, d'or et d'argent ; des fleurs rouges et bleues, grandes comme des tournesols, flamboyaient aux murs : leurs tiges étaient d'affreux serpents venimeux et les pétales n'étaient autres que le feu qui sortait de leur gueule. Le plafond tout entier était tapissé de vers luisants et de chauves-souris bleu ciel qui battaient de leurs fines ailes ; c'était plus qu'étrange à voir, proprement hallucinant. Au milieu de la salle, un trône était soutenu par quatre squelettes de chevaux dont les harnais étaient faits d'araignées rouge feu ; le trône lui-même était en verre d'un blanc laiteux et les coussins pour s'y asseoir étaient de petites souris noires qui se mordaient la queue les unes les autres. Au-dessus, un dais de toiles d'araignées roses était parsemé de très jolies petites mouches vertes qui brillaient comme des pierres précieuses. Sur le trône siégeait un vieux troll, une couronne sur sa vilaine tête et un sceptre à la main. Il embrassa la princesse sur le front, la fit asseoir à côté de lui sur le précieux trône, et la musique commença. De grosses sauterelles noires jouaient de la guimbarde, et le hibou se tapait sur le ventre car il n'avait pas de tambour. C'était un drôle de concert. De tout petits lutins noirs, un feu follet à leur bonnet, dansaient en rond dans la salle. Personne ne pouvait voir l'invisible camarade de voyage qui s'était placé juste derrière le trône ; lui, en revanche, entendait et voyait tout ce qui se passait. Les courtisans qui entrèrent semblaient tous beaux et distingués, mais, si l'on regardait attentivement, on voyait que ce n'était en réalité rien d'autre que des manches à balai surmontés de têtes de choux, auxquels le troll avait donné vie par magie et qu'il avait pourvus d'habits brodés. Au fond, cela n'avait pas beaucoup d'importance, ils n'étaient là que pour le décor.

Lorsqu'on eut dansé un peu, la princesse raconta au troll qu'elle avait un nouveau prétendant, et lui demanda ce qu'elle pourrait imaginer comme question.

– Écoute ! dit le troll. Je vais te dire une chose ! Il faut que tu prennes quelque chose de très facile, car alors il n'y songera pas. Pense à l'une de tes chaussures, il ne devinera jamais. Ensuite, fais-lui couper la tête et n'oublie pas, en revenant la nuit prochaine, de m'apporter ses yeux, car je veux les manger !

La princesse fit une profonde révérence et dit qu'elle n'oublierait pas les yeux. Alors le troll rouvrit la montagne et elle s'envola à nouveau. Le camarade de voyage la suivit et la fouetta si vigoureusement avec la baguette qu'elle se plaignit beaucoup de la forte grêle et se dépêcha tant qu'elle put de rentrer chez elle. Quant au camarade de voyage, il vola jusqu'à l'auberge où Johannes dormait encore, détacha ses ailes et se mit au lit. Il était bien fatigué et il y avait de quoi !

Très tôt, le lendemain, quand Johannes se réveilla, son camarade lui raconta qu'il avait fait cette nuit-là un rêve bien étrange à propos de la princesse et de sa chaussure, et il le pria donc instamment de répondre à la princesse qu'elle pensait à l'une de ses chaussures.

– Ça ou autre chose… dit Johannes, tu as peut-être rêvé juste… Mais je veux tout de même te dire adieu, car si je devine mal, je ne te reverrai plus jamais !

Puis ils s'embrassèrent, et Johannes entra dans la ville et monta au château. Toute la salle était comble. Les juges étaient assis dans leurs fauteuils, la tête appuyée sur des coussins pour réfléchir plus confortablement. Le vieux roi se leva et s'essuya les yeux avec un mouchoir blanc. La princesse entra, elle était encore beaucoup plus ravissante que la veille et elle salua tout le monde aimablement, mais elle tendit la main à Johannes en disant :

– Bonjour, toi !

Et elle demanda à Johannes, en le regardant très gentiment, de deviner à quoi elle pensait. Au moment même où elle l'entendit prononcer le mot « chaussure », elle devint toute pâle et trembla de tout son corps, mais elle ne pouvait rien faire, il avait deviné juste.

Le vieux roi fut tellement content qu'il fit une cabriole, il fallait voir cela ; et tout le monde les applaudit, lui pour sa cabriole et Johannes qui avait bien répondu à la première question.

Le camarade de voyage aussi fut heureux d'apprendre que tout s'était bien passé ; et Johannes joignit les mains pour remercier le bon Dieu, qui l'aiderait certainement encore les fois suivantes. Le lendemain déjà, il faudrait recommencer.

La soirée se passa comme la veille. Dès que Johannes fut endormi, son camarade de voyage vola derrière la princesse jusqu'à la montagne et il la fouetta encore plus fort que la fois précédente, car il avait emporté deux baguettes ; personne ne put le voir et il entendit tout. La princesse penserait à son gant, et c'est ce qu'il raconta à Johannes, comme si c'était un rêve. Alors Johannes ne manqua pas de deviner juste et la joie fut générale au château. Tous les courtisans firent des culbutes, comme ils l'avaient vu faire au roi la première fois ; mais la princesse resta étendue sur le sofa, refusant de dire un seul mot.
Il s'agissait maintenant de voir si Johannes saurait deviner la troisième fois. Si tout allait bien, il épouserait la ravissante princesse et hériterait de tout le royaume à la mort du vieux roi ; sinon il perdrait la vie et le troll mangerait ses beaux yeux bleus.
La veille au soir, Johannes se mit au lit de bonne heure, fit sa prière et s'endormit paisiblement ; mais le camarade de voyage s'attacha les ailes sur le dos, accrocha le sabre à son côté, prit les trois baguettes et vola jusqu'au château.
Il faisait nuit noire, la tempête arrachait les tuiles des toits et, dans le jardin, les arbres où étaient pendus les squelettes ployaient comme des roseaux sous le vent ; les éclairs fulguraient à chaque instant et les roulements du tonnerre donnaient l'impression d'un seul grondement ininterrompu. La fenêtre s'ouvrit et la princesse s'envola. Elle était pâle comme une morte, mais elle riait du mauvais temps, son manteau blanc tourbillonnant dans l'air comme une grande voile de navire. Le camarade de voyage la fouetta tant et si bien de ses trois baguettes que les gouttes de son sang tombaient jusqu'à terre et qu'elle n'avait presque plus la force de voler. Enfin, elle atteignit la montagne.

– Il grêle et l'orage est violent, dit-elle, jamais je ne suis sortie par un temps pareil !

– On peut se lasser des meilleures choses, dit le troll.

Elle lui raconta alors que Johannes avait deviné juste pour la deuxième fois ; s'il en faisait autant le lendemain, il aurait gagné, elle ne pourrait jamais plus venir à la montagne, jamais plus pratiquer la magie comme avant ; elle en était très affligée.

– Il ne pourra pas deviner, dit le troll, je vais bien trouver quelque chose à quoi il n'a jamais songé ! Ou alors il est plus grand magicien que moi. Mais pour le moment, amusons-nous un peu !

Puis il prit la princesse par les deux mains et ils dansèrent en rond avec tous les petits lutins et les feux follets qui étaient dans la salle ; les araignées rouges couraient tout aussi joyeusement le long des murs, et les fleurs de feu semblaient étinceler. Le hibou battait son tambour, les grillons crissaient et les sauterelles noires soufflaient dans leurs guimbardes. C'était un joyeux bal !...

Lorsqu'ils eurent assez dansé, la princesse dut rentrer chez elle, pour qu'on ne remarque pas son absence au château ; le troll proposa de la raccompagner et ils s'envolèrent dans le mauvais temps. Le camarade de voyage usa ses trois baguettes à leur fouetter le dos ; jamais le troll n'était sorti sous une telle grêle. Devant le château, il dit au revoir à la princesse tout en lui chuchotant : « Pense à ma tête ! » Mais le camarade de voyage l'entendit et, au moment même où la princesse se glissait par la fenêtre de sa chambre à coucher et que le troll allait s'en retourner, il le saisit par sa longue barbe noire et trancha son affreuse tête de troll avec son sabre. Il jeta le corps aux poissons dans le lac, enveloppa la tête dans son mouchoir de soie et l'emporta à l'auberge. Le lendemain matin, il donna le mouchoir à Johannes, mais le pria de ne pas le dénouer avant que la princesse ne lui demande à quoi elle pensait.

Il y avait tellement de monde dans la grande salle du château que les gens étaient serrés comme radis en botte. Les membres du Conseil siégeaient sur les fauteuils, leurs coussins moelleux sous la tête ; et le vieux roi portait des habits neufs, sa couronne d'or et son sceptre avaient été astiqués, tout cela avait belle allure. Mais la princesse, toute pâle, était vêtue d'une robe d'un noir de jais comme si elle devait aller à un enterrement.

– À quoi suis-je en train de penser ? demanda-t-elle à Johannes.

Il dénoua le mouchoir et fut lui-même totalement effrayé en voyant l'horrible tête de troll. Tout le monde frémit, car le spectacle était terrifiant. Quant à la princesse, elle était comme pétrifiée et ne put prononcer un seul mot ; finalement elle se leva et tendit la main à Johannes, car il avait, bien sûr, deviné juste ; elle ne regarda personne mais poussa un profond soupir :

– Maintenant tu es mon maître ! Ce soir, nous célébrerons nos noces !

– Voilà qui me plaît ! dit le vieux roi. C'est bien ce que nous allons faire !

Tout le monde poussa des hourras, la garde défila en musique dans les rues, les cloches sonnèrent et les pâtissières enlevèrent le crêpe noir de leurs petits cochons en sucre. Trois bœufs rôtis entiers, farcis de canards et de poules, furent servis au milieu de la grand-place, chacun pouvait s'en couper un morceau ; un vin délicieux jaillissait dans les fontaines, et si on achetait un craquelin chez le boulanger, on recevait six pains au lait par-dessus le marché, des pains au lait avec des raisins secs dedans.

Le soir, toute la ville fut illuminée, les soldats tirèrent des coups de canon, et les gamins lancèrent des pétards ; au château, on mangeait et on buvait, on trinquait et on dansait ; tous les beaux messieurs et les jolies demoiselles dansaient ensemble, et on pouvait de très loin les entendre chanter :

Il y a tant de filles si belles
Qui ne demandent qu'à danser,
Marche au tambour, s'il vous plaît !
Tourne et vire, ma belle,
Danse et tape du pied,
Jusqu'à en user tes souliers !

Cependant la princesse qui était toujours une sorcière, n'aimait pas du tout Johannes. C'est pourquoi le camarade de voyage donna à Johannes trois plumes de ses ailes de cygne et une petite fiole, en lui recommandant de faire poser près du lit de la mariée un grand baquet plein d'eau, dans lequel il ajouterait le contenu de la fiole et les trois plumes ; quand la princesse monterait dans le lit, il la pousserait pour qu'elle tombe dans l'eau, où il devrait la plonger trois fois.

Johannes fit tout ce que son camarade de voyage lui avait conseillé ; la princesse cria très fort lorsqu'il la plongea sous l'eau et se débattit entre ses mains sous la forme d'un grand cygne noir aux yeux étincelants ; quand elle sortit de l'eau pour la deuxième fois, le cygne était devenu blanc, à l'exception d'un cercle noir autour du cou. Johannes, pour la troisième fois, enfonça complètement l'oiseau sous l'eau. À ce moment-là, le cygne redevint la plus ravissante des princesses. Elle était encore plus belle qu'auparavant, et elle le remercia, avec des larmes dans ses beaux yeux, d'avoir rompu son ensorcellement.

Le lendemain matin, le vieux roi vint avec toute sa cour et les félicitations se prolongèrent une bonne partie de la journée. Le camarade de voyage s'avança en tout dernier, son bâton à la main et son sac au dos. Johannes l'embrassa bien des fois, en lui demandant de ne pas s'en aller, de rester auprès de lui puisque c'était à lui qu'il devait tout son bonheur. Mais le camarade de voyage secoua la tête et dit avec douceur et gentillesse :

– Non, j'ai fait mon temps. J'ai simplement payé ma dette. Te souviens-tu du mort à qui l'on voulait faire du mal ? Tu as donné tout ce que tu possédais pour qu'il trouve la paix dans sa tombe. Ce mort, c'est moi !

Au même moment, il avait disparu…

Les noces durèrent un mois entier. Johannes et la princesse s'aimèrent d'amour tendre, et le vieux roi vécut bien des jours heureux, faisant sauter ses petits-enfants sur ses genoux et les laissant jouer avec son sceptre. Puis Johannes, à son tour, devint roi et régna sur tout le royaume.

Le Garçon porcher

Traduction : Jean Renaud.

À partir de 5 ans

7 min

Palais
Porcherie

Dames d'honneur
Prince
Princesse
Roi

Il était une fois un pauvre prince qui avait un tout petit royaume et qui désirait se marier.
C'était sans doute bien hardi de sa part que d'oser demander à la fille de l'empereur : « Veux-tu de moi ? » Et pourtant il osa, car son nom était célèbre à la ronde et il y avait des centaines de princesses qui auraient répondu : « Oui, je veux bien ». Mais quelle fut, selon vous, la réponse de la fille de l'empereur…

Écoutez plutôt :
Sur la tombe du père du prince poussait un rosier, oh ! un rosier superbe. Il ne fleurissait que tous les cinq ans et ne donnait qu'une seule fleur, mais c'était une rose au parfum si doux qu'à la sentir on oubliait tous ses chagrins et ses soucis. Le prince avait aussi un rossignol qui chantait comme si toutes les plus belles mélodies étaient enfermées dans son petit gosier.
Cette rose et ce rossignol seraient pour la princesse ; tous deux furent mis dans de grands écrins d'argent et lui furent envoyés.
L'empereur, son père, les fit porter dans la grande salle où la princesse était en train de jouer avec ses dames d'honneur.
Et lorsque la princesse vit les grands écrins contenant les présents, elle battit des mains de joie.
– Si seulement c'était un petit minet ! dit-elle. Mais c'est la merveilleuse rose qui apparut.

– Oh, comme elle est joliment faite ! s'écrièrent toutes les dames d'honneur.

– Elle est plus que jolie ! dit l'empereur, elle est belle !

Cependant la princesse la toucha et fut sur le point de pleurer.

– Oh, papa, comme je suis déçue, ce n'est pas une rose artificielle, c'est une vraie !

– Oh ! dirent tous les courtisans, c'est une vraie fleur !

– Voyons d'abord ce qu'il y a dans l'autre écrin avant de nous fâcher ! suggéra l'empereur.

Alors le rossignol apparut. Il chanta si divinement qu'on ne trouva rien à redire sur le moment.

– Superbe ! Charmant ![1] dirent les dames d'honneur, car elles parlaient toutes le français, mais plus mal les unes que les autres.

– Comme cet oiseau me rappelle la boîte à musique de feu l'impératrice, dit un vieux gentilhomme. Mais oui, c'est tout à fait le même accent, la même diction !

– Oui, dit l'empereur, et il se mit à pleurer comme un enfant.

– J'aurais peine à croire que c'est un vrai ! dit la princesse.

– Si, c'est un véritable oiseau ! dirent les messagers du prince.

– Alors, laissez-le s'envoler ! dit la princesse, et il ne fut plus question pour elle de recevoir le prince.

Mais il ne se laissa pas décourager, il se barbouilla le visage de brun et de noir, s'enfonça une casquette sur la tête et vint frapper à la porte du palais.

– Bonjour, empereur ! dit-il. Y aurait-il quelque travail pour moi en ce château ?

– Oh, tu n'es pas le seul à en réclamer, répondit l'empereur.

1. En français dans le texte.

Mais voyons… J'ai besoin de quelqu'un pour garder les cochons, nous en avons tellement !

Et le prince fut engagé comme garçon porcher. On lui donna une mauvaise petite chambre à côté de la porcherie et c'est là qu'il dut loger. Il passa toute la journée à travailler, et le soir il avait fabriqué une jolie petite marmite, garnie de clochettes : dès que la marmite bouillait, les clochettes sonnaient gentiment en jouant la vieille mélodie :

Bien l'bonjour, cher Augustin,
Ah, quel pétrin !

Mais le plus ingénieux, c'était que si l'on mettait le doigt dans la vapeur de la marmite, on savait aussitôt quel plat on faisait cuire dans chaque cheminée de la ville. C'était bien autre chose qu'une rose.

La princesse vint à passer par là en se promenant avec toutes ses dames d'honneur, et lorsqu'elle entendit la mélodie elle s'arrêta, ravie, car elle aussi savait jouer « Bien l'bonjour, cher Augustin » ; c'était le seul air qu'elle connaissait et elle en était plutôt fière, même si elle ne pouvait le jouer que d'un seul doigt.

– Mais c'est l'air que je sais jouer, dit-elle. Ce garçon porcher doit être cultivé ! Tenez ! Entrez lui demander combien coûte cet instrument !

Et il fallut, aussitôt, qu'une des dames d'honneur chausse ses sabots pour aller trouver le porcher…

– Combien veux-tu pour cette marmite ? demanda-t-elle.

– Je veux dix baisers de la princesse ! répondit le garçon porcher.

– Dieu du ciel ! dit la dame d'honneur.
– C'est à prendre ou à laisser ! dit le garçon porcher.
– Eh bien, qu'est-ce qu'il dit ? demanda la princesse.
– Je ne peux vraiment pas le dire ! dit la dame d'honneur. C'est trop affreux !
– Bon, tu n'as qu'à me le dire à l'oreille !
Et elle chuchota.
– Qu'il est insolent ! dit la princesse, et elle partit aussitôt… Mais dès qu'elle eut fait un petit bout de chemin, les clochettes tintèrent gentiment :

Bien l'bonjour, cher Augustin,
Ah, quel pétrin !

– Écoute, dit la princesse, demande-lui s'il veut dix baisers de mes dames d'honneur !
– Non, merci ! dit le garçon porcher, dix baisers de la princesse ou je garde la marmite.

– Comme c'est ennuyeux ! dit la princesse, alors il faut que vous vous teniez toutes autour de moi pour que personne ne puisse voir !

Les dames d'honneur l'entourèrent en déployant leurs robes, et le garçon porcher eut ses dix baisers et elle eut la marmite.

Ah, ce fut un vrai plaisir ! Toute la soirée et tout le jour suivant la marmite dut bouillir. Il n'y avait pas une seule cheminée de la ville où l'on ne sache ce qui cuisait, aussi bien chez le chambellan que chez le cordonnier. Les dames d'honneur dansaient et battaient des mains.

– Nous savons qui aura du potage sucré et des crêpes ! Nous savons qui aura de la bouillie et des grillades ! Comme c'est amusant !

– Extrêmement intéressant ! dit la grande maîtresse de la cour.

– Oui, mais ne dites rien, car je suis la fille de l'empereur !

– Dieu nous en garde ! dirent-elles toutes ensemble.

Le garçon porcher, dont personne n'imaginait qu'il soit autre chose qu'un porcher, ne laissa pas la journée s'écouler sans rien faire : il fabriqua une crécelle. Quand on la faisait tourner, on entendait grincer toutes les valses, les saltarelles et les polkas connues depuis la création du monde.

– Mais c'est superbe ! dit la princesse en passant par là, je n'ai jamais entendu composition plus merveilleuse ! Écoutez ! Entrez lui demander combien coûte cet instrument ! Mais, attention, je n'embrasse plus !

– Il veut cent baisers de la princesse ! dit la dame d'honneur en revenant.

– Je crois qu'il est fou ! dit la princesse, et elle partit.

Mais après avoir fait un petit bout de chemin, elle s'arrêta :

– Il faut encourager les arts, dit-elle, je suis la fille de l'empereur. Dis-lui qu'il aura dix baisers comme hier, le reste mes dames d'honneur s'en chargeront.
– Mais ce n'est pas de notre goût, dirent-elles.
– Balivernes ! dit la princesse. Si moi, je peux l'embrasser, vous le pouvez aussi ! Rappelez-vous que c'est moi qui vous entretiens et qui vous paie.
Et la dame d'honneur dut retourner le voir.
– Cent baisers de la princesse, dit-il, ou chacun garde son bien !
– Mettez-vous autour de moi ! dit-elle, alors, toutes les dames d'honneur l'entourèrent, et elle se laissa embrasser par le garçon porcher.
– Qu'est-ce que c'est que cet attroupement là-bas, près de la porcherie ? s'écria l'empereur qui était sorti sur son balcon. Il se frotta les yeux et mit ses lunettes.
– Mais ce sont les dames d'honneur, qu'ont-elles encore inventé ! Il faut que je descende voir ça !…
Et, malgré ses vieux souliers, il se hâta vers cette drôle d'assemblée.
Une fois dans la cour, il marcha tout doucement, et les dames d'honneur, occupées à compter les baisers afin que tout se déroule honnêtement et que le garçon n'en reçoive ni un de plus ni un de moins, ne remarquèrent pas du tout son arrivée. Il se dressa sur la pointe des pieds pour voir au-dessus des épaules de ces dames…

– Qu'est-ce que c'est que ça ? hurla-t-il en voyant ce qui se passait.

Et il leur donna, à chacun, un coup de savate sur la tête, au moment précis où le garçon porcher recevait le quatre-vingt-sixième baiser.
– Hors d'ici ! cria l'empereur, furieux. Et la princesse et le garçon porcher furent tous deux chassés du palais.
La princesse pleurait, le garçon porcher grognait et la pluie tombait à verse.
– Hélas ! Misérable que je suis ! gémit la princesse. Si seulement j'avais accepté ce charmant prince ! Hélas ! me voilà bien malheureuse !
À ces mots, le garçon porcher se cacha derrière un arbre, se nettoya le visage et jeta ses vilains habits, pour endosser ses vêtements princiers. Alors, il s'avança vers la fille de l'empereur. Il était si beau que la princesse dut faire la révérence.
– Je tiens à te dire tout mon mépris ! commença-t-il. Tu n'as pas voulu d'un prince loyal ! Tu n'as rien compris à la rose et au rossignol ! Mais tu as été capable d'embrasser un garçon porcher pour un jouet à musique ! Je te souhaite bien du plaisir !…

Et il retourna dans son royaume, ferma la porte de son château et tira le verrou. Quant à la princesse, elle pouvait bien rester dehors et chanter :

Bien l'bonjour, cher Augustin,
Ah, quel pétrin !

tant qu'elle le désirait…

Le Rossignol et l'Empereur de Chine

Traduction : D. Soldi, E. Grégoire, L. Moland, in Poucette et autres contes, *collection « Le Livre de poche Jeunesse »,*

À partir de 6 ans	16 min	Forêt Palais	Empereur Rossignol

En Chine, comme vous le savez, l'empereur est Chinois, et tous ceux qui l'entourent sont aussi des Chinois. Il y a très, très longtemps – écoutez bien cette histoire avant qu'elle soit oubliée –, le château de l'empereur était le plus magnifique du monde, tout entier de porcelaine si précieuse, si fragile, si délicate qu'on pouvait à peine y toucher. Dans le jardin, on voyait les fleurs les plus merveilleuses ; les plus belles portaient de petites clochettes d'argent qui sonnaient pour qu'on n'oubliât pas de regarder les fleurs. Oui, tout ce qu'il y avait dans le jardin de l'empereur était arrangé avec art, et ce jardin s'étendait si loin que le jardinier lui-même n'en avait jamais vu le bout. En avançant toujours, on arrivait dans une forêt superbe, remplie de grands arbres et de lacs. Cette forêt s'étendait jusqu'à la mer, qui était bleue et profonde. De grands navires pouvaient aborder presque sous les arbres. Un rossignol avait établi sa demeure sur une des branches et il chantait si délicieusement que les pauvres pêcheurs, préoccupés pourtant de bien d'autres choses, s'arrêtaient pour l'écouter pendant la nuit, quand ils venaient retirer leurs filets.

« Dieu ! que c'est beau ! » disaient-ils. Cependant ils étaient obligés de songer à leur travail et d'oublier l'oiseau ; mais, la nuit suivante, ils s'arrêtaient de nouveau en entendant le rossignol et s'écriaient encore : « Dieu ! que c'est beau ! »

De tous les pays du monde, les voyageurs venaient voir la ville de l'empereur. Tous en étaient émerveillés, ainsi que du château et du jardin ; mais lorsqu'ils avaient entendu le rossignol, ils disaient tous : « Voilà le plus prodigieux ! »
Et les voyageurs, à leur retour, racontaient toutes ces merveilles, et les savants composèrent des ouvrages sur la ville, sur le château et sur le jardin. Le rossignol ne fut point oublié ; il eut même la meilleure part, et ceux qui savaient faire des vers écrivirent de beaux poèmes en l'honneur du rossignol de la forêt, qui chantait près de la mer profonde. Ces livres se répandirent, et quelques-uns arrivèrent jusqu'à l'empereur. Il prit alors une chaise d'or et se mit à les lire. À chaque instant il hochait la tête, tant il était ravi de ces magnifiques descriptions du château, de la ville et du jardin. « Mais le rossignol est sans contredit ce qui est le plus prodigieux ! » Voilà ce que disait le livre.
– Comment ? dit l'empereur ; le rossignol ? Je ne connais pas. Il se trouve donc un pareil oiseau dans mon empire et même dans mon jardin ? Je n'en ai jamais entendu parler, et ce sont les livres qui me l'apprennent !
Puis il appela son aide de camp. Celui-ci était tellement fier que, toutes les fois qu'un inférieur osait lui adresser la parole, il ne daignait jamais répondre que : « Peuh ! » ce qui ne veut pas dire grand-chose.
– Il paraît qu'il y a ici un oiseau merveilleux qu'on appelle rossignol, dit l'empereur : on dit que c'est ce qu'il y a de plus beau dans tout mon empire. Pourquoi personne ne m'en a-t-il parlé ?
– Je n'en ai jamais entendu parler moi-même, répondit l'aide de camp. Il n'a jamais eu l'honneur d'être présenté à la cour.

– Je veux qu'on me le présente ce soir et qu'il chante devant moi, dit l'empereur. Tout le monde connaît les trésors que je possède, et moi je ne les connais pas.
– Je n'en ai jamais entendu parler, reprit l'aide de camp, mais je le chercherai et je le trouverai.
Mais où le trouver ? L'aide de camp monta et descendit tous les escaliers, traversa les corridors et les salles, interrogea tous ceux qu'il rencontra, mais personne n'avait entendu parler du rossignol.
Il retourna donc auprès de l'empereur et dit que les gens qui avaient écrit cela dans leurs livres avaient sans doute voulu faire un conte.
– Votre Majesté impériale ne peut pas imaginer tout ce qu'on s'amuse à écrire. Ce ne sont partout qu'inventions et fantasmagories.
– Mais le livre où je l'ai lu, dit l'empereur, m'a été envoyé par le puissant empereur du Japon, et par conséquent il ne peut renfermer de mensonges. Je veux entendre le rossignol ; il faut qu'il soit ici ce soir : je lui accorde ma haute faveur ; et, s'il ne vient pas, j'ordonne que l'on marche sur le ventre de tous les courtisans quand ils auront dîné.
– Tsing-pé ! dit l'aide de camp, et il recommença à monter et à descendre les escaliers, et à traverser les salles et les corridors ; et la moitié des courtisans le suivirent, car ils n'avaient pas la moindre envie qu'on leur marchât sur le ventre après dîner. Que de questions ne fit-on pas sur le merveilleux rossignol, que tout le monde connaissait, excepté toutes les personnes de la cour ! Enfin ils rencontrèrent à la cuisine une pauvre petite fille qui dit :
– Mon Dieu ! je connais bien le rossignol ! Qu'il chante bien !

On m'a donné la permission de porter tous les soirs à ma pauvre mère malade ce qui reste de la table ; elle demeure là-bas près du rivage et, lorsque je retourne chez nous, je me repose dans la forêt et j'entends chanter le rossignol. Souvent les larmes m'en viennent aux yeux, comme si ma mère m'embrassait.
– Petite cuisinière, dit l'aide de camp, je t'attacherai officiellement à la cuisine et je te donnerai la permission de regarder manger l'empereur si tu peux nous conduire auprès du rossignol, car il est convoqué pour la soirée de la cour.
Ils allèrent dans la forêt où le rossignol chantait d'ordinaire. La moitié de la cour était là. Tandis qu'ils marchaient, une vache se mit à beugler.
– Oh ! dit l'aide de camp, le voilà ! Quelle forte voix pour un si petit oiseau ! Il me semble, ma foi, que je l'ai déjà entendu.
– Non, ce sont les vaches qui beuglent, dit la petite cuisinière. Nous sommes encore loin.

Les grenouilles du marais se mirent à coasser.
– Que c'est beau ! dit le chapelain de la cour. Je l'entends ! C'est aussi harmonieux que les petites cloches de l'église.
– Non, ce sont les grenouilles, dit la petite cuisinière, mais je pense que nous l'entendrons bientôt.
Et voilà que le rossignol se mit à chanter.
– C'est lui, dit la petite fille : écoutez ! le voilà !
Et elle montrait du doigt un petit oiseau gris, dans les branches.
– Est-ce possible ? dit l'aide de camp ; je ne me le serais jamais figuré ainsi. Quel air commun ! Il a sûrement perdu toutes ses couleurs en se voyant entouré par tant de grands personnages.
– Petit rossignol, cria la petite cuisinière, notre gracieux empereur désire que tu chantes devant lui.
– Avec grand plaisir, répondit le rossignol.
Et il se mit à chanter, que c'était un bonheur.
– On croirait des clochettes de verre, dit l'aide de camp. Et regardez donc ce petit gosier, comme il travaille ! Il est bien singulier que nous ne l'ayons jamais entendu : il aura un grand succès à la cour.
– Chanterai-je encore une fois devant l'empereur ? demanda le rossignol, qui croyait que Sa Majesté était là.
– Mon charmant petit rossignol, dit l'aide de camp, j'ai le vif plaisir de vous inviter pour ce soir à la fête de la cour, où vous ravirez Sa Majesté impériale avec votre chant admirable.
– Il se fait mieux entendre au milieu de la verdure ; cependant j'irai volontiers, puisque l'empereur le désire.
Dans le château on avait fait des préparatifs extraordinaires. Les murs et les carreaux de porcelaine brillaient aux rayons

de milliers de lampes d'or ; les fleurs les plus éclatantes, avec leurs clochettes, ornaient les corridors. Avec tout le mouvement qu'on se donnait, il s'établit un courant d'air qui mit en branle toutes les clochettes et on ne s'entendait plus.

Au milieu de la grande salle où l'empereur était assis, on avait placé un perchoir doré pour le rossignol. Toute la cour était présente, et la petite cuisinière avait reçu la permission de regarder à travers la fente de la porte, car on lui avait conféré le titre officiel de cuisinière impériale.

On était en grande toilette et en grande tenue, et tous les yeux étaient fixés sur le petit oiseau gris auquel l'empereur adressait des signes de tête.

Et le rossignol chanta d'une manière si admirable que les larmes en vinrent aux yeux de l'empereur. Oui, les larmes coulaient sur ses joues et le rossignol chantait de mieux en mieux. Sa voix vous allait jusqu'au fond du cœur. Et l'empereur était si content qu'il voulut que le rossignol portât sa pantoufle d'or autour du cou ; mais le rossignol refusa : il était assez récompensé.

– J'ai vu des larmes dans les yeux de l'empereur, dit-il, c'est pour moi le plus riche trésor. Les larmes d'un empereur ont une valeur particulière. Dieu le sait, je suis assez récompensé.

Et là-dessus il recommença ses chants si doux.

– Quelle coquetterie charmante ! dit chacune des dames.

Et croyant ressembler ainsi au rossignol, elles se mirent de l'eau dans la bouche pour faire des roulades quand on leur parlait. Les laquais et les femmes de chambre manifestèrent aussi la plus vive satisfaction ; ce qui n'est pas peu dire, car ces gens-là sont les plus difficiles à satisfaire.

Bref, le rossignol eut le plus grand succès.

À partir de ce jour, il lui fallut vivre à la cour. On lui donna une cage avec la permission de se promener deux fois par jour et une fois la nuit. Il était alors suivi de douze domestiques, dont chacun lui avait attaché au pied un ruban de soie qu'il avait grand soin de ne pas lâcher. Une telle promenade n'était pas des plus agréables.

Toute la ville parlait de l'oiseau prodigieux. Quand deux personnes s'abordaient, l'une disait aussitôt : « Ross... » l'autre : « gnol ! » et on s'était compris.

Onze enfants de charcutiers furent même appelés Rossignol, quoique leur gorge ne produisît pas une seule note.

Un jour, l'empereur reçut un gros paquet sur lequel il y avait écrit : « Rossignol ».

– Voilà sans doute un nouveau livre sur notre célèbre oiseau, dit-il.

Au lieu d'un livre, il trouva un petit objet mécanique enfermé dans une boîte. C'était un rossignol artificiel qui devait imiter le rossignol vivant ; il était tout couvert de diamants, de rubis et de saphirs.

Dès qu'on eut remonté le mécanisme, il se mit à chanter un des morceaux que le véritable rossignol chantait aussi ; et en même temps on voyait remuer sa queue, sur laquelle étincelaient l'or et l'argent. Autour du cou il portait un ruban avec cette inscription : « Le rossignol de l'empereur du Japon est pauvre en comparaison de celui de l'empereur de Chine. »

– C'est charmant ! dirent tous les courtisans.

Et celui qui avait apporté l'oiseau artificiel reçut le

titre de grand introducteur de rossignols auprès de Sa Majesté impériale.

– Qu'on les fasse chanter ensemble ; ce sera un superbe duo, dit l'empereur.

Et on les fit chanter ensemble ; mais le duo n'allait pas du tout ; car le véritable rossignol chantait selon son inspiration naturelle, et l'autre obéissait au mouvement des cylindres.

– Ce n'est pas la faute de celui-ci, dit le chef d'orchestre de la cour en désignant l'oiseau artificiel ; car il chante parfaitement en mesure et on dirait qu'il a été formé à mon école.

On le fit donc chanter seul : il eut autant de succès que le véritable et il plaisait bien davantage aux yeux ; car il brillait autant que les bracelets et les broches des dames de la cour. Il chanta ainsi trente-trois fois le même morceau et sans la moindre fatigue. Ses auditeurs auraient aimé le faire recommencer, mais l'empereur pensa que c'était bien le tour du rossignol vivant... Mais où était-il ? Personne n'avait remarqué qu'il s'était envolé par la fenêtre pour regagner sa verte forêt.

– Qu'est-ce que cela veut dire ? dit l'empereur.

Et tous les courtisans murmuraient d'indignation et accusaient le rossignol d'ingratitude.

– Heureusement nous avons ici le meilleur des deux, dirent-ils.

Et l'oiseau artificiel dut chanter le même morceau pour la trente-quatrième fois. Ces messieurs n'étaient pourtant pas encore parvenus à le savoir par cœur, parce qu'il était très difficile.

Et le chef d'orchestre fit un grand éloge de l'oiseau ; il surpassait de beaucoup, assurait-il, le rossignol véritable, non seulement par sa robe et ses pierreries, mais aussi par son organisation intérieure.

– Car, voyez-vous, mes seigneurs et vous d'abord, grand empereur, chez le véritable rossignol on ne peut jamais prévoir sûrement les notes qui vont suivre ; mais chez l'oiseau artificiel, tout est déterminé d'avance. On peut l'expliquer, on peut l'ouvrir, on peut montrer où se trouvent les cylindres, comment ils tournent, et de quelle manière les mouvements se succèdent.

– C'est aussi notre opinion, dirent-ils tous.

Et le chef d'orchestre obtint la permission de montrer l'oiseau au peuple le dimanche suivant. L'empereur ordonna de le faire chanter, et tous ceux qui l'entendirent furent aussi transportés que s'ils s'étaient enivrés avec du thé, ce qui est tout à fait chinois, et tous s'écrièrent en même temps :

– Oh ! en levant l'index et en remuant la tête.

Mais les pauvres pêcheurs qui avaient entendu le véritable rossignol dirent :

– C'est joli ; les mélodies se ressemblent mais il y manque je ne sais quoi.

Le vrai rossignol fut banni de la ville et de l'empire.

L'oiseau artificiel eut une place d'honneur sur un coussin de soie auprès du lit de l'empereur. Tout l'or, tous les bijoux qu'on lui avait offerts étaient étalés autour de lui. Il avait reçu le titre de Grand Chanteur impérial de la table de nuit de l'empereur, place qui était classée au numéro un du côté gauche, suivant la hiérarchie officielle des fonctionnaires de la cour ; car l'empereur regardait ce côté comme le plus important, à cause de la place du cœur ; et vous savez que même l'empereur a le cœur à gauche.

Le maître de musique composa un ouvrage en vingt-cinq volumes sur l'oiseau artificiel : le livre était si long et si savant, et tellement rempli des mots chinois les plus difficiles que chacun se vantait de l'avoir lu et compris : sans cela, on se serait soi-même rangé au nombre des niais et on se serait exposé à se faire marcher sur le ventre.

Toute une année se passa ainsi. L'empereur, la cour et tout le peuple chinois savaient par cœur chaque petit glouglouk de l'oiseau artificiel. Cette raison même leur rendit l'air d'autant plus agréable, puisqu'ils pouvaient à leur choix ou le chanter ou l'accompagner. Les gamins des rues chantaient « tzi, tzi, tzi-glou, glouk, glou ! » et l'empereur aussi… C'était délicieux !

Mais un soir que l'oiseau mécanique chantait de son mieux et que l'empereur l'écoutait dans son lit avec délices, on entendit tout à coup dans l'intérieur du corps : Crac ! puis Br-rr-ou-ou… Toutes les roues prirent le galop, et la musique s'arrêta subitement.

L'empereur sauta hors du lit et envoya chercher son médecin ordinaire, mais celui-ci n'y pouvait rien. Alors on fit venir un horloger qui réussit en effet, après beaucoup de paroles et un long examen, à réparer l'oiseau ; mais il recommanda de le bien ménager, parce que les pivots étaient usés, et qu'il était impossible de les remplacer.

Quelle désolation ! On ne pouvait plus faire chanter l'oiseau artificiel qu'une fois par an, et encore ! Mais le maître de musique fit un petit discours rempli de mots difficiles où il expliquait que tout allait aussi bien qu'avant. Et donc, tout alla aussi bien qu'avant.

Cinq années s'écoulèrent ainsi, lorsque le pays fut plongé dans une profonde douleur. Les Chinois aimaient beaucoup leur empereur, mais il tomba malade et l'on disait qu'il allait mourir. Déjà on avait élu un nouvel empereur, et les gens, dans la rue, demandaient à l'aide de camp comment allait le vieil empereur.

– Peuh ! répondait-il en secouant la tête.

L'empereur était étendu, pâle et froid, dans son grand lit superbe. Toute la cour le croyait mort et chacun courait donc saluer le nouvel empereur.

Les domestiques répandaient la nouvelle partout ; les femmes de chambre recevaient et elles offraient le café. Partout, dans les corridors et dans les salles, on avait mis des tapis pour étouffer le bruit des pas ; tout le château était triste et silencieux ! Mais l'empereur n'était pas mort. Il était étendu, pâle et froid, dans son grand lit superbe, aux rideaux de velours ornés de glands d'or ; à travers une fenêtre, la lune projetait sa lumière sur lui et sur l'oiseau mécanique.

Le pauvre empereur pouvait à peine respirer ; il était oppressé comme d'un poids sur la poitrine ; il ouvrit les yeux, et vit que c'était la Mort qui s'était assise là, avec sur la tête sa couronne d'or, et qui tenait d'une main son sabre et de l'autre son riche drapeau. Tout autour, dans les plis des grands rideaux de velours, il aperçut des têtes bizarres, les unes affreuses, les autres douces et souriantes. C'étaient les bonnes et les mauvaises actions de l'empereur qui venaient assister à sa dernière heure.

– Te souviens-tu de ceci ? lui dirent-elles tout bas l'une après l'autre. Te souviens-tu de cela ?

Et elles lui racontèrent bien des choses qui lui firent couler la sueur du front.

– Je n'ai jamais rien su de tout cela ! dit l'empereur. De la musique, de la musique ! Qu'on apporte le grand tam-tam chinois pour que je n'entende plus ce qu'elles disent !

Et les figures continuaient de parler, et la Mort répondait par un hochement de tête chinois à tout ce qu'elles disaient.

– De la musique, de la musique ! répéta l'empereur. Toi, petit oiseau d'or, chante, chante donc ! Je t'ai donné tant d'or et tant de diamants ! J'ai même suspendu à ton cou ma pantoufle d'or. Chante donc !

Mais l'oiseau restait muet. Il n'y avait personne pour le remonter, aussi n'avait-il plus de voix.

La Mort regardait toujours l'empereur avec ses orbites creuses. Et le silence devenait effroyable.

Alors tout à coup, près de la fenêtre, on entendit un chant ravissant : c'était le petit rossignol de la forêt qui chantait sur une branche. Il avait appris la maladie de l'empereur et venait lui apporter l'espoir et la consolation. Tandis qu'il chantait, les visions pâlissaient, le sang circulait plus vivement dans les membres affaiblis de l'empereur, et la Mort même écouta, disant :

– Continue, petit rossignol, continue.

– Oui, répondit le rossignol, si tu veux me donner le beau sabre d'or, et le riche drapeau, et la couronne de l'empereur.

Et la Mort donnait à mesure chaque joyau pour une chanson, et le rossignol continuait toujours ; il disait le cimetière paisible où poussent les roses blanches, où le sureau répand son parfum, où l'herbe fraîche est arrosée des larmes des survivants.

Et la Mort fut prise du désir de retourner à son jardin, et s'évanouit par la fenêtre comme un brouillard froid et blanc.

– Merci, merci, dit l'empereur. Merci, petit oiseau céleste ; je te reconnais bien ; je t'ai chassé de ma ville et de mon empire, et cependant tu as mis en fuite les méchantes figures qui assiégeaient mon lit ; tu as éloigné la Mort de mon cœur. Comment pourrais-je te récompenser ?

– Tu m'as déjà récompensé, dit le rossignol. J'ai fait couler des larmes de tes yeux, la première fois que j'ai chanté. Je ne l'oublierai jamais ; ce sont les diamants qui touchent l'âme d'un chanteur. Mais maintenant dors, pour reprendre tes forces et te rétablir ; je continuerai de chanter.

Et pendant qu'il chantait, l'empereur fut pris d'un doux sommeil, d'un sommeil calme et bienfaisant. Le soleil brillait à travers la fenêtre lorsqu'il se réveilla fort et guéri. Aucun de ses serviteurs n'était revenu auprès de lui ; on le croyait toujours mort. Le rossignol seul était resté là et chantait.

– Tu resteras toujours auprès de moi, dit l'empereur ; tu chanteras quand il te plaira, et l'oiseau artificiel, je le briserai en mille morceaux.

– Epargne-le, dit le rossignol ; il a fait le bien tant qu'il a pu ; garde-le toujours. Pour moi, je ne puis bâtir mon nid ni demeurer au château ; laisse-moi venir quand bon me semblera. Le soir, je chanterai sur la branche près de ta fenêtre pour t'égayer et te faire réfléchir : je chanterai les heureux et ceux qui souffrent, je chanterai le bien et le mal que l'on te cache autour de toi : car le petit oiseau vole partout, jusqu'à la cabane du pauvre pêcheur et du laboureur, chez tous

ceux qui vivent loin de toi et de ta cour. J'aime ton cœur plus que ta couronne, et cependant, une couronne a quelque chose de sacré. Je viendrai et je chanterai ; mais promets-moi seulement une chose.

– Tout ! répondit l'empereur, qui s'était vêtu de son costume impérial et qui tenait contre son cœur son sabre d'or.

– Une seule chose : ne raconte à personne que tu as un petit oiseau qui te dit tout. Crois-moi, cela n'en ira que mieux.

Et le rossignol s'envola.

Un instant après, les serviteurs entrèrent pour voir une dernière fois leur empereur mort.

… Les voilà tout ébahis ; mais l'empereur leur dit tout bonnement :

– Bonjour !

Le Vilain Petit Canard

Traduction : D. Soldi, E. Grégoire, L. Moland, in Poucette et autres contes, *collection « Le Livre de poche Jeunesse », © Hachette Livre.*

À partir de 4 ans

16 min

Basse-cour
Campagne

Cane
Canetons
Cygnes

Que la campagne était belle ! On était au milieu de l'été ; les blés agitaient des épis d'un jaune magnifique, l'avoine était verte, et dans les prairies le foin s'élevait en monceaux odorants ; la cigogne se promenait sur ses longues jambes rouges, bavardant en égyptien, langue qu'elle avait apprise de sa mère. Autour des champs et des prairies s'étendaient de grandes forêts coupées de lacs profonds.

Oui vraiment, la campagne était bien belle. Les rayons du soleil éclairaient de tout leur éclat un vieux domaine entouré de larges fossés, et de grandes feuilles de bardane descendaient du mur jusque dans l'eau ; elles étaient si hautes que les petits enfants pouvaient se cacher dessous, et qu'on pouvait trouver là une solitude aussi sauvage qu'au centre de la forêt. Dans une de ces retraites une cane avait établi son nid et couvait ses œufs ; il lui tardait de voir ses petits éclore. Elle ne recevait guère de visites ; car les autres aimaient mieux nager dans les fossés que de venir jusque sous les bardanes pour barboter avec elle.

Enfin les œufs commencèrent à craquer les uns après les autres ; on entendait « pip-pip ! », c'étaient les petits canards qui vivaient et tendaient le cou au-dehors.

– Coin-coin, dit la cane.

Et ses petits remuaient tant qu'ils pouvaient. Ils regardaient de tous côtés sous les feuilles vertes, et la mère les laissait faire ; car le vert réjouit les yeux.

– Que le monde est grand ! dirent les petits nouveau-nés qui venaient tout juste de sortir de leur œuf.

– Vous croyez donc que le monde finit là ? dit la mère. Oh ! non, il s'étend bien plus loin, de l'autre côté du jardin, jusque dans le champ du curé ; mais je n'y suis jamais allée. Êtes-vous tous là ? continua-t-elle en se levant. Non, le plus gros œuf n'a pas bougé. Dieu ! que cela dure longtemps ! J'en ai assez.

Et elle se remit à couver, mais d'un air contrarié.

– Eh bien ! comment cela va-t-il ? dit une vieille cane qui était venue lui rendre visite.

– Il n'y a plus que celui-là que j'ai toutes les peines du monde à faire éclore. Regardez un peu les autres : ne trouvez-vous pas que ce sont les plus gentils petits canards qu'on ait jamais vus ? Ils ressemblent tous à leur père ; mais le coquin ne vient même pas me voir.

– Montrez-moi un peu cet œuf qui ne veut pas éclore, dit la vieille. Ah ! vous pouvez me croire, c'est un œuf de dinde. Moi aussi j'ai été trompée une fois comme vous, et j'ai eu toute la peine possible avec le petit ; car ces êtres-là ont affreusement peur de l'eau. Je ne pouvais parvenir à l'y faire entrer. J'avais beau le tirer et barboter devant lui, rien n'y faisait. Que je le regarde encore : oui, c'est bien certainement un œuf de dinde. Laissez-le là, et apprenez plutôt aux autres enfants à nager.

– Non, puisque j'ai déjà perdu tant de temps, je puis rester à couver un jour ou deux de plus, répondit la cane.

– Comme vous voudrez, répliqua la vieille, et elle s'en alla. Enfin le gros œuf craqua.

– Pip-pip, fit le petit.

Et il sortit. Comme il était grand et vilain ! La cane le regarda et dit :

– Quel énorme caneton ! Il ne ressemble à aucun de nous. Serait-ce vraiment un dindon ? Ce sera facile à voir : il faut qu'il aille à l'eau, quand je devrais l'y traîner.

Le lendemain, il faisait un temps magnifique : le soleil rayonnait sur les vertes bardanes ; la mère des canards se rendit avec toute sa famille au fossé. « Platch ! » et elle sauta dans l'eau.

– Coin-coin, dit-elle ensuite.

Et chacun des petits plongea l'un après l'autre ; et l'eau se referma sur les têtes. Mais bientôt ils reparurent et nagèrent avec rapidité. Les pattes allaient toutes seules, et tous s'amusaient dans l'eau, même le vilain grand caneton gris.

– Ce n'est pas un dindon, dit-elle. Comme il se sert habilement de ses pattes, et comme il se tient droit ! C'est bien mon enfant : il n'est pas si laid, lorsqu'on le regarde de près. Coin-coin ! Venez avec moi maintenant : je vais vous faire faire votre entrée dans le monde et vous présenter dans la cour des canards. Mais ne vous éloignez pas de moi, pour qu'on ne vous marche pas dessus, et prenez bien garde au chat.

Ils entrèrent tous dans la cour des canards.

Quel bruit on y faisait ! Deux familles s'y disputaient une tête d'anguille, et à la fin ce fut le chat qui l'emporta.

– Vous voyez comme les choses se passent dans le monde, dit la cane en aiguisant son bec ; car elle aussi aurait bien voulu avoir la tête d'anguille. Maintenant, remuez les pattes, continua-t-elle ; tenez-vous bien ensemble et saluez la vieille cane là-bas. C'est la plus distinguée de tous ceux qui se trouvent ici. Elle est de race espagnole, c'est pour cela qu'elle est si grosse, et remarquez bien ce ruban rouge à sa patte : c'est une chose magnifique, la plus haute distinction qu'on puisse accorder à un canard. Cela signifie qu'on ne veut pas la perdre, et qu'elle doit être reconnue des animaux comme des hommes. Allons, tenez-vous bien ; non, ne mettez pas les pieds en dedans : un caneton bien élevé écarte les pieds, regardez comme je les mets en dehors. Saluez et dites : « Coin-coin ! »

Ils obéirent, et les autres canards qui les entouraient les regardaient et disaient tout haut :

– Voyez un peu ; en voilà encore d'autres, comme si nous n'étions pas déjà assez… Fi donc ! Qu'est-ce que ce canet-là ? Nous n'en voulons pas.

Et aussitôt un grand canard vola de son côté, se jeta sur lui et le mordit au cou.

– Laissez-le donc, dit la mère, il ne fait de mal à personne.

– D'accord ; mais il est si grand et si bizarre, dit l'agresseur, qu'il a besoin d'être battu.

– Vous avez là de beaux enfants, la mère, dit la vieille cane au ruban rouge. Ils sont tous gentils, excepté celui-là ; il n'est pas bien venu : je voudrais que vous puissiez le refaire.

– C'est impossible, dit la mère cane. Il n'est pas beau, c'est vrai : mais il a un si bon caractère ! Et il nage dans la perfection : oui, j'oserais même dire : mieux que tous les autres. Je pense qu'il grandira joliment et qu'avec le temps il se formera. Il est resté trop longtemps dans l'œuf, et c'est pourquoi il n'est pas très bien fait.

Tout en parlant, elle le tirait doucement par le cou et lissait son plumage.

– Du reste, c'est un canard, et la beauté ne lui importe pas tant. Je crois qu'il deviendra fort et qu'il fera son chemin dans le monde. Enfin, les autres sont gentils ; maintenant, mes enfants, faites comme chez vous et si vous trouvez une tête d'anguille, apportez-la-moi.

Et ils firent comme s'ils étaient chez eux.

Mais le pauvre canet qui était sorti du dernier œuf fut, pour sa laideur, mordu, poussé et bafoué, non seulement par les canards, mais aussi par les poulets.

– Il est trop grand, disaient-ils tous.

Et le dindon, qui était venu au monde avec des éperons et se croyait empereur, se gonfla comme un bâtiment toutes voiles dehors, et marcha droit sur lui en grande fureur, rouge jusqu'aux yeux. Le pauvre canet ne savait s'il devait avancer ou reculer ; il était bien triste d'être si laid et tous les canards de la cour se moquaient de lui.

Voilà ce qui se passa le premier jour, et les choses allèrent toujours de pis en pis. Le pauvre canet fut chassé de partout : ses sœurs mêmes étaient méchantes avec lui et répétaient continuellement : « Ce serait bien fait si le chat t'emportait, vilaine créature ! » Et la mère disait : « Je voudrais que tu sois bien loin ! » Les canards le mordaient, les poulets le battaient, et la bonne qui donnait à manger aux bêtes le repoussait du pied.

Alors il se sauva par-dessus la haie. Les petits oiseaux dans les buissons s'envolèrent de frayeur. « Et tout cela, parce que je suis vilain », pensa le caneton. Il ferma les yeux et continua son chemin. Il arriva ainsi au grand marécage qu'habitaient les canards sauvages. Il s'y coucha pour la nuit, bien triste et bien fatigué.

Le lendemain, lorsque les canards sauvages se levèrent, ils aperçurent leur nouveau camarade.

– Qui est celui-là ? dirent-ils ; le canet se tourna de tous côtés et salua avec toute la grâce possible.

– Tu es vraiment affreux ! dirent les canards sauvages ; mais cela nous est égal, pourvu que tu n'épouses personne de notre famille.

Le malheureux ! Pensait-il à se marier, lui qui ne demandait que la permission de coucher dans les roseaux et de boire l'eau du marécage ?

Il passa ainsi deux journées. Alors arrivèrent deux jars sauvages. Ils n'avaient guère vécu, aussi étaient-ils très insolents.

– Écoute, camarade, dirent ces nouveaux venus ; tu es si vilain que nous serions contents de t'avoir avec nous. Veux-tu nous accompagner et devenir un oiseau de passage ? Ici tout près, dans l'autre marécage, il y a des oies sauvages charmantes, presque toutes demoiselles, et qui savent bien chanter. Qui sait si tu n'y trouverais pas le bonheur, malgré ta laideur ?

Tout à coup on entendit « pif, paf ! », les deux jars sauvages tombèrent morts dans les roseaux, et l'eau devint rouge comme du sang.

« Pif, paf ! » et des troupes d'oies sauvages s'envolèrent des roseaux. Et on entendit

encore des coups de fusil. C'était une grande chasse ; les chasseurs s'étaient couchés tout autour du marais ; quelques-uns s'étaient même postés sur les branches des arbres qui s'avançaient au-dessus des joncs. Une vapeur bleue, comme de petits nuages, sortait des arbres sombres et s'étendait sur l'eau ; puis les chiens arrivèrent, « platch, platch », les joncs et les roseaux se courbaient de tous côtés. Quelle épouvante pour le pauvre caneton ! Il baissa la tête pour la cacher sous son aile ; mais en même temps il aperçut devant lui un grand chien terrible : sa langue pendait hors de sa gueule, et ses yeux farouches étincelaient de cruauté. Il tourna la gueule vers le caneton, lui montra ses dents pointues et… platch, platch, s'en alla plus loin sans le toucher.

– Dieu merci ! soupira le canard ; je suis si vilain que le chien lui-même dédaigne de me mordre !

Et il resta ainsi en silence, pendant que le plomb sifflait à travers les joncs et que les coups de fusil se succédaient sans relâche. Vers la fin de la journée seulement, le bruit cessa ; mais le pauvre petit n'osa pas encore se lever. Il attendit quelques heures, regarda autour de lui, et se sauva du marais aussi vite qu'il put. Il passa au-dessus des champs et des prairies ; une tempête furieuse l'empêchait d'avancer.

Sur le soir, il arriva devant une misérable cabane de paysan, si vieille et si ruinée qu'elle ne savait de quel côté tomber : c'est pourquoi elle restait debout. La tempête soufflait si fort autour du caneton qu'il fut obligé de s'arrêter et de s'asseoir pour n'être pas emporté ; tout allait de mal en pis.

Alors il remarqua qu'une porte avait quitté ses gonds et lui permettait, par une petite ouverture, de pénétrer dans l'intérieur : c'est ce qu'il fit.

Là demeurait une vieille femme avec son chat et sa poule ; et le matou, qu'elle appelait son petit-fils, savait faire le gros dos et ronronner ; il savait même lancer des étincelles, quand on lui frottait le dos à rebrousse-poil. La poule avait de toutes petites pattes, ce qui lui avait valu le nom de Courte-Patte. Elle pondait bien et la bonne femme l'aimait comme une fille.
Le lendemain, on s'aperçut de la présence du caneton étranger. Le matou commença à gronder, et la poule à glousser.
– Qu'y a-t-il ? dit la femme en regardant autour d'elle.
Mais, comme elle avait la vue basse, elle crut que c'était une grosse cane qui s'était égarée.
– Voilà une bonne prise, dit-elle : j'aurai maintenant des œufs de cane. Pourvu que ce ne soit pas un canard ! Enfin, nous verrons.

Elle attendit pendant trois semaines ; mais les œufs ne vinrent pas. Dans cette maison, le chat était le maître et la poule la maîtresse ; aussi ils avaient l'habitude de dire : « Nous et le monde » car ils croyaient faire à eux seuls la moitié et même la meilleure moitié du monde. Le caneton pensait que l'on pouvait avoir un autre avis ; mais cela fâcha la poule.
– Sais-tu pondre des œufs ? demanda-t-elle.
– Non.
– Eh bien ! alors, tu auras la bonté de te taire.
Et le matou le questionna à son tour :
– Sais-tu faire le gros dos ? ronronner et faire jaillir des étincelles ?
– Non.
– Alors tu n'as pas le droit de parler quand les gens raisonnables causent ensemble.
Et le caneton se coucha tristement dans un coin ; mais il

pensait à l'air vif, à la lumière du soleil et cela lui donnait une si grande envie de nager dans l'eau qu'il ne put s'empêcher d'en parler à la poule.

– Quelle idée ! dit-elle. Tu n'as rien à faire, et voilà qu'il te prend des fantaisies. Ponds des œufs ou ronronne, et ces caprices te passeront.

– C'est pourtant bien joli de nager sur l'eau, dit le petit canard ; quel bonheur de la sentir se refermer sur sa tête et de plonger jusqu'au fond !

– Ce doit être un grand plaisir, en effet ! répondit la poule. Je crois que tu es devenu fou. Demande un peu au chat, qui est l'être le plus raisonnable que je connaisse, s'il aime à nager ou à plonger dans l'eau. Demande même à notre vieille maîtresse : personne au monde n'est plus expérimenté ; crois-tu qu'elle ait envie de nager et de sentir l'eau se refermer sur sa tête ?

–Vous ne me comprenez pas.

– Nous ne te comprenons pas ? mais qui te comprendrait donc ? Te croirais-tu plus instruit que le chat et notre maîtresse, sans parler de moi ? Ne rêve pas, enfant, mais remercie plutôt le créateur de tout le bien dont il t'a comblé. Tu es arrivé dans une chambre bien chaude, tu as trouvé une société dont tu pourrais profiter, et tu te mets à raisonner jusqu'à te rendre insupportable. Ce n'est vraiment pas un plaisir de vivre avec toi. Crois-moi, je te veux du bien ; je te dis sans doute des choses désagréables ; mais c'est à cela que l'on reconnaît ses véritables amis. Suis mes conseils, et tâche de pondre des œufs ou de ronronner.

– Je crois que je ferais mieux d'aller voir le monde, répondit le canard.

– Comme tu voudras, dit la poule.

Et le canard s'en alla nager et plonger dans l'eau ; mais tous les animaux le méprisaient à cause de sa laideur.
L'automne arriva, les feuilles de la forêt devinrent jaunes et brunes : le vent les saisit et les fit voltiger. En haut, dans les airs, il faisait bien froid ; les nuages lourds étaient chargés de grêle et de neige. Sur la haie le corbeau croassait tant il était gelé : il y avait de quoi grelotter. Le pauvre caneton n'était vraiment pas à son aise.
Un soir que le soleil se couchait dans sa gloire, toute une troupe de grands oiseaux superbes sortit des buissons ; le canet n'en avait jamais vu de semblables : ils étaient d'une blancheur éblouissante, ils avaient le cou long et souple. C'étaient des cygnes. Le son de leur voix était très étrange et ils étendirent leurs longues ailes éclatantes pour aller au loin chercher les pays chauds et les eaux libres. Ils montaient si haut, si haut, que le vilain petit canard en était impressionné : il tournait dans l'eau comme une roue, tendant le cou en l'air vers les cygnes voyageurs, et poussa un cri si perçant et si singulier qu'il se fit peur à lui-même. Il ne pourrait oublier ces oiseaux si beaux, si heureux ! Aussitôt qu'il cessa de les apercevoir, il plongea jusqu'au fond et, lorsqu'il remonta à la surface, il était comme hors de lui. Il ne savait comment s'appelaient ces oiseaux, ni où ils allaient ; mais cependant il les aimait comme il n'avait encore aimé personne. Il n'en était pas jaloux ; comment aurait-il pu souhaiter pour lui-même une grâce si parfaite ? Il aurait été trop heureux si les canards avaient voulu le supporter, lui, le pauvre, si vilain !
Et l'hiver devint très froid ; le caneton nageait toujours à la surface de l'eau pour l'empêcher de se prendre tout à fait ; mais chaque nuit le trou dans lequel il nageait se rétrécissait

davantage. Il gelait si fort qu'on entendait la glace craquer ; le canet était obligé d'agiter continuellement les pattes pour que le trou ne se fermât pas autour de lui. Enfin, épuisé de fatigue, il ne bougea plus et fut saisi par la glace.

Le lendemain matin, un paysan vint sur la rive et vit ce qui se passait ; il rompit la glace et emporta le canard chez lui pour le donner à sa femme, qui le ramena à la vie.

Les enfants voulurent jouer avec lui : mais croyant qu'ils allaient lui faire du mal, le caneton affolé se jeta dans le pot au lait, si bien que le lait éclaboussa tout. La femme en colère frappa dans ses mains et lui, effrayé, se réfugia dans la baratte, et de là dans la huche à farine.

Quel spectacle ! la femme criait et voulait le battre avec les pincettes ; les enfants se bousculaient pour attraper le caneton. Ils riaient et poussaient des cris. Ce fut un grand bonheur pour lui de trouver la porte ouverte et de pouvoir se glisser entre les buissons, dans la neige ; il s'y blottit tout épuisé.

Il serait trop triste de raconter toute sa misère et toutes les souffrances qu'il eut à supporter pendant cet hiver rigoureux. Il était couché dans le marécage entre les joncs, lorsqu'un jour le soleil commença à reprendre son éclat et sa chaleur. Les alouettes chantaient. Il faisait un printemps délicieux. Alors tout à coup le caneton put se confier à ses ailes, qui battaient l'air avec plus de vigueur qu'autrefois, assez fortes pour le porter au loin. Et bientôt il se trouva dans un grand jardin où les pommiers étaient en fleur, où le sureau répandait son parfum et penchait ses longues branches vertes au bord de l'eau. Comme tout était beau ! Comme tout respirait le printemps !

Et des profondeurs du bois sortirent trois cygnes magnifiques. Ils battaient des ailes et nageaient sur l'eau. Le canet connaissait ces beaux oiseaux : il fut saisi d'une grande tristesse.
« Je veux aller vers ces oiseaux royaux ; ils me tueront, pour avoir osé, moi, si vilain, m'approcher d'eux ; mais cela m'est égal ; mieux vaut être tué par eux qu'être mordu par les canards, battu par les poules, poussé du pied par la fille de basse-cour, et que souffrir les misères de l'hiver. »
Il s'élança dans l'eau et nagea à la rencontre des cygnes qui l'aperçurent et se précipitèrent vers lui, les ailes ouvertes.
– Tuez-moi, dit le pauvre animal ; et, penchant la tête vers la surface de l'eau, il attendait la mort.
Mais que vit-il dans l'eau transparente ? Il vit sa propre image au-dessous de lui : ce n'était plus l'oiseau mal bâti, gris, terne, vilain et repoussant… Il était lui même un cygne !
Il n'y a pas de mal à être né dans une basse-cour lorsqu'on sort d'un œuf de cygne.
Maintenant il se sentait heureux de toutes ses souffrances et de tous ses chagrins ; pour la première fois il goûtait son bonheur en se voyant entouré de tant de beauté, et les grands cygnes nageaient autour de lui et le caressaient de leur bec.
De petits enfants vinrent au jardin et jetèrent du pain et du grain dans l'eau, et le plus jeune s'écria :

– En voilà un nouveau !
Les autres enfants poussèrent des cris de joie :
– Oui, oui ! c'est vrai ; il y en a encore un nouveau.

Et ils dansaient et battaient des mains ; puis ils coururent vers leur père et leur mère, revinrent encore jeter du pain et du gâteau, et tout le monde disait :

– Le nouveau est le plus beau ! Qu'il est jeune ! qu'il est superbe !

Et les vieux cygnes s'inclinèrent devant lui.

Alors, il se sentit honteux, et cacha sa tête sous son aile : c'était trop de bonheur ! Mais il n'était pas orgueilleux. Un bon cœur ne le devient jamais. Il songeait à la manière dont il avait été persécuté et insulté partout, et voilà qu'il les entendait tous dire qu'il était le plus beau de tous ces beaux oiseaux ! Et le sureau même inclinait ses branches vers lui, et le soleil répandait une lumière si chaude et si bienfaisante ! Alors ses plumes se gonflèrent, son cou élancé se dressa, et il s'écria de tout son cœur :

– Comment aurais-je pu rêver tant de bonheur, quand je n'étais qu'un vilain petit canard ?

Les Cygnes sauvages

Traduction : Jean Renaud.

À partir de 6 ans

28 min

Campagne
Palais

Cygnes
Fée
Marâtre
Princes
Princesse
Roi

Loin, bien loin d'ici, là où s'en vont les hirondelles en hiver, habitait un roi qui avait onze fils et une fille, Élisa. Les onze frères, qui étaient princes, allaient à l'école, une étoile sur la poitrine et le sabre au côté. Ils écrivaient sur des ardoises en or avec des crayons en diamant, ils apprenaient aussi bien par cœur qu'en raisonnant : on voyait tout de suite que c'étaient des jeunes princes. Leur sœur Élisa était assise sur un petit tabouret de cristal et avait un livre d'images qui avait coûté la moitié du royaume.

Bref, c'étaient des enfants très heureux, mais, hélas, il n'allait pas toujours en être ainsi.

Leur père, qui était roi de tout le pays, se remaria avec une bien méchante reine qui ne fut pas bonne du tout pour les pauvres enfants. Ils s'en rendirent compte dès le premier jour. Tout le château était en fête, les enfants jouaient à la dînette mais, alors que d'habitude, ils avaient de vrais gâteaux et des pommes au four en abondance, elle ne leur donna que du sable dans une tasse à thé, leur disant qu'ils n'avaient qu'à faire semblant de manger.

La semaine suivante, elle plaça la petite sœur Élisa à la campagne chez des paysans, et ne tarda pas à faire croire au roi tant de mauvaises choses sur le compte des pauvres princes, qu'il finit par se désintéresser de ses propres enfants.

– Envolez-vous de par le monde et débrouillez-vous ! dit la méchante reine. Volez comme de grands oiseaux, mais sans voix ! Toutefois le sort qu'elle leur jeta ne fut pas aussi mauvais qu'elle l'aurait voulu : les princes devinrent onze superbes cygnes sauvages. Et, poussant un cri étrange, ils s'envolèrent par les fenêtres du château vers le parc et la forêt.

Il était encore très tôt le matin lorsqu'ils passèrent à l'endroit où leur sœur Élisa dormait, dans la chaumière du paysan. Ils planèrent au-dessus du toit, tournèrent leur long cou, battirent des ailes, mais personne ne les vit ni ne les entendit. Alors ils durent repartir, très haut vers les nuages, loin de par le monde. Enfin, ils atteignirent une grande forêt sombre, qui s'étendait jusqu'à la mer.

Dans la chaumière, la pauvre petite Élisa s'amusait avec une feuille verte ; elle n'avait pas d'autres jouets. Elle perçait un trou dans la feuille, regardait le soleil au travers, et alors il lui semblait voir les yeux clairs de ses frères, et chaque fois que les chauds rayons du soleil brillaient sur sa joue, elle pensait à tous leurs baisers.

Chaque jour passait, semblable à l'autre. Si le vent soufflait à travers les grandes haies de rosiers devant la maison, il murmurait aux roses :

– Qui peut être plus belle que vous ?

Mais les roses secouaient la tête et répondaient :

– C'est Élisa !

Et si, le dimanche, la vieille s'asseyait à la porte pour lire son livre de psaumes, le vent tournait les pages et disait au livre :

– Qui peut être plus pieux que toi ?

– C'est Élisa ! répondait-il

Et c'était la pure vérité que disaient les roses et le livre de psaumes.

Lorsqu'Élisa eut quinze ans, elle rentra au château à la demande de son père ; et quand la reine vit combien elle était belle, elle en fut si fâchée qu'elle se prit à la haïr d'autant plus. Elle l'aurait volontiers aussitôt changée en cygne sauvage comme ses frères, mais elle n'osa pas le faire car le roi voulait voir sa fille.

Le jour même, la reine se rendit à son bain. C'était une vasque en marbre somptueuse, garnie de coussins moelleux et de magnifiques tentures. Là, elle prit trois crapauds, les embrassa, et dit au premier :

– Pose-toi sur la tête d'Élisa quand elle entrera dans son bain, pour qu'elle devienne gourde, comme toi ! Pose-toi sur son front, dit-elle au second, pour qu'elle devienne aussi laide que toi et que son père ne la reconnaisse pas ! Pose-toi contre son cœur, chuchota-t-elle au troisième, pour qu'elle devienne méchante et qu'elle en souffre !

Puis elle lâcha les crapauds dans l'eau claire, qui prit aussitôt une teinte verdâtre. Ensuite, elle appela Élisa, la déshabilla et la fit descendre dans l'eau. Au moment où elle s'y plongea, le premier crapaud se posa sur ses cheveux, le second sur son front et le troisième sur sa poitrine, mais Élisa ne parut pas du tout s'en apercevoir. Dès qu'elle se releva, trois coquelicots flottèrent à la surface. Si les bêtes n'avaient pas été venimeuses, si la sorcière ne les avait pas embrassées, elles auraient été changées en roses rouges, mais elles devinrent tout de même des fleurs, pour avoir reposé sur la tête et contre le cœur d'Élisa. La jeune fille était trop pieuse et innocente pour que la sorcellerie ait quelque pouvoir sur elle. Voyant cela, la méchante reine lui frotta le corps avec du brou de noix, si bien qu'elle devint toute brune, enduisit son visage d'une pommade nauséabonde et emmêla ses beaux cheveux : il était impossible de reconnaître la belle Élisa. Aussi, quand son père la vit, il fut épouvanté et déclara que ce n'était pas sa fille. Personne ne la reconnut, sauf le chien de garde et les hirondelles, mais c'étaient de simples animaux qui n'avaient rien à dire.

Alors la pauvre Élisa se mit à pleurer en pensant à ses onze frères qui étaient partis. Le cœur gros, elle se glissa hors du château, marcha toute la journée à travers champs et marais, et pénétra dans la grande forêt. Elle ne savait pas où elle irait, elle pensait à ses frères qui, eux aussi, sans doute, erraient de par le monde… Elle s'efforcerait de les retrouver.

À peine était-elle entrée dans la forêt, que la nuit tomba. Comme elle s'était écartée de tout chemin, elle s'allongea sur la mousse moelleuse, dit sa prière du soir et posa la tête sur une souche. Tout était si calme. L'air était si doux et, autour d'elle, dans l'herbe et sur la mousse, plus de cent vers luisants brillaient dans la nuit. Quand, de la main, elle effleura l'une des branches, les insectes lumineux tombèrent sur elle comme des étoiles filantes.

Toute la nuit, elle rêva de ses frères ; ils jouaient comme au temps de leur enfance, ils écrivaient avec des crayons en diamant sur des ardoises en or, et regardaient le plus merveilleux livre d'images qui avait coûté la moitié du royaume. Mais sur leur ardoise, ils ne se contentaient pas d'écrire, comme avant, des zéros et des traits. Non, ils inscrivaient les exploits audacieux qu'ils avaient accomplis, tout ce qu'ils avaient vu et vécu. Et dans le livre d'images, tout était vivant, les oiseaux chantaient, les personnages sortaient du livre pour parler à Élisa et à ses frères ; et quand elle tournait la page, ils se dépêchaient de reprendre leur place pour ne pas faire de désordre dans les images.

Lorsqu'elle se réveilla, le soleil était déjà haut. Elle ne le voyait pas, caché par les branches touffues des grands arbres, mais ses rayons faisaient là-haut comme un voile d'or frémissant. La verdure embaumait et, pour un peu, les oiseaux allaient se poser sur ses épaules. Elle entendait l'eau clapoter, il y avait quantité de grandes sources qui se déversaient dans un étang au fond de sable fin. Bien sûr, des buissons épais poussaient tout autour, mais à un endroit les cerfs avaient taillé une large ouverture, et c'est par là qu'Élisa se rendit jusqu'à l'eau : elle était si claire que, si le vent n'avait pas fait remuer les branches et les buissons, elle aurait cru qu'on les avait peints sur le fond, tant chaque feuille s'y reflétait nettement, aussi bien celle qu'éclairait le soleil que celle qui demeurait tout à fait dans l'ombre.

Dès qu'elle aperçut son propre visage, elle fut tout effrayée, tellement il était sale, mais quand elle mouilla sa petite main et en frotta ses yeux et son front, sa peau blanche resplendit. Alors elle retira tous ses vêtements et entra dans l'eau fraîche ; il n'existait pas au monde une enfant de roi plus ravissante qu'elle.

Quand elle se fut rhabillée et qu'elle eut tressé ses longs cheveux, elle s'approcha de la source jaillissante, but dans le creux de sa main et s'enfonça plus profondément dans la forêt, sans savoir où elle allait. Elle pensait à ses frères, elle pensait au bon Dieu qui ne l'abandonnerait sûrement pas, lui qui faisait pousser les pommiers sauvages pour nourrir les affamés. Il lui montra justement un de ces arbres, aux branches ployant sous le poids des fruits : elle y prit son repas, mit des tuteurs sous les branches pour les soulager, puis elle s'engagea dans la partie la plus sombre de la forêt. Le silence était tel qu'elle entendait ses propres pas, le craquement de chaque petite feuille sèche sous ses pieds. Pas un oiseau n'était visible, pas un rayon de soleil ne pouvait percer l'épais branchage des grands arbres ; leurs troncs montaient si rapprochés les uns des autres qu'en regardant droit devant elle, elle avait l'impression d'être encerclée par des barrières de poutres. Jamais, elle n'avait éprouvé pareille solitude.

La nuit fut noire. Pas le moindre ver luisant ne brilla dans la mousse. À bout de force, elle s'allongea par terre pour dormir. C'est alors qu'il lui sembla que les branches des arbres au-dessus d'elle s'écartaient et que le bon Dieu la regardait de ses yeux doux, de petits anges apparaissant autour de son visage.

En se réveillant, le matin, elle ne savait pas si elle avait rêvé ou si c'était la réalité.

Élisa fit quelques pas et rencontra une vieille femme qui portait des baies dans un panier et lui en offrit quelques-unes. La jeune fille lui demanda si elle n'avait pas vu onze princes chevaucher à travers la forêt.

– Non, dit la vieille, mais hier j'ai vu onze cygnes portant une couronne d'or sur la tête nager sur la rivière tout près d'ici.

Elle conduisit Élisa un peu plus loin jusqu'à une pente, au pied de laquelle serpentait une rivière. Les arbres sur ses rives tendaient leurs longues branches feuillues les unes vers les autres et, lorsque leur taille les empêchait de se rejoindre, ils avaient arraché leurs racines du sol et se penchaient au-dessus de l'eau, leurs branches entremêlées.

Élisa dit adieu à la vieille femme, et elle longea la rivière jusqu'à l'endroit où elle se jetait dans la mer.

Les flots immenses s'étendaient à perte de vue ; mais pas un voilier, pas la moindre barque à l'horizon, comment la jeune fille pourrait-elle aller plus loin ? Elle contempla les galets sur la grève, l'eau, en les roulant, les avait tous polis et arrondis. Verre, fer, pierre, tout ce que la mer rejetait avait la forme que lui donnait l'eau, pourtant bien plus douce que la main délicate d'Élisa.

– Elle ne se lasse pas de rouler, et ce qui est dur s'égalise ; moi aussi, je veux être infatigable ! Merci pour votre leçon, vagues claires et déferlantes ! Un jour, mon cœur me le dit, vous me porterez vers mes frères chéris !

Sur le varech rejeté par la mer, onze plumes de cygne blanches étaient tombées ; elle en fit un bouquet. Il y avait des gouttes d'eau dessus, mais nul ne pouvait voir si c'était de la rosée ou des larmes. Le rivage était désert, mais elle ne sentait pas la solitude ; car la mer offrait une éternelle diversité, plus de changements en quelques heures que les lacs d'eau douce en toute une année. Si un gros nuage noir survenait, la mer avait l'air de dire : « Moi aussi, je peux paraître sombre ! » Alors le vent soufflait, et l'écume ourlait les vagues. Mais si les nuages rougissaient et le vent dormait, la mer était comme un pétale de rose. Elle était tantôt verte, tantôt blanche, mais elle avait beau être paisible, il y avait toujours un léger mouvement près du bord ; l'eau se soulevait légèrement, comme la poitrine d'un enfant endormi.

Quand le soleil fut sur le point de se coucher, Élisa vit onze cygnes sauvages portant une couronne d'or voler vers la côte. Ils planaient, l'un derrière l'autre, on aurait dit un long ruban blanc. Elle gravit la pente et se cacha derrière un buisson ; les cygnes se posèrent tout près d'elle et battirent de leurs grandes ailes blanches.

Au moment où le soleil disparut à l'horizon, leur plumage tomba soudain et elle eut devant elle onze beaux princes : ses frères. Elle poussa un grand cri ; car, même s'ils avaient beaucoup changé, elle savait que c'était eux, que ce ne pouvait être qu'eux. Elle se jeta dans leurs bras, les appela par leurs noms, et ils eurent l'immense joie de reconnaître leur petite sœur, qui était maintenant si grande et si ravissante. Ils riaient, ils pleuraient, et ils comprirent à quel point leur marâtre avait été méchante pour eux.

– Nous, tes frères, dit l'aîné, nous volons comme des cygnes sauvages tant que le soleil est dans le ciel ; lorsque tombe la nuit, nous reprenons forme humaine. C'est pourquoi, au coucher du soleil, nous devons toujours prendre garde d'avoir un endroit où poser le pied ; car si nous volions à ce moment-là dans les nuages, nous serions, sans nos ailes, précipités dans le vide. Nous habitons de l'autre côté de la mer, dans un pays tout aussi beau que celui-ci ; mais le chemin est long, il nous faut traverser la vaste mer, et il n'y a pas d'île sur notre route où nous pourrions passer la nuit : seul, un petit rocher isolé émerge au milieu de l'eau. Il est tout juste assez grand pour que nous puissions nous y reposer, serrés les uns contre les autres, et si la mer est trop forte, les vagues nous submergent. Cependant nous remercions Dieu pour ce rocher. C'est là que nous passons la nuit sous notre forme humaine ; sans ce rocher, nous ne pourrions jamais revoir notre chère patrie, car il nous faut deux des plus longs jours de l'année pour faire le voyage. Seulement une fois par an il nous est permis de revenir au pays de nos aïeux ; nous pouvons y rester onze jours, et voler au-dessus de cette grande forêt d'où nous pouvons apercevoir le château où nous sommes nés et où habite notre père, voir la haute tour de l'église où est enterrée notre mère… Ici, il nous semble que les arbres et les buissons nous sont apparentés, ici, les chevaux sauvages courent sur la plaine comme au temps de notre enfance, ici, le charbonnier chante les vieux airs sur lesquels nous dansions. C'est ici notre patrie, nous y sommes attirés et nous t'y avons retrouvée, toi notre petite sœur chérie. Nous pouvons rester ici deux jours encore, puis il nous faudra traverser la mer pour rejoindre un pays magnifique, mais nous y demeurons des étrangers.

Comment allons-nous t'emmener ? Nous n'avons ni bateau, ni barque !
– Et comment pourrai-je vous délivrer ? dit leur sœur.
Ils parlèrent presque toute la nuit, et ne s'assoupirent que quelques heures.
Élisa se réveilla au bruit des ailes des cygnes qui s'agitaient au-dessus d'elle. Ses frères, de nouveau métamorphosés, volaient en décrivant de grands cercles, avant de s'éloigner tout à fait. Mais l'un d'eux, le plus jeune, resta. Il posa la tête sur les genoux d'Élisa et elle caressa ses ailes blanches ; ils passèrent toute la journée ensemble. Vers le soir, les autres revinrent et, quand le soleil fut couché, ils reprirent leur forme naturelle.
– Demain, nous nous envolerons d'ici sans pouvoir revenir de toute une année, mais nous ne pouvons pas t'abandonner… As-tu le courage de nous accompagner ? Mon bras est assez fort pour te porter, n'aurions-nous pas tous ensemble des ailes assez puissantes pour voler avec toi au-dessus de la mer ?
– Oh oui, emmenez-moi ! dit Élisa.
Ils passèrent toute la nuit à tresser un grand filet de souple écorce de saule et de joncs résistants. Élisa s'y étendit et, lorsque le soleil parut et que les frères furent changés en cygnes, ils prirent le filet dans leur bec et s'envolèrent vers les nuages, portant leur petite sœur encore endormie. Les rayons du soleil lui tombaient en plein visage, aussi l'un des cygnes vola-t-il au-dessus de sa tête pour lui faire de l'ombre.
Ils étaient loin de la côte quand Élisa se réveilla. Elle croyait encore rêver, tant il lui parut étrange d'être portée au-dessus de la mer, très haut dans les airs. À côté d'elle, il y avait une

branche de délicieuses baies mûres et une botte de racines savoureuses ; le plus jeune de ses frères les avait ramassées et posées près d'elle, et elle lui sourit avec reconnaissance, car elle savait bien que c'était lui qui volait juste au-dessus de sa tête et l'ombrageait de ses ailes.

Ils volaient si haut que le premier bateau qu'ils virent en dessous d'eux avait l'air d'une mouette posée sur l'eau. Il y avait un gros nuage derrière eux, telle une montagne sur laquelle Élisa voyait son ombre et celle de ses onze frères former une image gigantesque. Jamais elle n'avait vu de tableau plus grandiose ; mais à mesure que le soleil montait et que le nuage s'éloignait derrière eux, les ombres fantastiques s'effaçaient.

Toute la journée ils volèrent comme une flèche sifflant dans l'air, plus lentement pourtant que d'habitude parce qu'ils avaient leur sœur à porter. Un orage montait, le soir approchait ; Élisa vit avec inquiétude le soleil décliner, sans que le rocher ne soit encore en vue. Elle eut l'impression que les cygnes battaient plus fortement des ailes. Hélas ! C'était à cause d'elle qu'ils n'avançaient pas assez vite. Quand le soleil serait couché, ils redeviendraient hommes, tomberaient dans la mer et se noieraient. Alors, du plus profond de son cœur, elle fit une prière. Le nuage noir se rapprochait, les fortes rafales de vent annonçaient une tempête, les nuages s'amassaient en une seule grosse vague menaçante qui progressait comme une masse de plomb ; les éclairs succédaient aux éclairs.

Le soleil était maintenant au bord de la mer, le cœur d'Élisa frémit ; les cygnes amorcèrent une descente si rapide qu'elle crut tomber, mais ils se remirent à planer. Le soleil était à moitié sous l'eau. Alors seulement elle aperçut le petit rocher, pas plus gros qu'un phoque sortant la tête de l'eau. Le soleil sombrait rapidement, il n'était plus qu'une étoile. À ce moment elle toucha du pied la terre ferme, et le soleil s'éteignit comme la dernière étincelle d'un papier qui brûle. Bras dessus, bras dessous, ses frères se tenaient debout autour d'elle, il y avait juste assez de place. La mer frappait le rocher et retombait en pluie sur eux, le ciel brillait toujours, les roulements du tonnerre se succédaient. Et se tenant par la main, ils chantèrent un psaume où ils puisèrent courage et réconfort.

À l'aube, l'air était calme et pur ; aussitôt le soleil levé, les cygnes s'envolèrent avec Élisa. La mer était encore agitée et, lorsqu'ils furent très haut dans les airs, l'écume blanche sur la mer faisait penser à des millions de cygnes nageant sur l'eau.

Quand le soleil fut plus haut, Élisa vit devant elle, comme flottant dans l'air, un pays de montagnes avec des glaciers brillant parmi les rochers, et au milieu duquel s'étendait un château immense dont les colonnades hardies se superposaient. Plus bas se balançaient des palmiers et des fleurs magnifiques, grandes comme des roues de moulin. Elle demanda si c'était là le pays où elle devait aller, mais les cygnes secouèrent la tête, car ce qu'elle voyait n'était qu'un mirage, le splendide château de nuées, toujours changeant, de la fée Morgane. Tandis qu'Élisa le contemplait, les montagnes, les forêts, le château s'écroulèrent, et firent place à vingt églises altières, toutes pareilles, aux tours élevées et aux fenêtres en ogive. Il lui sembla entendre résonner l'orgue, mais c'était le bruit de la mer. Bientôt elle fut tout près des églises, qui devinrent toute une flotte naviguant au-dessous d'elle ; elle baissa le regard, et ce n'était que la brume marine courant à la surface de l'eau. Elle avait sous les yeux un spectacle qui changeait constamment, mais bientôt elle aperçut le véritable pays où elle se rendait. Il s'y dressait de superbes montagnes bleues, avec des forêts de cèdres, des villes, des châteaux. Bien avant le coucher du soleil, elle était assise sur un rocher, à l'entrée d'une vaste grotte où poussaient de belles plantes grimpantes ; on aurait dit des tapis brodés.

– Nous allons voir ce que tu vas rêver cette nuit ! dit le plus jeune frère en lui montrant sa chambre.

– Si seulement je pouvais voir en rêve comment vous délivrer ! dit-elle.

Et cette pensée l'accaparait, elle supplia Dieu si ardemment de l'aider que, même endormie, elle continua sa prière. Il lui sembla alors qu'elle s'envolait très haut, jusqu'au château de nuées de la fée Morgane, et que la fée venait à sa rencontre, toute belle et scintillante ; pourtant elle ressemblait tout à fait à la vieille qui lui avait donné des baies dans la forêt.

– Tes frères peuvent être délivrés, dit-elle, mais as-tu du courage et de la persévérance ? Il est vrai que la mer est plus douce que tes mains délicates, pourtant elle transforme les pierres les plus dures, mais sans ressentir la douleur que tes doigts éprouveraient. Elle n'a pas de cœur, et ne connaît pas l'angoisse et les tourments que tu devras endurer. Vois-tu cette ortie que je tiens dans ma main ? Il en pousse beaucoup autour de la grotte où tu dors. Seules celles-là et celles qui poussent sur les tombes du cimetière sont utilisables, retiens-le bien ! Il faut que tu les cueilles, même si elles te brûlent la peau et te font des cloques ; foule-les aux pieds pour obtenir du lin : tu le tordras et en tisseras onze cottes de mailles à longues manches ; jette-les sur les onze cygnes sauvages et le charme sera rompu. Mais rappelle-toi que dès l'instant où tu commenceras ce travail et jusqu'à ce qu'il soit achevé, quand bien même cela te prendrait des années, tu ne dois pas parler. Le premier mot que tu diras s'enfoncera comme un poignard meurtrier dans le cœur de tes frères ; de ton silence dépend leur vie. Retiens bien tout cela !

La fée, au même instant, effleura de l'ortie la main d'Élisa : ce fut comme un feu dévorant qui la réveilla. Il faisait grand jour et, tout près de l'endroit où elle avait dormi, il y avait une ortie pareille à celle qu'elle avait vue en rêve. Alors elle tomba à genoux, remercia le Ciel, et sortit de la grotte pour se mettre au travail.

De ses mains délicates, elle empoigna les orties ; c'était comme du feu et de grosses cloques se formaient sur ses mains et ses bras. Mais elle voulait bien souffrir, pourvu qu'elle puisse délivrer ses frères chéris. Elle foula chaque ortie de ses pieds nus et tordit le lin vert.

Au coucher du soleil, ses frères arrivèrent et furent épouvantés de la trouver aussi muette ; ils crurent que c'était un nouveau mauvais sort jeté par leur méchante marâtre. Mais en voyant ses mains, ils comprirent ce qu'elle faisait pour eux ; le plus jeune frère pleura et, là où tombaient ses larmes, elle ne sentait plus la douleur, les cloques brûlantes disparaissaient. Elle passa la nuit à son travail, n'ayant de cesse d'avoir délivré ses frères chéris. Toute la journée suivante, tandis que les cygnes étaient partis, elle resta dans sa solitude, mais jamais le temps n'avait volé si vite. Une cotte de mailles était déjà prête, elle commençait la seconde.

Alors un cor de chasse sonna dans les montagnes, elle en fut très inquiète ; le bruit se rapprochait, elle entendait les chiens aboyer. Effrayée, elle se réfugia dans la grotte, lia en botte les orties qu'elle avait cueillies et cardées, et s'assit dessus.

À ce moment, un gros chien bondit hors des buissons, suivi d'un autre, et d'un autre encore ; ils aboyaient très fort, partaient et revenaient. Au bout de quelques minutes, tous les chasseurs furent devant la grotte et le plus beau d'entre eux, qui n'était autre que le roi du pays, s'avança vers Élisa. Jamais il n'avait vu jeune fille plus belle.

– Comment es-tu venue ici, adorable enfant ? demanda-t-il.

Élisa secoua la tête, elle n'osait pas parler : le salut et la vie de ses frères en dépendaient. Et elle cacha ses mains sous son tablier pour que le roi ne voit pas combien elle devait souffrir.

– Viens avec moi, dit-il, il ne faut pas que tu restes ici ! Si tu es aussi bonne que tu es belle, je te vêtirai de soie et de velours, je poserai sur ta tête une couronne d'or et tu habiteras mon plus riche château !...

Puis il la monta sur son cheval, mais elle pleurait et se tordait les mains. Alors le roi dit :

– Je ne veux que ton bonheur ! Un jour tu m'en remercieras !

Suivi par les chasseurs, il s'élança à cheval à travers les montagnes, emportant la jeune fille entre ses bras.

Lorsque le soleil se coucha, la superbe ville royale s'étalait devant eux, avec ses églises et ses coupoles, et le roi conduisit la jeune fille

au château, où de grands jets d'eau jaillissaient dans les hautes salles de marbre, aux murs et aux plafonds rutilant de peintures. Mais elle n'y prêta pas attention, elle pleurait et se désolait. Indifférente, elle laissa les femmes la parer de vêtements royaux, tresser des perles dans ses cheveux et passer des gants très fins sur ses doigts couverts de brûlures.

Quand elle fut dans ces beaux atours, elle était si resplendissante de beauté que toute la cour s'inclina profondément devant elle, et que le roi l'élut pour fiancée. L'archevêque avait beau secouer la tête en murmurant que cette belle fille des bois était sûrement une sorcière, elle éblouissait leurs yeux et séduisait le cœur du roi.

Mais le roi ne voulut rien entendre, il fit donner de la musique, apporter les mets les plus rares, danser autour d'elle les plus jolies filles, et on la mena à travers des jardins embaumés dans des salles splendides. Mais pas un seul sourire ne lui vint aux lèvres ou ne parut dans ses yeux, le chagrin s'y était installé en maître. Le roi ouvrit alors une petite pièce attenante à celle où elle devait dormir ; elle était décorée de précieux tapis verts et ressemblait tout à fait à la grotte où elle avait habité. La botte de lin qu'elle avait filé avec les orties était là sur le plancher, et au plafond pendait la cotte de mailles déjà terminée ; l'un des chasseurs avait emporté cela comme une curiosité.

– Ici tu pourras rêver que tu es revenue dans ton ancienne demeure ! dit le roi. Voici l'ouvrage qui t'occupait ; maintenant, au milieu de toute ta splendeur, cela t'amusera de repenser à ce temps-là.

Quand Élisa vit ces choses qui lui tenaient tant à cœur, un sourire joua sur ses lèvres et le sang lui revint aux joues. Elle pensa au salut de ses frères et baisa la main du roi. Il pressa la jeune fille sur son cœur, et ordonna de sonner toutes les cloches des églises pour annoncer leurs noces. L'adorable fille des bois deviendrait reine.

L'archevêque murmura de méchants propos à l'oreille du roi, mais ils ne parvenaient pas jusqu'à son cœur : les noces auraient lieu. L'archevêque en personne dut poser la couronne sur la tête de la mariée, et il en enfonça avec malveillance le cercle étroit sur son front, au point de lui faire mal. Mais un cercle plus lourd encore pesait sur son cœur, le chagrin qu'elle avait pour ses frères. Elle ne ressentait pas la souffrance de son corps. Sa bouche demeurait muette, puisqu'une seule parole priverait ses frères de la vie, mais ses yeux exprimaient un profond amour pour le roi qui faisait tout pour lui être agréable. Chaque jour, de tout son cœur, elle l'aimait davantage. Oh, si seulement elle avait pu se confier à lui, lui dire son tourment, mais non, il lui fallait rester muette, muette elle devait achever son ouvrage. Aussi la nuit, furtivement, elle le quittait pour aller dans la petite chambre dérobée tricoter une cotte de mailles après l'autre. Mais, au moment de finir la septième, il ne lui restait plus de lin.

Elle savait qu'au cimetière poussaient les orties dont elle avait besoin, mais elle devait les cueillir elle-même ; comment pourrait-elle s'y rendre ?

« Oh, qu'est-ce que la douleur de mes doigts comparée au tourment de mon cœur ? pensa-t-elle. Il faut que je m'y risque ! » Le cœur battant, comme si elle commettait une mauvaise action, elle descendit dans le jardin au clair de lune, suivit les longues allées et emprunta les rues désertes jusqu'au cimetière. Là, sur une des plus larges pierres tombales, elle vit un groupe d'affreuses sorcières enlever leurs haillons comme si elles voulaient se baigner, puis creuser les tombes fraîches de leurs longs doigts maigres et sortir les cadavres pour en manger la chair. Élisa dut passer tout près d'elles, et elles la fixèrent de leurs yeux méchants, mais elle récita une prière, cueillit les orties brûlantes et les rapporta au château.

Une seule personne l'avait vue : l'archevêque, il était debout quand les autres dormaient. Il avait eu raison de penser que la reine était une sorcière, elle avait envoûté le roi et le peuple tout entier.

Au confessionnal, il dit au roi ce qu'il avait vu et ce qu'il craignait, et quand ces dures paroles tombèrent de sa bouche, les saints de bois sculpté secouèrent la tête comme pour dire : « Ce n'est pas vrai, Élisa est innocente ! » Mais l'archevêque interpréta la chose autrement ; à son avis, ils témoignaient contre elle et secouaient la tête à cause de ses péchés. Deux grosses larmes coulèrent sur les joues du roi, il rentra chez lui avec le doute au cœur. La nuit, il fit semblant de dormir, et vit Élisa se lever. Chaque nuit, il en fut de même, il la suivait sans bruit et la voyait disparaître dans la chambre dérobée. Jour après jour il devenait plus sombre. Élisa s'en inquiétait et cette douleur s'ajoutait à celle qu'elle éprouvait pour ses frères ! Des larmes coulaient de ses yeux sur le velours et la pourpre royaux, là, elles se figeaient tels des diamants, et toutes les dames de la cour qui voyaient cette riche parure auraient voulu être reine ! Cependant, elle arrivait bientôt au terme de son ouvrage, il ne manquait plus qu'une cotte de mailles ; mais, à nouveau, elle n'avait plus de lin, et plus une seule ortie. Il fallait donc encore une fois, la dernière, qu'elle aille au cimetière en cueillir quelques poignées. Elle frémit à la pensée de cette course solitaire et des horribles sorcières ; mais sa volonté était aussi ferme que sa confiance en Dieu. Élisa se mit en route, mais le roi et l'archevêque la suivirent, ils la virent disparaître par la grille du cimetière et, en s'approchant, ils aperçurent les sorcières sur la pierre tombale tout comme Élisa les avait vues, et le roi fit demi-tour : il imaginait parmi elles celle dont la tête avait, ce soir encore, reposé sur sa poitrine.

– Le peuple doit la juger ! dit-il.

Et le peuple la condamna : « Qu'on la brûle dans les flammes d'un bûcher ! »

Des magnifiques salles royales, elle fut conduite dans un cachot humide et sombre, où le vent sifflait à travers les barreaux de la fenêtre. Au lieu du velours et de la soie, on lui donna, pour poser sa tête, la botte d'orties qu'elle avait cueillie ; les rudes cottes de mailles qu'elle avait tricotées lui serviraient de drap et de couette. Mais on ne pouvait rien lui offrir de plus cher et elle se remit à son ouvrage. Dehors, les gamins des rues chantaient des couplets où ils se moquaient d'elles ; personne ne vint la consoler d'une parole affectueuse. Vers le soir, une aile de cygne s'agita contre les barreaux : c'était le plus jeune de ses frères qui l'avait retrouvée. Et elle sanglota de joie, tout en sachant que la nuit qui venait serait sans doute la dernière de sa vie. Mais son ouvrage était presque achevé maintenant, et ses frères étaient là.

L'archevêque vint passer la dernière heure auprès d'elle, il l'avait promis au roi, mais elle secoua la tête, l'invitant par ses regards et ses gestes à s'en aller. Cette nuit même, il fallait qu'elle termine son travail, sinon tout aurait été inutile, tout, la souffrance, les larmes et les nuits sans sommeil. L'archevêque la quitta sur de méchantes paroles, et la pauvre Élisa continua sa besogne.

Des petites souris couraient sur le sol, elles traînaient les orties jusqu'à ses pieds pour l'aider un peu quand même, et un merle se posa devant les barreaux de la fenêtre et siffla toute la nuit aussi joyeusement qu'il put afin qu'elle ne perde pas courage.

Ce n'était encore que le petit jour, le soleil ne se lèverait que dans une heure. Les onze frères se présentèrent à la porte du château et demandèrent à être conduits devant le roi, mais c'était impossible, leur répondit-on, il faisait encore nuit, le roi dormait, on n'osait pas le réveiller. Ils supplièrent, ils menacèrent, la garde vint, et le roi lui-même sortit pour demander ce que cela signifiait. À ce moment le soleil se leva, les frères disparurent, et l'on vit onze cygnes sauvages voler au-dessus du château.

Tout le peuple accourait par la porte de la ville, on voulait voir brûler la sorcière. Un mauvais cheval tirait la charrette où elle était assise. On lui avait donné une blouse de grossière toile à sac, ses longs cheveux superbes tombaient, défaits, autour de sa jolie tête, ses joues étaient pâles comme la mort, ses lèvres remuaient doucement tandis que ses doigts tordaient le lin vert. Même en route pour mourir, elle n'abandonnait pas l'ouvrage commencé ; dix cottes de mailles étaient posées à ses pieds, elle tricotait la onzième. La foule l'insultait.

– Regardez la sorcière, comme elle marmonne ! Elle n'a pas de livre de psaumes à la main, c'est sa sorcellerie qui l'occupe, arrachez-lui ça, mettez tout en pièces !

Et ils se pressaient pour l'atteindre et tout déchirer. Alors onze cygnes blancs vinrent se poser autour d'elle sur la charrette en battant de leurs larges ailes. Et la foule recula, épouvantée.
– C'est un signe du ciel ! Elle est sûrement innocente ! murmurèrent certains, mais ils n'osèrent pas le dire tout haut. Déjà le bourreau la prenait par la main, alors elle jeta en hâte les onze cottes de mailles sur les cygnes et onze princes ravissants apparurent. Toutefois, le plus jeune gardait une aile de cygne à la place d'un de ses bras car il manquait à sa cotte de mailles, la manche qu'Élisa n'avait pas pu terminer.
– Maintenant j'ose parler ! dit-elle. Je suis innocente !
Et le peuple, voyant ce qui était arrivé, s'inclina devant elle comme devant une sainte. Elle tomba inanimée dans les bras de ses frères, tellement la tension, l'angoisse et la souffrance l'avaient éprouvée.
– Oui, elle est innocente ! dit l'aîné de ses frères, et il raconta toute l'histoire. Et tandis qu'il parlait, un parfum se répandait, comme exhalé par des millions de roses ; car chaque morceau de bois du bûcher avait pris racine et poussé des branches. C'était désormais un énorme buisson odorant, plein de roses rouges. À sa cime, une fleur d'un blanc éclatant brillait comme une étoile ; le roi la cueillit et la posa sur la poitrine d'Élisa. Alors elle se réveilla, la paix et la béatitude dans son cœur. Toutes les cloches des églises sonnèrent d'elles-mêmes et de grands vols d'oiseaux arrivèrent. Et il y eut pour revenir au château un cortège magnifique comme aucun roi n'en avait encore vu.

Les Habits neufs de l'empereur

Traduction : Jean Renaud.

À partir
de 5 ans

7 min

Atelier
Palais
Ville

Empereur
Tisserands

Il y a bien des années, vivait un empereur qui aimait tant les beaux habits neufs qu'il dépensait tout son argent pour être bien habillé. Il ne s'intéressait pas à ses soldats, ne se souciait pas d'aller au théâtre ni de se promener en carrosse dans les bois, si ce n'est pour montrer ses habits neufs. Il avait une tenue pour chaque heure du jour, et comme on dit d'un roi : « Il est au Conseil », on disait de lui : « L'empereur est à sa garde-robe. »

Dans la grande ville où il habitait, on s'amusait beaucoup, de nombreux étrangers la visitaient, et, un jour, arrivèrent deux escrocs. Ils se firent passer pour des tisserands et se vantèrent de savoir tisser l'étoffe la plus magnifique qu'on puisse imaginer. Non seulement les couleurs et le dessin étaient extraordinaires, mais les habits taillés dans cette étoffe avaient l'étrange vertu de devenir invisibles aux yeux de toute personne qui n'exerçait pas son emploi correctement ou dont la bêtise était flagrante.

« En voilà des habits merveilleux, pensa l'empereur. En les portant, je pourrai découvrir qui, dans mon royaume, exerce mal son emploi, et je saurai distinguer les intelligents des imbéciles ! Oui ! Il faut tout de suite me tisser cette étoffe ! »

Et il avança une forte somme aux deux escrocs pour qu'ils se mettent à l'ouvrage.

Ils dressèrent donc deux métiers à tisser et firent semblant de travailler, mais ils n'avaient absolument rien sur le métier. Ils ne cessaient de réclamer la soie la plus fine et l'or le plus éclatant ; mais ils mettaient tout cela dans leur propre sac et travaillaient sur des métiers vides, jusque tard dans la nuit.
« J'aimerais bien savoir où ils en sont de leur étoffe ! » pensa l'empereur, mais il se sentait un peu mal à l'aise à l'idée que celui qui était bête ou qui exerçait mal son emploi ne pourrait la voir. Il pensait bien n'avoir rien à craindre pour lui-même, mais il voulut d'abord envoyer quelqu'un voir ce qu'il en était. Tous les gens de la ville étaient au courant de l'étrange propriété de cette étoffe, et chacun était impatient de voir combien son voisin était incapable ou stupide.

« Je vais envoyer aux tisserands mon vieux et brave ministre, pensa l'empereur, c'est lui qui jugera le mieux de l'effet produit par l'étoffe, car il est d'une grande intelligence et personne ne remplit sa fonction mieux que lui. »

Alors l'honnête vieux ministre entra dans la salle où les deux escrocs travaillaient à leurs métiers vides. « Mon Dieu ! pensa le vieux ministre en écarquillant les yeux, je ne vois rien du tout ! » Mais il ne le dit pas.

Les deux escrocs le prièrent d'avoir la bonté de s'approcher et lui demandèrent si ce n'était pas là un beau dessin et de ravissantes couleurs. Et ils montraient le métier vide, et le pauvre vieux ministre ouvrait des yeux de plus en plus grands, mais il ne pouvait rien voir puisqu'il n'y avait rien.
« Seigneur ! pensa-t-il, est-ce que je serais bête ? Je ne l'aurais jamais cru, et personne ne doit le savoir ! Est-ce que je remplirais mal ma fonction ? Non, il n'est pas question d'avouer que je ne vois pas cette étoffe. »

– Eh bien, qu'en dites-vous ? demanda l'un des deux, tout en tissant.

– Oh, c'est joli ! Absolument ravissant ! répondit le vieux ministre en mettant ses lunettes, ce dessin et ces couleurs ! Oui, je dirai à l'empereur que ça me plaît infiniment !

– Voilà qui nous fait plaisir ! dirent les deux tisserands, et ils désignèrent les couleurs par leurs noms en détaillant l'étrange dessin. Le vieux ministre les écouta avec attention afin de répéter la même chose quand il reviendrait auprès de l'empereur. C'est ce qu'il fit.

Alors les escrocs réclamèrent encore de l'argent, encore de la soie et de l'or qui devaient servir au tissage. Ils mirent tout dans leurs poches, pas un fil sur le métier, et ils continuèrent, comme auparavant, à tisser sur le métier vide.

L'empereur envoya bientôt un autre honnête fonctionnaire pour voir comment allait le tissage et si l'étoffe serait bientôt prête. Il en alla de lui comme du ministre, il avait beau regarder, comme il n'y avait rien que les métiers vides, il ne voyait rien.

– Eh bien, n'est-ce pas une belle pièce d'étoffe ? demandèrent les deux escrocs en montrant et en expliquant le ravissant dessin qui n'existait pas.

« Je ne suis pas bête ! pensa le fonctionnaire, c'est donc mon emploi que j'exerce mal ? Cela m'étonne fort, mais, dans tous les cas, il ne faut pas qu'on s'en aperçoive ! » Alors il fit l'éloge de l'étoffe qu'il ne voyait pas et les assura de sa joie de voir les belles couleurs et le splendide dessin.

– Oui, c'est absolument ravissant ! dit-il à l'empereur.

Tous les gens de la ville parlaient de cette étoffe merveilleuse. L'empereur, enfin, voulut la voir lui-même pendant qu'elle

était encore sur le métier. Escorté d'éminents courtisans, dont les deux vieux et honnêtes fonctionnaires qui y étaient déjà allés, il se rendit auprès des deux escrocs rusés qui tissaient maintenant de toutes leurs forces, mais sans le moindre fil.

– Eh bien, n'est-ce pas magnifique ? dirent les deux honnêtes fonctionnaires. Votre Majesté veut-elle admirer ce dessin, ces couleurs ?

Et ils montraient le métier vide, car ils croyaient que les autres voyaient l'étoffe.

« Comment ! pensa l'empereur, je ne vois rien ! Mais c'est effrayant ! Est-ce que je suis idiot ? Est-ce que je suis incapable de gouverner ? C'est la pire des choses qui puissent m'arriver. »

– Oh, c'est de toute beauté ! dit-il, vous avez ma plus haute approbation !

Et il hocha la tête d'un air satisfait en contemplant le métier vide ; il ne voulait pas avouer qu'il ne voyait rien. Toute son escorte avait beau regarder, personne n'y voyait plus que les autres et tous dirent comme l'empereur :

– Oh, c'est très beau !

Et ils lui conseillèrent d'étrenner ces splendides habits neufs lors du grand défilé qui aurait bientôt lieu.

– C'est magnifique ! ravissant, parfait ! disait-on en chœur. Et tout le monde en était enchanté. L'empereur donna à chacun des deux escrocs une croix de chevalier à accrocher à la boutonnière, et le titre de gentilhomme-tisserand.

Toute la nuit qui précéda le jour du défilé, les escrocs veillèrent, à la lueur de seize chandelles. Les gens pouvaient voir qu'ils s'affairaient à terminer les habits neufs de l'empereur. Ils firent semblant d'enlever l'étoffe du métier, taillèrent en l'air avec de grands ciseaux, cousirent avec des aiguilles sans fil, et dirent finalement :

– Voilà, les habits sont terminés !

L'empereur vint lui-même avec ses courtisans les plus éminents et les deux escrocs levèrent un bras en l'air comme s'ils tenaient quelque chose, en disant :

– Voyez ! Voici le pantalon ! Voici l'habit ! Voici le manteau ! et ainsi de suite. C'est léger comme une toile d'araignée ! On croirait qu'on n'a rien sur le corps, et c'est justement la qualité de cette étoffe !

– Oui, dirent tous les courtisans, mais ils ne voyaient rien puisqu'il n'y avait rien.

– Votre Majesté Impériale veut-elle avoir l'insigne bonté de se déshabiller ? dirent les escrocs, afin que nous lui passions les habits neufs, là, devant ce grand miroir !

L'empereur ôta tous ses vêtements, et les escrocs firent semblant de lui mettre ses nouveaux habits. Ils le prirent par la taille comme pour lui attacher quelque chose, c'était la traîne, et l'empereur se tourna et se retourna devant le miroir.

– Mon Dieu, comme ça va bien ! Comme c'est parfaitement coupé ! dirent-ils tous. Quel dessin ! Quelles couleurs ! C'est un précieux costume !…

– Les porteurs qui doivent tenir le dais au-dessus de Votre Majesté pendant le défilé sont là, dehors, dit le grand maître des cérémonies.

– Oui, je suis prêt, dit l'empereur. Ils me vont à ravir, n'est-ce pas ?

Et il se tourna encore une fois devant le miroir, car il devait donner l'impression d'admirer sa parure.

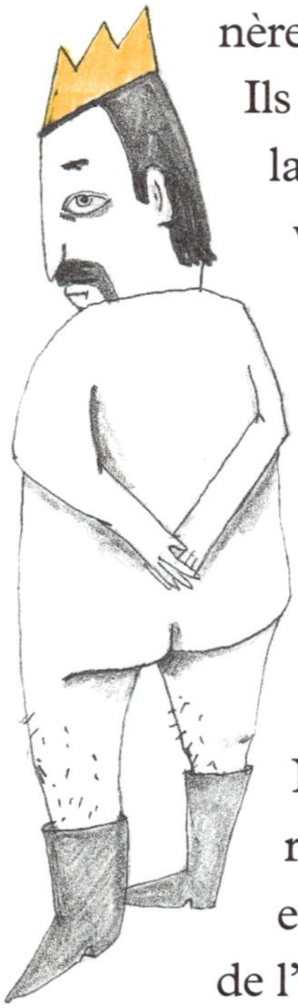

Les chambellans qui devaient porter la traîne tâtonnèrent sur le parquet comme s'ils la ramassaient. Ils marchèrent, les mains levées, car ils ne voulaient pas non plus qu'on remarque qu'ils ne voyaient rien.

Puis l'empereur défila sous son dais magnifique, et tout le monde, dans la rue et aux fenêtres, disait :

– Mon Dieu, comme les habits neufs de l'empereur sont extraordinaires ! Comme la traîne en est ravissante ! Comme elle est du plus bel effet !

Nul ne voulait laisser paraître qu'il ne voyait rien, sinon c'était le signe qu'il exerçait mal son emploi ou qu'il était stupide. Jamais les habits de l'empereur n'avaient connu un tel succès.

– Mais il est tout nu ! dit un petit enfant.

– Seigneur Dieu ! Écoutez la voix de l'innocence ! dit son père. Et chacun chuchota à son voisin :

– Il n'a rien sur lui ! C'est un petit enfant qui le dit. Il n'a rien sur lui !

– Il n'a rien sur lui ! s'écria finalement tout le peuple. Et l'empereur frissonna, car il lui semblait bien qu'ils avaient raison ; mais il se dit : « Il faut que je tienne bon le temps du défilé ! » Et il se redressa plus fièrement encore et les chambellans continuèrent de porter la traîne qui n'existait pas.

Petit Claus et Grand Claus

Traduction : D. Soldi, E. Grégoire, L. Moland, in Poucette et autres contes*, collection « Le Livre de poche Jeunesse »,* © *Hachette Livre.*

À partir de 5 ans **16 min** **Campagne** **Paysans**

Dans une ville demeuraient deux hommes qui s'appelaient du même nom Claus ; mais l'un avait quatre chevaux, et l'autre n'en avait qu'un seul : donc, pour les distinguer, on appelait le premier grand Claus, et l'autre petit Claus. Écoutez bien maintenant ce qui leur arriva, car c'est une histoire véritable !

Pendant toute la semaine, petit Claus était obligé de labourer la terre de grand Claus et de lui prêter son unique cheval : en revanche, grand Claus l'aidait avec ses quatre chevaux une fois par semaine, c'est-à-dire le dimanche. Hue ! comme petit Claus faisait alors claquer son fouet au-dessus des cinq chevaux ! Il les regardait comme les siens. Le soleil brillait, magnifique, toutes les cloches appelaient les gens à l'église ; les hommes et les femmes, vêtus de leurs plus beaux habits et leur missel sous le bras, passaient devant petit Claus qui, labourant la terre d'un air joyeux avec les cinq chevaux, faisait claquer son fouet en s'écriant : « Hue donc, mes chevaux ! »

– Ne dis donc pas « mes chevaux », lui cria une fois grand Claus, il n'y en a qu'un qui est à toi.

Mais petit Claus oublia bientôt cet avertissement, et, en voyant quelques autres personnes passer, il ne put s'empêcher de s'écrier de nouveau :

– Hue donc, mes chevaux !

– Pour la dernière fois, lui dit grand Claus, ne répète plus ces mots-là ! Si cela t'arrive encore, je casserai la tête de ton cheval, et il tombera mort sur le coup.
– Je ne le dirai plus, répondit petit Claus.
Mais lorsqu'il passa encore du monde qui saluait amicalement de la tête, il se sentit si content et si fier de pouvoir labourer son champ avec cinq chevaux, qu'il fit claquer son fouet en s'écriant :
– Hue donc, mes chevaux !
– J'apprendrai le hue donc ! à tes chevaux, dit grand Claus.
Puis il prit un maillet et frappa si fort au front le cheval de petit Claus qu'il tomba mort sur le coup.
– Malheur ! je n'ai plus de cheval, s'écria petit Claus, et il se mit à pleurer.
Ensuite il écorcha la bête morte, fit sécher la peau au vent, la mit dans un sac, et se rendit à la ville pour la vendre.
Le chemin était long et passait par une grande forêt ; il faisait un temps affreux, Petit Claus s'égara, et, avant qu'il eût retrouvé le bon chemin, la nuit survint ; il lui fallut renoncer à aller en ville ou à rentrer chez lui ce soir-là.
Près de la route se trouvait une grande ferme, et, malgré les volets fermés, on y voyait briller de la lumière. « J'y pourrai peut être passer la nuit », pensa-t-il, et il frappa à la porte.
La femme lui ouvrit ; mais, lorsqu'elle apprit ce qu'il voulait, elle lui dit de passer son chemin ; son mari était sorti, et elle ne recevait pas d'étrangers.
– Soit, je coucherai dehors, répondit petit Claus, et la femme referma la porte.
Près de la maison, il y avait une cabane au toit plat couvert de chaume.

– J'y coucherais bien, dit petit Claus ; c'est un bon lit, et il n'y a pas de danger que la cigogne me morde les jambes.
Sur le toit perchait une cigogne à côté de son nid.
Il grimpa sur le toit, où il se coucha. Il se retourna plusieurs fois pour bien s'installer. Les volets de la maison ne se fermant pas entièrement, il pouvait voir ce qui se passait dans la salle. Au milieu, se dressait une grande table servie, avec un rôti, un poisson et du vin. La paysanne et le sacristain étaient seuls à table ; elle le servait et il se régalait de poisson.
« Si je pouvais en avoir un morceau ! » se dit petit Claus. Et il allongea la tête pour mieux voir. La femme servit un gâteau délicieux. Grand Dieu, quel festin !
Tout à coup un homme à cheval s'approcha de la maison : le mari de la paysanne rentrait chez lui.
C'était un brave homme, mais il avait une maladie étrange : il ne pouvait apercevoir un sacristain sans entrer en fureur. Le sacristain était donc venu dire bonjour à la femme pendant que le mari était absent ; et la bonne femme lui avait fait honneur en lui servant ce qu'elle avait de mieux. Mais lorsqu'ils entendirent le mari qui revenait, ils eurent peur et la paysanne pria son convive de se cacher dans un grand coffre vide ; ce qu'il fit, connaissant la haine du paysan pour les sacristains. Puis la femme cacha vite les plats et le vin dans le four, pour éviter les questions embarrassantes que son mari aurait pu lui poser.
– Quel dommage ! soupira petit Claus sur le toit en voyant disparaître ces bonnes choses.
– Qui est là-haut ? s'écria le paysan en se retournant, et il aperçut petit Claus. Pourquoi te coucher là ? Viens plutôt dans la maison.

Petit Claus lui raconta comment il s'était égaré, et lui demanda l'hospitalité pour la nuit.

– Volontiers ! répondit le paysan, mais mangeons d'abord un morceau.

La femme les reçut très bien tous deux, prépara de nouveau la table, et servit un grand plat de bouillie. Le paysan, qui avait faim, en mangea de bon appétit ; mais petit Claus pensait au rôti, au poisson et au gâteau cachés dans le four.

Il avait jeté sous la table le sac contenant la peau de cheval qu'il voulait vendre à la ville ; et comme il ne pouvait supporter la bouillie, il appuya ses pieds sur le sac, et fit craquer la peau sèche.

– Chut ! dit-il à son sac ; mais, au même moment, il le fit craquer plus fort.

– Qu'y a-t-il dans ce sac ? demanda le paysan.

– Un sorcier, répondit Claus ; il ne veut pas que nous mangions de la bouillie. Il me dit que, par un effet de sa magie, il y a dans le four un rôti, du poisson et un gâteau.

– Ce n'est pas possible, dit le paysan en ouvrant promptement le four.

Il découvrit les mets superbes que sa femme y avait serrés, et crut que le sorcier avait fait ce prodige. La femme, sans oser rien dire, posa tout sur la table, et ils se mirent à manger du poisson, du rôti et du gâteau.

Claus fit de nouveau craquer sa peau.

– Que dit-il à présent ? demanda le paysan.

– Il dit que, près du poêle, il a fait venir trois bouteilles de vin.

La femme fut bien obligée de leur servir le vin, et son mari se mit à boire en s'égayant de plus en plus. Il eût bien voulu posséder un sorcier pareil à celui du sac de petit Claus.

– Je voudrais qu'il me montrât le diable, dit le paysan ; cela me ferait plaisir, car je suis tout à fait en train.

– Mon sorcier peut tout ce que je lui demande.

Puis il fit craquer le sac :

– Entends-tu ? il dit que oui. Mais le diable est bien terrible à voir.

– Oh ! je n'ai pas peur. Quelle mine a-t-il ?

– Il a tout l'air d'un sacristain.

– Horreur ! Je ne peux pas supporter la vue d'un sacristain. N'importe ; comme je saurai que c'est le diable, j'aurai du courage. Seulement, qu'il ne m'approche pas !

Petit Claus approcha son oreille du sac comme pour écouter le sorcier.

– Que dit-il ?

– Il dit que, si vous voulez ouvrir ce grand coffre, là-bas au coin, vous y verrez le diable ; mais il faut bien tenir le couvercle, pour qu'il ne s'échappe pas.

– Aidez-moi à le tenir, dit le paysan en s'approchant du coffre où la femme avait caché le vrai sacristain, qui tremblait de frayeur.

Le couvercle fut soulevé.

– Aïe ! s'écria le paysan en faisant un bond en arrière. Je l'ai vu ! il ressemble tout à fait au sacristain de notre église ; il est horrible !

Il fallait bien un verre après cela, et ils se remirent à boire tard dans la nuit.

– Vends-moi ton sorcier dit le paysan, je t'en donnerai ce que tu voudras ; tout un boisseau d'argent, si tu veux !

– Je ne peux pas, répondit petit Claus. Songe un peu combien il m'est utile.

– Pourtant je voudrais bien l'avoir ! dit le paysan en insistant.

– Soit ! dit enfin petit Claus ; puisque tu m'as donné l'hospitalité, je te céderai le sorcier pour un boisseau d'argent, mais fais-moi bonne mesure.

– Tu seras satisfait ; seulement, je te prierai d'emporter le coffre ; je ne veux pas qu'il reste une heure de plus dans la maison. Peut-être le diable y est-il toujours.

Sur ce, petit Claus donna au paysan son sac avec la peau sèche ; il reçut en échange tout un boisseau d'argent, et, par-dessus le marché, une grande brouette pour transporter l'argent et le coffre.

– Adieu ! dit-il, et le voilà parti avec l'argent, le coffre et le sacristain qui était dedans.

De l'autre côté de la forêt il y avait une rivière profonde, où le courant était si fort qu'on avait peine à le remonter à la nage ; on y avait construit un pont tout neuf. Petit Claus s'arrêta sur le pont et il dit à haute voix :

– Que ferai-je de ce mauvais coffre ? Il pèse comme s'il était rempli de pierres. Je suis déjà fatigué de le rouler ; il vaut mieux que je le jette dans la rivière. Si l'eau le porte à ma maison, tant mieux, sinon je m'en passerai.

Puis il souleva le coffre d'une main, comme s'il voulait le jeter dans l'eau.

– Arrête ! arrête ! s'écria le sacristain dans le coffre, laisse-moi sortir.

– Hou ! s'écria petit Claus, feignant de s'effrayer, le diable y est encore, il faut que je le noie bien vite !
– Non, non ! cria le sacristain, épargne-moi, et je te donnerai un boisseau d'argent.
– C'est différent, répondit petit Claus en ouvrant le coffre.
Le sacristain sortit, poussa le coffre vide dans l'eau, et retourna chez lui où il donna au petit Claus son boisseau d'argent. Claus eut ainsi de quoi remplir sa brouette.
– Voilà une peau de cheval bien vendue ! s'écria-t-il une fois rentré dans sa maison, devant le tas d'argent qu'il avait répandu au milieu de la chambre. Grand Claus mourra de dépit lorsqu'il apprendra toute la richesse que mon unique cheval m'a rapportée, mais je ne vais pas lui dire cela tout cru.
Puis il envoya un garçon chez grand Claus, pour le prier de lui prêter un boisseau vide.
« Que veut-il en faire ? » pensa grand Claus.
Et il enduisit de goudron le boisseau afin que si l'on y mesurait quelque chose, il en restât un peu au fond. Lorsque le boisseau lui fut rendu, il y trouva collées trois pièces d'argent.

– Comment ! s'écria-t-il.
Et il courut immédiatement chez petit Claus :
– D'où tiens-tu tout cet argent ?
– De ma peau de cheval, que j'ai vendue hier au soir.
– Tu en as tiré un bon prix, dit grand Claus ; puis il retourna bien vite chez lui, prit une hache, abattit ses quatre chevaux, les écorcha et porta leur peau à la ville.

– Des peaux ! des peaux ! qui veut acheter des peaux ? cria-t-il dans les rues.

Tous les cordonniers et les tanneurs accoururent pour lui en demander le prix.

– Un boisseau d'argent pour chacune, répondit grand Claus.

– Es-tu fou ? crois-tu que nous ayons de l'argent par boisseaux ?

– Des peaux ! des peaux ! continua-t-il, qui veut acheter des peaux ?

Et, si quelqu'un les marchandait :

– Un boisseau d'argent pour chacune, répondait-il toujours.

– Il veut se moquer de nous, s'écrièrent enfin les gens. Les cordonniers prirent leurs outils, les tanneurs leurs tabliers de cuir, et ils se mirent à frapper rudement grand Claus.

– Nous arrangerons si bien ta peau qu'elle deviendra rouge comme du sang, dirent-ils ; allez, ouste ! Dehors !

Et grand Claus, sous les coups, dut se sauver hors de la ville.

– Hou ! dit-il une fois rentré chez lui ; c'est petit Claus qui est la cause de tout cela. Je vais le tuer.

Cependant la vieille grand-mère de petit Claus était morte, et, quoiqu'elle se fût montrée bien méchante envers lui, il la pleura. Il coucha la morte au chaud dans son lit, pour voir si elle ne reviendrait pas à la vie, et resta toute la nuit dans un coin, sur une chaise.

Au milieu de la nuit, la porte s'ouvrit, et grand Claus entra avec sa hache. Sachant où était le lit de petit Claus, il y alla tout droit et frappa la grand-mère, qu'il prenait pour petit Claus.

– Maintenant, tu ne me tromperas plus ! dit-il, et il s'en alla.

– Quel méchant homme ! s'écria petit Claus : c'est moi qu'il voulait tuer. Heureusement pour ma vieille grand-mère, elle était déjà morte.

Il mit ensuite à la vieille femme ses habits de dimanche, emprunta un cheval à son voisin et l'attela à sa voiture. Puis il assit la vieille sur le siège arrière, de façon qu'elle ne pût tomber, et il traversa ainsi la forêt. Arrivé à une auberge, petit Claus s'arrêta pour demander quelque chose à manger.

L'aubergiste était un homme très riche, bon diable au fond, mais coléreux comme si son corps eût été rempli de poivre et de tabac.

– Bonjour ! dit-il à petit Claus ; comme tu es endimanché aujourd'hui !

– Oui, répondit Claus en descendant ; je vais conduire ma vieille grand-mère à la ville. Apporte-lui un verre d'hydromel pour la rafraîchir, et parle-lui bien haut, car elle n'entend presque pas.

– Je n'y manquerai pas, dit l'aubergiste ; et il alla remplir un grand verre d'hydromel, qu'il porta à la vieille dans la voiture.

– Voici un verre d'hydromel, cria-t-il.

Mais la morte ne bougea pas.

– Est-ce que vous ne m'entendez pas ? cria-t-il de toutes ses forces ; voici un verre d'hydromel de la part de votre petit-fils !

Mais il avait beau s'épuiser à crier, la vieille ne bougeait pas. Alors, emporté par la colère, il lui jeta le verre à la figure avec une telle violence qu'elle tomba en arrière dans la voiture, n'étant retenue par aucune attache.

À ce moment, petit Claus survint.

– Maudit ! s'écria-t-il en prenant l'aubergiste à la gorge, tu as tué ma grand-mère, regarde le trou que tu lui as fait au front.

– Malheur à moi ! répondit l'aubergiste en se tordant les

mains, je me suis encore mis en colère. Mon cher petit Claus, je te remplirai un boisseau d'argent, et je ferai enterrer ta grand-mère comme si c'était la mienne, si tu veux ne pas me trahir. Sinon le bourreau me coupera la tête et c'est un mal sans remède.

Claus accepta, reçut un troisième boisseau d'argent, et l'aubergiste enterra la grand-mère comme il aurait fait pour la sienne.

Revenu chez lui, petit Claus envoya un garçon chez grand Claus pour lui emprunter un boisseau vide.

– Quoi ? s'écria celui-ci ; je ne l'ai donc pas tué ! Il faut que je voie cela moi-même.

Et il se rendit aussitôt auprès de petit Claus avec le boisseau.

– Comment as-tu gagné ce trésor ? demanda-t-il en ouvrant de grands yeux devant tout cet argent.

– Tu as tué ma grand-mère à ma place ; j'ai vendu son corps, et l'on m'en a donné un boisseau d'argent.

– C'est un bon prix ! dit grand Claus.

Il se dépêcha de rentrer chez lui, prit une hache et tua sa grand-mère. Puis il la mit dans sa voiture, partit pour la ville, et demanda au pharmacien s'il voulait acheter un cadavre.

– Voyons, répondit le pharmacien ; d'abord dis-moi d'où tu le tiens.

– C'est ma grand-mère que j'ai tuée pour un boisseau d'argent.

– Grand Dieu ! es-tu fou de dire des choses pareilles au risque de te faire couper la tête ?

Et il fit comprendre au méchant homme toute l'horreur de sa conduite et la peine qu'il avait méritée. Alors, grand Claus terrifié sauta dans sa voiture, fouetta les chevaux et s'en retourna au galop. Tout le monde le crut fou.

– Je me vengerai ! s'écria-t-il sur la grand-route, je me vengerai de petit Claus !

Dès qu'il fut rentré, il prit un grand sac, alla chez petit Claus et lui dit :

– Tu m'as trompé encore une fois ! Après avoir abattu mes quatre chevaux, j'ai tué ma grand-mère ; toi seul es cause de tout le mal, mais tu ne me tromperas plus.

Puis, il saisit petit Claus par le milieu du corps, le fourra dans le sac, et le jeta sur ses épaules en disant :

– Je m'en vais te noyer !

Le chemin était long jusqu'à la rivière et petit Claus lourd à porter. Et passant devant l'église où l'on entendait l'orgue et les cantiques, grand Claus eut envie d'entrer un moment ; alors il posa son sac à la porte et il entra.

– Hélas ! hélas ! soupirait petit Claus dans le sac, se tournant et retournant ; mais il ne pouvait arriver à délier la corde.

Par hasard, un vieux berger menait par là son troupeau et les vaches renversèrent le sac où petit Claus était prisonnier.

– Hélas ! cria-t-il, à mon âge, faut-il déjà entrer au paradis ?

– Et moi, pauvre vieillard, je serais bien content d'y entrer le plus tôt possible.

– Eh bien, mon brave, ouvre le sac et mets-toi à ma place ; bientôt tu y seras.

– De tout mon cœur ! dit le vieux berger en ouvrant le sac pour faire sortir le petit Claus. Mais me promets-tu de garder mon troupeau ?

– Certainement !

Et le vieillard entra dans le sac que petit Claus referma. Après cela, Claus réunit tout le bétail, et s'en alla en le poussant devant lui.

Quelques moments après, grand Claus sortit de l'église et remit le sac sur son dos. Il le trouva bien léger, car le vieux berger pesait bien moins que petit Claus.

– C'est d'entendre un cantique qui m'a donné des forces, dit-il.

Et arrivé à la rivière, qui était large et profonde, il y jeta le sac avec le vieux berger en criant :

– Maintenant tu ne me tromperas plus !

Car il croyait toujours parler au petit Claus.

Puis il prit le chemin de sa maison : mais, à l'endroit où les routes se croisaient, il rencontra petit Claus poussant devant lui son troupeau.

– Quoi ! s'écria grand Claus, ne t'ai-je pas noyé ?

– Si ! tu m'as jeté dans la rivière, il y a une demi-heure.

– Et d'où te vient ce beau troupeau !

– C'est du bétail d'eau ! Je vais tout te raconter, en te remerciant d'abord de m'avoir noyé ; car maintenant je suis riche pour jamais, comme tu le vois. Enfermé dans le sac, je frémissais de peur ; et le vent me sifflait autour des oreilles, lorsque tu me jetas dans l'eau froide. J'allai immédiatement au fond, mais sans me faire nul mal, vu qu'il y pousse une longue herbe moelleuse. Bientôt le sac fut ouvert, et une charmante demoiselle, habillée de blanc, portant une couronne de verdure sur ses cheveux mouillés, me prit la main en me disant : « Je t'ai attendu, petit Claus ; voilà du bétail pour toi et, un peu plus haut sur la route, je t'en donnerai encore un troupeau. » Alors, je vis que la rivière n'est pour le peuple de l'eau qu'une grande route qui lui sert à voyager depuis la mer jusqu'en haut de la rivière. On y voit de la bonne herbe et des fleurs parfumées. Je sentais les poissons nager autour de moi comme les oiseaux volent dans l'air ; partout dans les vallées paissait un bétail gras et magnifique.

– Pourquoi donc es-tu revenu, dit grand Claus puisque tout est si bien là-bas ?

– C'est que j'ai eu une bonne idée : l'ondine m'a promis un autre troupeau plus haut sur la route, c'est-à-dire dans la rivière, et comme le cours en est très sinueux, je pense y arriver plus vite par la terre pour prendre les bêtes d'eau qui m'attendent.

– Tu as bien de la chance ! dit grand Claus ; crois-tu que moi aussi j'aurai du bétail d'eau si je vais au fond de la rivière ?

– Sans doute, mais je ne pourrai te porter dans le sac jusque-là, tu es trop lourd : si tu veux y aller et te fourrer dans le sac après, je t'y pousserai volontiers.

– Tu es un bon garçon, petit Claus ; mais rappelle-toi bien que si je ne reviens pas avec un troupeau de bétail d'eau, tu auras une bonne volée de coups de bâton !

– Il n'y a pas de danger, répondit petit Claus ; et ils se mirent en route.

Lorsque les bêtes, qui avaient soif, aperçurent l'eau, elles coururent de toutes leurs forces pour boire.

– Regarde comme elles se dépêchent, dit petit Claus ; il leur tarde de retourner au fond.

– Allons, vite ! aide-moi, répondit grand Claus en entrant dans le sac ; et, pour plus de sûreté, ajoute une pierre ; sans cela, je risquerais peut-être de ne pas arriver au fond.

– Sois tranquille ! dit petit Claus, tu y arriveras.

Cependant il y ajouta une grosse pierre, ficela le sac et le poussa dans la rivière. Plouf ! voilà grand Claus qui tombe au fond.
« J'ai bien peur qu'il n'y trouve pas de bétail », se dit petit Claus en menant son troupeau sur la grand-route.

Poucette

À partir de 5 ans

18 min

Campagne

Fillette
Hirondelle
Souris
Taupe

Il y avait une fois une femme qui aurait bien voulu avoir un tout petit enfant, mais elle ne savait pas du tout comment elle pourrait se le procurer ; elle alla donc trouver une vieille sorcière, et lui dit :

– J'aurais grande envie d'avoir un petit enfant, ne veux-tu pas me dire où je pourrais m'en procurer un ?

– Si, nous allons bien en venir à bout ! dit la sorcière. Tiens, voilà un grain d'orge, il n'est pas du tout de l'espèce qui pousse dans le champ du paysan, ou qu'on donne à manger aux poules, mets-le dans un pot, et tu verras !

– Merci, dit la femme, et elle donna douze shillings à la sorcière, rentra chez elle, planta le grain d'orge, et aussitôt poussa une grande fleur superbe qui ressemblait tout à fait à une tulipe, mais les pétales se refermaient, serrés comme si elle était encore en bouton.

– C'est une belle fleur, dit la femme, et elle l'embrassa sur les beaux pétales rouges et jaunes, mais au moment même de ce baiser, la fleur s'ouvrit avec un grand bruit d'explosion. C'était vraiment une tulipe, ainsi qu'il apparut alors, mais au milieu d'elle, assise sur le siège vert, était une toute petite fille, mignonne et gentille, qui n'était pas plus haute qu'un pouce, et qui, pour cette raison, fut appelée Poucette.

Elle eut pour berceau une coque de noix laquée, des pétales

bleus de violettes furent ses matelas, et des pétales de roses son édredon ; c'est là qu'elle dormit la nuit, et le jour elle jouait sur la table, où la femme avait posé une assiette entourée d'une couronne de fleurs dont les tiges trempaient dans l'eau ; un grand pétale de tulipe y flottait, où Poucette pouvait se tenir et naviguer d'un bord à l'autre de l'assiette ; elle avait pour ramer deux crins de cheval blanc. C'était charmant. Et elle savait aussi chanter, et son chant était doux et gentil, tel qu'on n'avait jamais entendu le pareil ici.

Une nuit qu'elle était couchée dans son délicieux lit, arriva une vilaine grenouille qui sauta par la fenêtre ; il y avait un carreau cassé. La grenouille était laide, grosse et mouillée, elle sauta sur la table où Poucette était couchée et dormait sous l'édredon de feuilles de roses rouges.

« Ce serait une femme parfaite pour mon fils ! » se dit la grenouille, et elle s'empara de la coque de noix où Poucette dormait, et, à travers le carreau, sauta dans le jardin avec elle. Tout près de là coulait un grand et large ruisseau ; mais le bord en était bourbeux et marécageux ; c'est là qu'habitait la grenouille avec son fils. Hou ! Lui aussi était laid et vilain, il ressemblait tout à fait à sa mère. « Koax, koax, brékékékex ! » c'est tout ce qu'il sut dire quand il vit la jolie fille dans la coque de noix.

– Ne parle pas si haut, tu vas la réveiller ! dit la vieille grenouille, elle pourrait encore nous échapper, car elle est légère comme duvet de cygne ; nous la mettrons sur une des larges feuilles de nénuphar, ce sera pour elle, si petite et légère, comme une île ; de là, elle ne pourra pas s'enfuir, pendant que nous préparerons la belle chambre, sous la vase, où vous habiterez.

Dans le ruisseau poussaient beaucoup de nénuphars dont les larges feuilles vertes semblaient flotter à la surface de l'eau ; la feuille la plus éloignée était aussi la plus grande de toutes ; c'est là que la vieille grenouille nagea et plaça la coque de noix avec Poucette.

La pauvre petite mignonne se réveilla de très bonne heure le matin, et lorsqu'elle vit où elle était, elle se mit à pleurer amèrement, car il y avait de l'eau de tous les côtés autour de la grande feuille verte, elle ne pouvait pas du tout aller à terre.

La vieille grenouille était au fond de la vase et ornait la chambre avec des roseaux et des boutons jaunes de nénuphars – il fallait que ce fût tout à fait élégant pour sa nouvelle bru, et avec son vilain fils elle nagea vers la feuille où était Poucette afin de prendre à eux deux le beau lit et l'installer dans la chambre de l'épousée, avant qu'elle y vînt elle-même.

La vieille grenouille s'inclina profondément dans l'eau devant elle, et dit :

– Voilà mon fils, il sera ton mari, et vous aurez un délicieux logement au fond de la vase.

– Koax ! koax ! brékékékex ! C'est tout ce que le fils put dire.

Et ils prirent le gentil petit lit et partirent avec à la nage, et Poucette resta toute seule et pleura sur la feuille verte, car elle ne voulait pas demeurer chez la vilaine grenouille, ni avoir son fils si laid pour mari. Les petits poissons qui

nageaient dans l'eau avaient bien vu la grenouille et entendu ce qu'elle avait dit, et ils sortirent la tête de l'eau, ils voulaient voir la petite fille. Aussitôt qu'ils l'eurent vue, ils la trouvèrent charmante, et cela leur fit de la peine qu'elle dût descendre chez la vilaine grenouille. Non, il ne le fallait pas. Ils s'assemblèrent sous l'eau tout autour de la tige qui tenait la feuille et mordillèrent la tige, si bien que la feuille descendit le cours du ruisseau, emportant Poucette loin, très loin, où la grenouille ne pouvait pas aller.

Poucette navigua, passa devant beaucoup d'endroits, et les petits oiseaux perchés sur les arbustes la voyaient et chantaient : quelle gentille demoiselle ! La feuille, avec elle, s'éloigna de plus en plus ; c'est ainsi que Poucette partit pour l'étranger.

Un joli petit papillon blanc ne cessait de voler autour d'elle, et finit par se poser sur la feuille, car Poucette lui plaisait, et elle était bien contente, car la grenouille ne pouvait plus l'atteindre, et le lieu où elle naviguait était très agréable ; le soleil luisait sur l'eau, c'était comme de l'or magnifique. Et elle défit sa ceinture, en attacha un bout au papillon, et fixa l'autre bout dans la feuille, et ainsi la feuille prit une course beaucoup plus rapide, et elle avec, puisqu'elle était dessus.

À ce moment arriva en volant un grand hanneton, il l'aperçut, et aussitôt saisit dans ses pinces la taille grêle de la petite, qu'il emporta dans un arbre, mais la feuille verte continua de descendre le courant, et le papillon de voler avec, car il était attaché à la feuille et ne pouvait pas s'en libérer.

Dieu, comme Poucette fut effrayée lorsque le hanneton s'envola dans l'arbre avec elle, mais surtout elle fut chagrinée pour le beau papillon blanc qu'elle avait attaché à la feuille : s'il ne parvenait pas à se libérer, il allait mourir de faim. Mais c'était bien égal au hanneton. Avec elle il se plaça sur la plus grande feuille verte de l'arbre, lui donna le pollen des fleurs à manger, et lui dit qu'elle était très gentille, bien qu'elle ne ressemblât pas du tout à un hanneton. Ensuite tous les autres hannetons qui habitaient l'arbre vinrent lui rendre visite, ils regardèrent Poucette, et les demoiselles hannetons allongèrent leurs antennes et dirent :

– Elle n'a tout de même que deux pattes, c'est misérable, et elle n'a pas d'antennes !

Et tous les hannetons femelles dirent :

– Elle a la taille trop mince, fi ! elle ressemble à l'espèce humaine ! Qu'elle est laide !

Et pourtant le hanneton qui l'avait prise la trouvait très gentille, mais comme tous les autres disaient qu'elle était vilaine, il finit par le croire aussi, et ne voulut plus l'avoir ! Elle pouvait s'en aller où elle voulait. On vola en bas de l'arbre avec elle, et on la posa sur une grande marguerite ; là, elle pleura parce qu'elle était si laide que les hannetons ne voulaient pas d'elle, et elle était pourtant l'être le plus délicieux que l'on pût imaginer, délicat et pur comme le plus beau pétale de rose. La pauvre Poucette vécut toute seule tout l'été dans la grande forêt. Elle se tressa un lit de brins d'herbe et l'accrocha sous une grande feuille de patience, en sorte qu'il ne pouvait pleuvoir sur elle ; elle récoltait le pollen des fleurs et s'en nourrissait, et elle buvait la rosée qui était tous les matins sur les feuilles ; ainsi passèrent l'été et l'automne, mais vint alors l'hiver, le froid et long hiver. Tous les oiseaux qui lui avaient chanté de belles chansons s'en allèrent, les arbres et les fleurs se fanèrent, la grande feuille de patience sous laquelle elle avait habité se recroquevilla et devint un pédoncule jaune fané, et elle eut terriblement froid, car ses vêtements étaient déchirés, et elle-même était si petite et si frêle, la pauvre Poucette, qu'elle devait mourir de froid. Il se mit à neiger, et chaque flocon de neige qui tombait sur elle était comme un paquet de neige qu'on jetterait sur nous, car nous sommes grands et elle n'avait qu'un pouce. Alors elle s'enveloppa dans une feuille fanée, mais cela ne pouvait pas la réchauffer, elle tremblait de froid.

À l'orée de la forêt, où elle était alors parvenue, s'étendait un grand champ de blé, mais le blé n'y était plus depuis longtemps, seul le chaume sec et nu se dressait sur la terre gelée. C'était pour elle comme une forêt qu'elle parcourait, oh ! comme elle tremblait de froid. Elle arriva ainsi à la porte de la souris des champs. C'était un petit trou au pied des fétus de paille. La souris avait là sa bonne demeure tiède, toute sa chambre pleine de grain, cuisine et salle à manger.

La pauvre Poucette se plaça contre la porte, comme toute pauvre mendiante, et demanda un petit morceau de grain d'orge, car depuis deux jours elle n'avait rien eu du tout à manger.

– Pauvre petite, dit la souris, car c'était vraiment une bonne vieille souris des champs, entre dans ma chambre chaude manger avec moi !

Puis, comme Poucette lui plut, elle dit :

– Tu peux bien rester chez moi cet hiver, mais il faudra tenir ma chambre tout à fait propre et me conter des histoires, car je les aime beaucoup.

Et Poucette fit ce que demandait la bonne vieille souris, et vécut parfaitement.

– Nous aurons bientôt une visite, dit la souris des champs, mon voisin a l'habitude de venir me voir tous les jours de la semaine. Il se tient enfermé encore plus que moi, il a de grandes salles et il porte une délicieuse pelisse de velours noir ; si tu pouvais l'avoir pour mari, tu n'aurais besoin de rien ; mais il ne voit pas clair. Il faudra lui conter les plus belles histoires que tu saches.

Mais Poucette ne se souciait pas d'avoir le voisin, qui était une taupe. Il vint rendre visite dans sa pelisse de velours noir. Il était riche et instruit, dit la souris des champs, son appartement était aussi vingt fois plus grand que celui de la souris, et il était plein de science, mais il ne pouvait supporter le soleil et les belles fleurs, il en disait du mal, car il ne les avait jamais vues. Poucette dut chanter, et elle chanta « Hanneton, vole, vole » et « Le moine va aux champs », et la taupe devint amoureuse d'elle à cause de sa belle voix, mais ne dit rien, car c'était une personne circonspecte.

Elle s'était récemment construit un long corridor dans la terre, de sa demeure à celle de la souris, et elle permit à la souris et à Poucette de s'y promener tant qu'elles voudraient. Mais elle leur dit de ne pas avoir peur de l'oiseau mort qui gisait dans le corridor, c'était un oiseau entier avec bec et plumes, qui sûrement était mort depuis peu, au commencement de l'hiver, et avait été enterré juste à l'endroit où elle avait fait son corridor.

La taupe prit dans sa bouche un morceau de mèche, car cela brille comme du feu dans l'obscurité, et elle marcha devant eux et les éclaira dans le long couloir sombre ; lorsqu'ils arrivèrent à l'endroit où gisait l'oiseau mort, la taupe dressa en l'air son large nez et heurta le plafond, et cela fit un grand trou par lequel la lumière put briller. Sur le sol gisait une hirondelle morte, ses jolies ailes plaquées contre son corps, les pattes et la tête cachées sous les plumes. Le pauvre oiseau était évidemment mort de froid. Poucette en eut de la peine, elle aimait tant tous les petits oiseaux, qui avaient si joliment chanté et gazouillé pour elle tout l'été, mais la taupe donna un coup de ses courtes pattes à l'hirondelle, et dit :

– Elle ne piaillera plus ! Ça doit être lamentable de naître petit oiseau. Dieu merci, aucun de mes enfants ne sera ainsi, un oiseau pareil n'a rien d'autre pour lui que son « qvivit », et doit mourir de faim l'hiver !

– Oui, vous pouvez le dire, vous qui êtes prévoyant, dit la souris. Qu'a l'oiseau pour tout « qvivit », quand vient l'hiver ? Il doit avoir faim et geler ; mais ce « qvivit » est tout de même une grande chose !

Poucette ne dit rien, mais lorsque les deux autres eurent tourné le dos à l'oiseau, elle se baissa, écarta les plumes qui recouvraient la tête de l'alouette, et la baisa sur ses yeux clos. « C'est peut-être celle qui a si joliment chanté pour moi cet été, se dit-elle, quelle joie il m'a procurée, le cher, bel oiseau ! »

Puis la taupe boucha le trou par où le jour luisait, et les dames l'accompagnèrent à sa demeure. Mais la nuit, Poucette ne put dormir, elle se leva de son lit et tressa une belle couverture de paille dont elle alla envelopper l'oiseau mort, et elle mit du coton moelleux, qu'elle avait trouvé chez la taupe, autour du corps de l'oiseau, afin qu'il pût être au chaud dans la terre froide.

– Adieu, beau petit oiseau, dit-elle. Adieu, et merci pour tes délicieux chants de cet été, lorsque tous les arbres étaient verts et que le soleil brillait si chaud au-dessus de nous !

Et elle posa sa tête sur la poitrine de l'oiseau, mais fut aussitôt très effrayée, car il y avait comme des battements à l'intérieur. C'était le cœur de l'oiseau. L'oiseau n'était pas mort, il était engourdi, et la chaleur l'avait ranimé.

À l'automne, toutes les hirondelles s'envolent vers les pays chauds, mais il en est qui s'attardent, et elles ont tellement froid qu'elles tombent comme mortes, elles restent où elles sont tombées, et la froide neige les recouvre.

Poucette était toute tremblante de frayeur, car l'oiseau était fort grand, à côté d'elle qui n'avait qu'un pouce, mais elle rassembla son courage, pressa davantage le coton autour de la pauvre hirondelle, et alla chercher une feuille de menthe crépue, qu'elle avait eue elle-même comme couverture, et la passa sur la tête de l'oiseau.

La nuit suivante elle se glissa de nouveau vers lui, et il était alors tout à fait vivant, mais très faible, il ne put ouvrir qu'un instant ses yeux et voir Poucette, qui était là, un morceau de mèche à la main, car elle n'avait pas d'autre lumière.

– Sois remerciée, gentille enfant, lui dit l'hirondelle malade, j'ai été délicieusement réchauffée, bientôt j'aurai repris des forces et de nouveau je pourrai voler aux chauds rayons du soleil !

– Oh, dit Poucette, il fait froid dehors, il neige et il gèle, reste dans ton lit chaud, je te soignerai.

Elle apporta de l'eau dans un pétale de fleur à l'hirondelle, qui but et raconta comment elle s'était blessé l'aile à une ronce, et n'avait pas pu voler aussi vite que les autres hirondelles, qui étaient parties loin, très loin, vers les pays chauds. Elle avait fini par tomber à terre, ensuite elle ne se rappelait plus rien, et ne savait pas du tout comment elle était venue là. Tout l'hiver elle y resta, et Poucette fut bonne pour elle, et l'aima beaucoup ; ni la taupe ni la souris des champs ne s'en doutèrent, car elles ne pouvaient sentir la pauvre malheureuse hirondelle.

Dès que vint le printemps et que le soleil réchauffa la terre, l'hirondelle dit adieu à Poucette, qui ouvrit le trou fait par la taupe au-dessus. Le soleil rayonnait superbe au-dessus d'elles, et l'hirondelle demanda à Poucette si elle ne voulait pas venir avec elle, car elle pourrait se mettre sur son dos, elles s'envoleraient ensemble loin dans la forêt verte. Mais Poucette savait que cela ferait de la peine à la vieille souris des champs, si elle la quittait ainsi.

– Non, je ne peux pas, dit Poucette.

– Adieu, adieu, bonne et gentille fille, dit l'hirondelle en s'envolant au soleil.

Poucette la suivit des yeux, et ses yeux se mouillèrent, car elle aimait beaucoup la pauvre hirondelle.

– Qvivit ! Qvivit ! chanta l'oiseau, et il s'éloigna dans la forêt verte.

Poucette était triste. Elle n'eut pas la permission de sortir au chaud soleil ; le blé, qui était semé sur le champ au-dessus de la maison de la souris, poussa d'ailleurs haut en l'air, c'était une forêt drue pour la pauvre petite fille qui n'avait qu'un pouce.

– Cet été tu vas coudre ton costume, lui dit la souris, car sa voisine, l'ennuyeuse taupe à la pelisse de velours noir, l'avait demandée en mariage. Tu auras de la laine et du linge. Tu auras de quoi t'asseoir et te coucher, quand tu seras la femme de la taupe !

Poucette dut filer à la quenouille, et la souris embaucha quatre araignées pour filer et tisser nuit et jour. Tous les soirs la taupe venait en visite, et parlait toujours de la fin de l'été, quand le soleil serait beaucoup moins chaud, car pour le moment il brûlait la terre, qui était comme une pierre ; quand l'été serait fini auraient lieu les noces avec Poucette ; mais la petite n'était pas contente, car elle n'aimait pas du tout l'ennuyeuse taupe. Tous les matins, quand le soleil se levait, et tous les soirs, quand il se couchait, elle se glissait dehors à la porte, et si le vent écartait les sommets des tiges, de façon qu'elle pouvait voir le ciel bleu, elle se disait que c'était clair et beau, là, dehors, et elle désirait bien vivement revoir sa chère hirondelle ; mais elle ne reviendrait jamais, elle volait sûrement très loin dans la forêt verte.

Lorsque l'automne arriva, Poucette eut sa corbeille toute prête.

– Dans quatre semaines ce sera la noce, lui dit la souris.

Et Poucette pleura et dit qu'elle ne voulait pas de l'ennuyeuse taupe.

– Tatata, dit la souris, ne regimbe pas, sans quoi je te mords avec ma dent blanche ! C'est un excellent mari que tu auras, la reine elle-même n'a pas une pelisse de velours noir pareille. Il a cuisine et cave. Remercie Dieu de l'avoir.

La noce devait donc avoir lieu. La taupe était venue déjà pour prendre Poucette, qui devait habiter avec son mari au profond de la terre, ne jamais sortir au chaud soleil qu'il ne pouvait pas supporter. La pauvre enfant était tout affligée, elle voulait dire adieu au beau soleil, que du moins, chez la souris, il lui avait été permis de regarder de la porte.

– Adieu, lumineux soleil ! dit-elle, les bras tendus en l'air, et elle fit quelques pas hors de la demeure de la souris, car le blé avait été coupé, il ne restait plus que le chaume sec. Adieu, adieu ! dit-elle, et elle entoura de ses bras une petite fleur rouge qui était là. Salue de ma part la petite hirondelle, si tu la vois.

– Qvivit, qvivit ! dit-on à ce moment au-dessus de sa tête. Elle regarda en l'air, c'était la petite hirondelle qui passait justement. Aussitôt qu'elle vit Poucette, elle fut ravie ; la fillette lui raconta qu'elle ne voulait pas du tout avoir pour mari la vilaine taupe, et qu'elle habiterait ainsi au fond de la terre, où le soleil ne brillait jamais. De cela, elle ne pouvait s'empêcher de pleurer.

– Voilà le froid hiver qui vient, dit la petite hirondelle, je m'envole au loin vers les pays chauds, veux-tu venir avec moi ? Tu peux te mettre sur mon dos, tu n'as qu'à t'attacher fortement avec ta ceinture, et nous nous envolerons loin de la vilaine taupe et de sa sombre demeure, bien loin par-dessus les montagnes jusqu'aux pays chauds où le soleil luit, plus beau qu'ici, où c'est toujours l'été avec des fleurs exquises. Viens voler avec moi, chère petite Poucette qui m'as sauvé la vie lorsque je gisais gelée dans le sombre caveau de terre !

– Oui, j'irai avec toi, dit Poucette, qui se mit sur le dos de l'oiseau, les pieds sur ses ailes étendues, et attacha fortement sa ceinture à une des plus grosses plumes, et ainsi l'hirondelle s'éleva haut dans l'air, au-dessus de la forêt et au-dessus de la mer, haut au-dessus des grandes montagnes toujours couvertes de neige, et Poucette eut froid dans l'air glacé, mais elle se recroquevilla sous les plumes chaudes de l'oiseau, et passa seulement sa petite tête pour voir toute la splendeur étalée sous elle.

Et elles arrivèrent aux pays chauds. Le soleil y brillait, beaucoup plus lumineux qu'ici. Le ciel était deux fois plus élevé, et dans des fossés et sur des haies poussaient de délicieux raisins blancs et bleus. Dans les forêts pendaient des citrons et des oranges, les myrtes et la menthe crépue embaumaient, et sur la route couraient de délicieux enfants qui jouaient avec de grands papillons diaprés. Mais l'hirondelle vola plus loin encore, et ce fut de plus en plus beau. Sous de magnifiques arbres verts au bord de la mer bleue se trouvait un château de marbre d'une blancheur éclatante, fort ancien. Les ceps de vigne enlaçaient les hautes colonnes ; tout en haut étaient de nombreux nids d'hirondelles, et dans l'un d'eux habitait celle qui portait Poucette.

– Voilà ma maison, dit l'hirondelle, mais si tu veux te chercher une des superbes fleurs qui poussent en bas, je t'y poserai, et tu seras aussi bien que tu peux le désirer.

– C'est parfait, dit Poucette, et ses petites mains battirent.

Il y avait par terre une grande colonne de marbre blanc qui était tombée et s'était cassée en trois morceaux, entre lesquels poussaient les plus belles fleurs blanches. L'hirondelle y vola et déposa Poucette sur l'un des larges pétales ; mais quelle surprise fut celle de la petite fille ! Un petit homme était assis au milieu de la fleur, aussi blanc et transparent que s'il avait été de verre ; il avait sur la tête une belle couronne d'or et aux épaules de jolies ailes claires, et il n'était pas plus grand que Poucette. C'était l'ange de la fleur. Dans chaque fleur habitait un pareil ange, homme ou femme, mais celui-là était le roi de tous.

– Oh, qu'il est beau, chuchota Poucette à l'hirondelle.

Le petit prince fut très effrayé par l'hirondelle, car elle était un énorme oiseau à côté de lui, qui était si petit et menu, mais lorsqu'il vit Poucette il fut enchanté, c'était la plus belle fille qu'il eût encore jamais vue. Aussi prit-il sur sa tête sa couronne d'or et la plaça sur la sienne, lui demanda comment elle s'appelait et si elle voulait être sa femme, elle serait ainsi la reine de toutes les fleurs ! Oh, c'était là un mari bien différent du fils de la grenouille et de la taupe à la pelisse de velours noir. Elle dit donc oui au charmant prince, et de chaque fleur arriva une dame ou un jeune homme, si gentils que c'était un plaisir des yeux ; chacun apportait un cadeau à Poucette, mais le meilleur de tous fut un couple de belles ailes d'une grande mouche blanche ; elles furent accrochées au dos de Poucette, qui put ainsi voler d'une fleur à l'autre ; c'était bien agréable, et la petite hirondelle était là-haut dans son nid et chantait du mieux qu'elle pouvait, mais en son cœur elle était affligée, car elle aimait beaucoup Poucette, et aurait voulu ne jamais s'en séparer.

– Tu ne t'appelleras pas Poucette, lui dit l'ange de la fleur, c'est un vilain nom, et tu es si belle. Nous t'appellerons Maia.

– Adieu, adieu ! dit la petite hirondelle.

Elle s'envola de nouveau, quittant les pays chauds pour aller très loin, jusqu'en Danemark ; c'est là qu'elle avait un petit nid au-dessus de la fenêtre où habite l'homme qui sait conter des contes, elle lui a chanté son : « qvivit, qvivit ! » et c'est de là que nous tenons toute l'histoire.

Ce que fait le vieux est bien fait

Traduction : D. Soldi, E. Grégoire, L. Moland, in Poucette et autres contes, *collection « Le Livre de poche Jeunesse », © Hachette Livre.*

À partir de 6 ans

7 min

Campagne

Épouse Époux

Je vais vous raconter une histoire que j'ai entendue lorsque j'étais petit. Chaque fois que je me la rappelai par la suite, elle me parut plus jolie, et, en effet, les contes sont comme les hommes : il en est qui embellissent avec l'âge. Vous connaissez la campagne ? Vous y avez vu une de ces vieilles maisons de paysan, avec son toit de chaume où poussent les herbes et la mousse ; sur le faîte, bien sûr, un nid de cigogne. Les murs sont de guingois, les fenêtres basses ; une seule même peut encore s'ouvrir. Le four à pain sort de la muraille comme un petit ventre. Un sureau dépasse la haie, et sous ses branches des canards se baignent dans la mare. Un chien à l'attache aboie après tout le monde.

Dans une de ces demeures rustiques habitait un couple de vieux, un paysan et une paysanne. Ils ne possédaient presque rien et pourtant ils n'avaient guère besoin du cheval qui paissait l'herbe des fossés au bord de la route. Quand le paysan allait en ville, il montait la bête ; souvent les voisins la lui empruntaient, et en retour ils rendaient au brave homme quelques services. On aurait peut-être mieux fait de le vendre ou de l'échanger contre un objet plus utile. Mais quoi, par exemple ?

– Tu trouveras bien, dit la bonne femme. C'est jour de foire à la ville. Vas-y avec le cheval, tu en tireras de l'argent ou tu feras un échange. Tout ce que tu feras sera bien. En route !

Elle lui attacha autour du cou un beau foulard, qu'elle savait arranger mieux que lui, et elle y fit un double nœud très coquet. Elle lissa son chapeau avec la paume de la main, et lui donna un gros baiser. Puis il monta sur le cheval pour aller le vendre ou l'échanger. Oui, le vieux s'y entendait, il savait bien quoi faire !

Le soleil était brûlant ; il n'y avait pas un nuage au ciel. Le vent soulevait la poussière sur la route où se pressaient les gens qui allaient à la ville, en voiture, à cheval ou à pied. Ils avaient tous bien chaud, et il n'y avait pas d'ombre.

Un homme conduisait une vache, aussi belle qu'une vache peut l'être. « Quel bon lait elle doit donner ! se dit le paysan. Voilà qui serait un fameux échange. »

– Hé là-bas ! l'homme à la vache ! sais-tu ce que je peux te proposer ? Un cheval, je le sais, coûte plus cher qu'une vache ; mais veux-tu troquer ta vache contre mon cheval ?

– Je crois bien ! répondit l'homme, et ils échangèrent leurs bêtes. Voilà qui était fait, et le vieux paysan aurait pu s'en retourner chez lui, puisqu'il avait terminé l'affaire pour laquelle il s'était mis en chemin. Mais comme il s'était fait une fête de voir la foire, il résolut d'y aller quand même, et il repartit avec sa vache. Comme ils marchaient d'un bon pas, il ne tarda pas à rejoindre un homme qui conduisait un mouton, un mouton comme on en voit peu, avec une épaisse toison de laine.

« Voilà une belle bête que je voudrais bien avoir ! se dit le vieux paysan. Un mouton trouverait tout ce qu'il lui faut d'herbe le long de notre haie ; l'hiver, nous le garderions dans la chambre. Un mouton nous conviendrait mieux qu'une vache. »

– Veux-tu troquer avec moi ?

L'autre ne se le fit pas dire deux fois. Il s'empressa d'emmener la vache, et le vieux paysan continua son chemin avec le mouton. Il aperçut un homme débouchant d'un sentier, qui portait sous le bras une oie grasse.
– Tu as là une belle bête, dit le vieux, quelle graisse ! et quel plumage ! Si nous l'avions chez nous, je gage que ma bonne vieille lui donnerait tous les restes. Elle m'a dit bien souvent « Ah ! si nous avions une oie, cela ferait joliment bien parmi nos canards ! » Voici qu'il y a peut-être moyen d'en avoir une. Veux-tu changer avec moi ? prendre mon mouton et me donner ton oie ? Je te dirai merci par-dessus le marché.
L'autre le voulait bien, et le vieux paysan prit l'oie. Il était alors tout près de la ville. La foule augmentait ; hommes et animaux se pressaient sur la route : il y en avait jusque dans les fossés.
Le percepteur de l'octroi avait une poule ; voyant tant de monde, il l'attacha par une ficelle pour éviter qu'elle ne prenne peur et s'échappe. C'était une belle poule, avec une queue courte ; elle clignait de l'œil en faisant : « Glouk, glouk ». Que voulait-elle dire ? je n'en sais rien ; mais le paysan, dès qu'il l'aperçut, pensa : « C'est bien la plus belle poule que j'aie jamais vue ; elle est plus belle même que la couveuse du curé. Je voudrais bien l'avoir. Une poule se nourrit elle-même des graines qu'elle ramasse. Je crois que si je pouvais changer cette oie pour elle, je ferais une bonne affaire. »
– Si nous troquions ? dit-il au percepteur.
– Troquer ! répondit celui-ci ; mais cela me va tout à fait !
Le percepteur prit l'oie, le vieux paysan emporta la poule. Il avait fait tant de besogne pendant le chemin qu'il était échauffé et fatigué. Il lui fallait une goutte et une croûte.

Il voulut entrer à l'auberge. Le garçon en sortait justement, portant un sac plein.

– Qu'est-ce que tu portes là ? lui demanda le paysan.

– Un sac de pommes blettes que je vais donner aux cochons.

– Tout un sac ! c'est ma femme qui serait contente ! L'an dernier, notre vieux pommier près de l'écurie n'a donné qu'une seule pomme : on l'a mise sur le haut de l'armoire et elle y est restée jusqu'à ce qu'elle soit pourrie. « Cela prouve toujours qu'on est à son aise », disait ma femme. Que dirait-elle si elle en avait un plein sac ? Je voudrais bien lui montrer ça.

– Eh bien ! que donneriez-vous pour ce sac ? dit le garçon.

– Ce que je donnerais ! mais cette poule donc !

Ils troquèrent à l'instant et le paysan entra dans la salle de l'auberge avec son sac qu'il déposa contre le poêle. Puis il alla au comptoir. Le poêle était allumé, le bonhomme n'y prit pas garde.

Il y avait là beaucoup de monde, des maquignons, des bouviers et aussi deux Anglais. Ces gens-là sont si riches que leurs poches sont bourrées de pièces d'or. Et ils aiment parier ! vous allez voir ça.

« Ssss... » Qu'est-ce qu'on entend près du poêle ? Les pommes qui commencent à cuire.

– Qu'y a-t-il ? demanda un des Anglais.

– Ah ! mes pommes ! dit le paysan, et il raconta l'histoire du cheval qu'il avait échangé contre une vache, et ainsi de suite jusqu'aux pommes.

– Eh bien, tu vas être bien reçu ! dirent les Anglais. Ta femme va te donner du bâton !

– Du bâton ? dit le paysan. Elle m'embrassera tout de bon et elle dira : « Ce que fait le vieux est bien fait. »

– Parions-nous que non ? dirent les Anglais. Tout l'or que tu veux, cent livres !

– Un boisseau est assez, répondit le paysan. Je ne puis promettre que mon boisseau de pommes, et moi et ma vieille par-dessus le marché. Je pense que c'est bonne mesure.

– Allons, tope, accepté !

Et le pari fut fait.

On fit avancer la voiture de l'aubergiste. Les Anglais y montèrent et le paysan y monta avec les pommes blettes. Et bientôt ils s'arrêtèrent devant sa maison.

– Bonsoir, la mère.

– Bonsoir, le père.

– L'échange est fait.

– Ah ! tu t'entends aux affaires, dit la bonne femme.

Et elle l'embrassa sans faire attention au sac, non plus qu'aux étrangers.

– J'ai troqué le cheval contre une vache, reprit le paysan.

– Dieu soit loué ! Le bon lait que nous allons avoir, et le beurre et le fromage ! C'est un fameux échange.

– Oui, mais j'ai ensuite changé la vache contre une brebis.

– Cela vaut mieux, en effet. Nous avons assez d'herbe pour nourrir une brebis, et elle nous donnera du lait et du fromage, et des bas de laine et des chemises. Nous n'aurions pas eu cela avec une vache. Comme tu réfléchis à tout !

– Ce n'est pas fini, ma bonne ; ce mouton je l'ai échangé contre une oie.
– Nous aurons donc cette année à Noël une belle oie rôtie ! Tu songes toujours, mon cher vieux, à ce qui peut me faire plaisir. À la bonne heure ! D'ici à Noël, nous aurons le temps de la bien engraisser.
– J'ai échangé l'oie contre une poule.
– Une poule a son prix, dit la femme. Une poule pond des œufs, elle les couve, il en sort des poussins qui grandissent… J'ai toujours rêvé d'avoir une basse-cour.
– Oui, mais j'ai échangé la poule contre un sac de pommes blettes !
– Quoi ! C'est maintenant que je vais t'embrasser, cher homme ! Écoute ce qui m'est arrivé. À peine étais-tu parti ce matin que je me suis mise à penser quel bon dîner je pourrais te faire : des œufs au lard avec de la ciboulette. Les œufs, je les avais, le lard aussi, mais point de ciboulette. Je vais alors chez le maître d'école, qui en a, et je demande à sa femme ; tu sais comme elle est avare, avec ses airs ! Je la prie de m'en prêter. « Prêter ! dit-elle ; mais nous n'avons rien dans notre jardin, pas même une pomme blette. Ça, je ne pouvais pas lui en prêter. Demain j'irai, moi, lui prêter des pommes blettes. Tout un sac, si elle veut. La bonne riposte ! »
Et elle embrassa le vieux de tout son cœur.
– Voilà qui est admirable, dirent les Anglais. Tout va de moins en moins bien, et elle garde sa bonne humeur ! Ma foi, cela vaut la forte somme !
Ils donnèrent un boisseau d'or au paysan qui avait eu un baiser au lieu du bâton.
[…]

Mille ans
de
CONTES CLASSIQUES

Les index

Compte et raconte

Index alphabétique des titres

Pour savoir combien de fois vous aurez raconté chaque histoire, mettez une croix dans les cases concernées.

Du plus petit au plus grand

Index en fonction de l'âge

À partir de 6 ans

À partir de 7 ans

Montre en main

Index en fonction du temps de lecture

Par monts et par vaux

Index des lieux

Par ordre d'apparition

Index des personnages

Remerciements

Nous tenons à remercier pour sa collaboration madame Évelyne Cévin, bibliothécaire à La joie par les livres, *qui a eu la gentillesse de nous guider dans le choix des contes qui composent cet ouvrage.*